铁路行业工程建设标准
发展研究报告

2020

《铁路行业工程建设标准发展研究报告（2020）》编写组　编著

中国铁道出版社有限公司

2021年·北京

图书在版编目(CIP)数据

铁路行业工程建设标准发展研究报告.2020/《铁路行业工程建设标准发展研究报告(2020)》编写组编著.—北京:中国铁道出版社有限公司,2021.12

ISBN 978-7-113-28659-0

Ⅰ.①铁… Ⅱ.①铁… Ⅲ.①铁路工程-行业标准-研究报告-中国-2020 Ⅳ.①U2-65

中国版本图书馆CIP数据核字(2021)第267906号

书　　名: 铁路行业工程建设标准发展研究报告(2020)

作　　者:《铁路行业工程建设标准发展研究报告(2020)》编写组

责任编辑: 王　健　　**编辑部电话:**(010)51873065

装帧设计: 崔丽芳

责任校对: 孙　玫

责任印制: 樊启鹏

出版发行: 中国铁道出版社有限公司(100054,北京市西城区右安门西街8号)

网　　址: http://www.tdpress.com

印　　刷: 北京建宏印刷有限公司

版　　次: 2021年12月第1版　2021年12月第1次印刷

开　　本: 787 mm×1 092 mm 1/16　**印张:** 21　**字数:** 357千

书　　号: ISBN 978-7-113-28659-0

定　　价: 108.00元

编写组

总 编 审： 谢晓东

主　　审： 党　立　倪光斌

主　　编： 薛吉岗　朱海军　高　策

副 主 编： 程慧林　桑翠江　闫保营　柴冠华

编写人员：（以姓氏笔画为序）

马莉亚　王　磊　王凯林　文晓玲　方文珊　朱飞雄
刘　华　刘　喆　刘传朋　刘诗慧　闫宏伟　苏　昶
李艳琴　李鸿江　杨思博　杨常所　吴歆彦　林传年
范正日　范振合　周勇政　赵泽宇　胡立铮　夏　炎
钱　京　黄一昕　黄建勇　曹　策　梁　政　葛建坤
董素格　蒋函珂　霍建勋　戴　颖

审查成员： 杨鹏健　江新锡　江　成　黄佳强　张立青　王玉龙
刘　洋　田学伟　王培峰　余　鹏　张　静　辛振省
陈怀智　原郭兵　祝　威　张晓波

编著单位： 国家铁路局规划与标准研究院
中国铁路经济规划研究院有限公司

前言

2020 年，铁路行业坚持以习近平新时代中国特色社会主义思想为指导，贯彻落实党中央、国务院决策部署，推动铁路高质量发展，推进治理体系和治理能力现代化，在加快建设交通强国中当好先行。铁路标准化管理更加规范，标准体系不断完善，重点领域标准有效供给，标准实施效果明显提升，标准国际化取得重要突破，在引领行业发展中彰显出新担当、新作为。铁路工程建设标准化工作聚焦质量控制、安全保障、技术创新、环境保护，重视统筹规划，深化基础研究，增强供给能力，为深化行业改革、促进技术创新、带动产业升级、服务“一带一路”建设发挥了重要支撑作用。

《铁路行业工程建设标准发展研究报告（2020）》是以铁路工程建设标准化发展相关数据、事件以及研究成果为基础，反映铁路工程建设标准发展历程、现状及发展趋势的年度报告。报告收集铁路工程建设标准化工作基本情况及数据资料，分析标准应用需求，总结铁路建设运营实践经验和科研成果，研究标准化重点工作，预测标准发展趋势，提出标准化工作建议。

报告共分五章，内容包括概述、近年来铁路工程建设重点标准编制发布情况、2020 年度铁路工程建设标准编制发布情况、铁路工程建设标准基础性课题研究情况、展望，另有 7 个附录。

在此，对所有支持和帮助本项研究工作的领导、专家和同仁致以诚挚谢意。由于水平所限，报告中难免有疏漏和不妥之处，敬请提出宝贵意见，以便在今后的工作中不断改进和完善。

本书编写组

目录

第一章 概 述

内容导读

2020年，铁路行业在以习近平同志为核心的党中央的坚强领导下，坚持以习近平新时代中国特色社会主义思想为指导，增强“四个意识”、坚定“四个自信”、做到“两个维护”，认真落实统筹疫情防控和经济社会发展各项工作任务，担当尽责，推进铁路治理体系和治理能力现代化建设，为“十三五”规划圆满收官、全面建成小康社会取得伟大历史性成就作出了积极贡献。截至2020年底，全国铁路营业里程达到14.63万公里，其中高铁3.8万公里，铁路路网密度达到152.3公里/万平方公里。

铁路工程建设标准化工作成效显著。面对严峻复杂的国际形势、艰巨繁重的国内改革发展稳定任务特别是新冠肺炎疫情的严重冲击，铁路工程建设标准化工作深入贯彻落实习近平总书记对铁路工作的重要指示批示精神和党中央、国务院决策部署，服务国家重大战略实施，服务铁路高质量发展，圆满完成了各项目标任务。标准制修订工作迈出新步伐，发布标准15项、局部修订3项，标准的引领性、先进性、适用性、有效性持续提升。标准基础研究工作取得新成效，完成标准基础研究14项，取得前瞻性、关键共性技术研究成果。标准国际化水平跨上新台阶，发布标准外文版18项、词典2项，为铁路“走出去”奠定坚实基础。标准宣贯探索新模式，“线上+线下”同步开展标准宣贯9项，扩大了受众范围，提升了执行质效。

标准是国家治理体系和治理能力现代化的基础性制度，是经济活动和社会发展的技术支撑。2020年，国家铁路局贯彻落实党的十九届四中、五中全会精神，着力推进铁路治理体系和治理能力现代化制度体系建设，将进一步完善铁路技术标准体系作为一项重要任务进行部署。立足新发展阶段、贯彻新发展理念、构建新发展格局，铁路工程建设标准化工作全面回顾发展历程，总结经验教训、加强顶层设计，做好与“十四五”铁路标准化发展规划的衔接，完善体系建设、强化标准编制、深化基础研究，推动标准国际化，为“十四五”开好局、起好步贡献力量。

第一节 铁路工程建设标准化发展历程回顾

新中国成立以来，铁路工程建设标准化经历了开创探索、曲折发展、快速发展、科学发展和改革探索、深化改革五个阶段。

一、开创探索阶段（1949 年 ~ 1958 年）

为适应国民经济恢复、发展带来的铁路修复、改建和新建需要，铁路工程建设标准化工作逐步开展起来。铁道部制定《铁路抢修工程技术标准规程》《铁路建筑规范（草案）》《中国铁路桥梁标准载重制》等标准，主要根据旧中国遗留的零散资料，并参考英、美、日、苏等国家的标准制定而成。1952 年制定《蒸汽机车单线铁路设计规程（草案）》，1956 年修订为《标准轨距新建铁路设计技术规范》，增加内燃、电力牵引有关内容，对铁路修建中技术标准的主要部分作出较为全面的规定。第一个五年计划期间，在兰新、宝成、丰沙、包兰等铁路和武汉长江大桥等重点工程建设中，标准发挥了极其重要的作用。

二、曲折发展阶段（1958 年 ~ 1979 年）

经过第一个五年计划，铁路建设实践积累了一些经验，也取得了一些科研成果。1961 年发布全面修订的《标准轨距新建铁路设计技术规范》，更名为《标准轨距铁路设计技术规范》。1958 年至 1961 年间，参照苏联规范，结合国情对铁路工程建设标准进行补充、修订，相继发布线路、桥涵、隧道、铺轨铺砟、给排水、通信、电力等设计和施工规范，但尚未形成铁路工程建设标准体系。

经过国民经济调整时期，1964 年我国重新进行大规模经济建设，铁路建设事业又被提到重要位置。1965 年铁道部基建总局从全路各单位抽调人员，开展《标准轨距铁路设计技术规范》修订工作，于 1966 年完成编制，铁路工程设计年度、最小曲线半径、到发线有效长度等关键技术指标都有重大改动，整体内容较上一版规范更为充实。

1966 年至 1971 年，我国工程建设标准化工作几乎停滞，工程建设出现一些问题。1971 年国家基本建设委员会开始大力抓工程建设标准化工作。1972 年至 1975 年铁路基本建设主管部门组织全面修订工程技术规范,1974 年发布《铁路工程技术规范》,按专业划分为线路、桥涵、隧道、站场及枢纽、机务设备、车辆设备、通信、信号、电力、电力牵引供电、给水排水、房屋建筑等 12 篇。同时,补充编制十多种勘测与施工技术规则,制定 13 种相应的工程质量评定验收标准。这些标准成为一整套的铁路工程设计、施工及验收的技术准则,基本适应铁路工程建设需要。

三、快速发展阶段(1979 年 ~2000 年)

党的十一届三中全会以后,党和国家工作的重心转移到经济建设方面,标准化工作受到党中央和国务院的高度重视。1979 年国务院发布《中华人民共和国标准化管理条例》,1980 年国家基本建设委员会发布《工程建设标准管理办法》,全面加强工程建设标准化工作。

根据国家计委要求组建标准定额管理机构的指示,1983 年铁道部基建总局在专业设计院增设代部归口管理铁路工程建设标准的标准规范管理处。1984 年铁道部召开铁路工程建设标准规范定额工作会议,会后发布《铁道部工程建设标准规范管理办法》等一系列标准工作管理规章。从此,标准主管部门、归口管理单位、编制管理单位三级管理体制基本形成。

1983 年起标准管理改为准备、征求意见、送审和报批 4 个阶段,统一标准代号、编号和幅面格式、层次划分、条文编写、用词用语等内容,提高了标准编写质量,也便于管理执行。1979 年至 1989 年共发布铁路工程建设标准 87 项,其中国家标准 4 项、部标准 83 项,形成一整套较为完整的系列标准,为建立铁路工程建设标准体系创造了条件。

1989 年《中华人民共和国标准化法》正式施行,将标准按制定主体分为国家标准、行业标准、地方标准和企业标准 4 级,并按实施效力分为强制性标准和推荐性标准 2 类。铁道部建设司配合建设部对 15 项铁路工程建设国家标准进行清理整顿,分别重新确认为强制性国家标准和推荐性国家标准,或转为行业标准。

1996 年铁道部建设司组织制定铁路工程建设设计规范改革实施方案,部署对设计规范进行全面修订。至 2000 年,完成设计规范全面修订 21 项,新制定 10 项,以及与之相配套的大量勘察、施工规范和质量检验评定标准,初步建立起与铁路运输体制和建设体制相匹配、体现当时铁路科技水平、较为完整的铁路设计规范体系。

四、科学发展和改革探索阶段（2000 年 ~2013 年）

进入 21 世纪后，工程建设标准化得到了全面迅速发展，标准化在工程建设活动中的地位和作用更加凸显。2000 年铁道部建设司根据建设部关于编制《工程建设标准强制性条文》的要求，组织从当时的铁路工程建设国家标准和行业标准中，摘取直接涉及人民生命财产安全、人身健康、环境保护和其他公众利益的条文，及考虑保护资源、节约投资、提高经济效益和社会效益等政策要求的内容，编成《工程建设标准强制性条文》（铁道工程部分）。

为更好贯彻落实建设新理念，进一步做好铁路工程建设标准化工作，铁道部于 2004 年发布《铁路工程建设标准管理办法》，同时为满足铁路建设需要，开展新一轮标准制修订工作，先后发布几十项标准及暂行规定。特别是在客运专线和青藏铁路方面，突破性开展一系列标准编制工作。在秦沈客运专线建设过程中，发布《时速 200 公里新建铁路线桥隧站》等标准十多项，为设计和施工提供基本依据和质量保证。在青藏铁路建设过程中，发布《青藏铁路多年冻土区工程勘察暂行规定》等标准 10 项，为铁路工程建设提供技术支撑。

2009 年铁道部发布《高速铁路设计规范（试行）》。规范编制工作坚持原始创新、集成创新和引进消化吸收再创新，总结京津、合宁、合武、石太等客运专线建设经验，开展“轨道几何状态检测标准”等 11 项重点科技攻关基础研究，充分反映高速度、高舒适、高密度、高安全的设计要求。2010 年起，围绕“形成具有自主知识产权的中国高速铁路技术标准体系”总体目标，举全路之力组织开展《高速铁路设计规范》修订工作。

五、深化改革阶段（2013 年至今）

2013 年铁路实施政企分开改革后，国家铁路局负责组织拟订铁路技术标准并监督实施。2014 年发布《铁路工程建设标准管理办法》，为行业标准管理工作提供制度保障。2015 年组建国家铁路局规划与标准研究院，与中国铁路经济规划研究院有限公司共同负责铁路工程建设标准归口管理工作。

2015 年国务院印发《深化标准化工作改革方案》，2017 年《中华人民共和国标准化法》修订发布。国家铁路局坚持服务国家重大战略实施，深入推进铁路行业标准改革工作。2017 年发布《铁路标准化“十三五”发展规划》,明确了“十三五”时期我国铁路行业标准化工作的指导思想、基本原则、发展目标、主要任务。2017 年版铁路工程建设标准体系荣获中国铁道学会科学技术奖一等奖。

国家铁路局自成立以来,统筹行业力量、集合优势资源,先后发布《高速铁路设计规范》《城际铁路设计规范》《市域(郊)铁路设计规范》《磁浮铁路技术标准(试行)》等标准 96 项,充分发挥标准在质量控制、安全保障、技术创新、环境保护等方面的规范引领作用;发布标准外文版及词典 102 项,覆盖英语、俄语、阿拉伯语、泰国语、印尼语等多语种,积极服务“一带一路”建设;深入推进标准基础研究;大力开展标准宣贯培训。铁路工程建设标准化工作取得显著成效。

第二节 铁路工程建设标准化工作状况

2020 年是全面建成小康社会和“十三五”规划收官之年。铁路标准化工作成效显著,在深化行业改革、促进技术创新、带动产业升级、服务“一带一路”建设等方面发挥了重要支撑作用。

一、标准化工作成效愈加明显

标准水平大幅提升。铁路工程建设标准服务铁路改革发展,发挥标准在质量控制、安全保障、技术创新、环境保护等方面的技术支撑作用,以世界领先的高速铁路成套建造技术为龙头,涵盖高速、城际、客货共线、重载、市域(郊)、磁浮等各类铁路和铁路专用线,覆盖铁路工程勘察设计、施工验收等全过程。

标准引领作用明显。建成了世界上最现代化的铁路网和最发达的高速铁路网,铁路运输供给质量和效率大幅提高,运输主要指标世界第一,服务“一带一路”建设,铁路互联互通取得新突破。开通运营京张高铁,规划建设川藏铁路等重大铁路工程项目。中老铁路、雅万高铁、匈塞铁路等境外重点项目取得重大进展,多个国家采用中国标准修建铁路。

标准管理更加规范。在专家审查基础上,实行重要标准国家铁路局技术委员会审议制度,严格把控标准质量。在标准项目计划中增加基础研究项目,对标准指标的经济性、适用性等开展专项研究,支撑标准高质量供给。健全标准项目计划立项专家评审制度,加强标准需求、技术成熟度及可靠性等各方面评估，不断强化立项管理。建立涵盖建设管理、勘察设计、施工建造、运营管理、科研院校等单位4 000多位专家组成的专家库，在标准审查和决策咨询方面发挥了重要作用。

二、标准体系进一步优化完善

基本建成适应不同运输方式铁路的标准体系。伴随着国家标准化战略的深入实施，全面开展铁路工程建设标准体系研究，着力构建结构合理、系统协调、衔接配套、覆盖全面，适应铁路高质量发展和标准国际化需要的标准体系。2020年编制完成《铁路斜拉桥设计规范》等5项，修订完成《铁路桥涵工程施工安全技术规程》等10项标准。截至2020年底，铁路工程建设标准共128项（附录1），其中行业标准124项、国家标准4项，为规范安全监管、保障铁路建设运营安全提供了重要支撑。

设计标准全方位提升。《市域（郊）铁路设计规范》TB 10624—2020、《铁路斜拉桥设计规范》TB 10095—2020、《铁路桥梁钢管混凝土结构设计规范》TB 10127—2020等3项设计标准的制定，增强了标准对不同功能定位铁路的适用性，统一了大跨度桥梁结构设计关键技术要求，拓展了标准覆盖范围，更好满足多种交通方式融合发展以及改善乘客出行体验的要求。

施工标准高质量供给。《铁路工程基本作业施工安全技术规程》TB 10301—2020、《铁路路基工程施工安全技术规程》TB 10302—2020等7项施工类标准的修订实施，为规范施工安全管理和施工作业，保障人身、设备、设施及行车安全，加强铁路工程质量管理、推进高质量发展打下坚实基础。

验收标准深层次完善。《铁路给水排水工程施工质量验收标准》TB 10422—2020、《铁路站场工程施工质量验收标准》TB 10423—2020、《铁路客运服务信息系统工程施工质量验收标准》TB 10427—2020等5项验收标准的发布实施是推动铁路工程质量全面提升、努力打造精品工程、更好地满足人民群众日益增长的美好生活需要的重要举措。

三、标准基础性研究更加深入

随着国家创新驱动发展战略实施和川藏铁路等国家重大工程建设的推进，不断深化铁路工程建设标准的基础理论研究，加强新技术、国际先进标准等方面的基础性研究，加大科研项目对铁路重点标准编制的支持力度，加快铁路技术标准的创新发展,推动标准关键核心技术突破,不断夯实编制基础,保障高质量标准供给。

开展《铁路桥涵主要设计荷载及动力系数研究》《铁路桥梁灌注桩后压浆技术标准研究》《铁路桥梁转体技术研究》等5项桥涵类基础研究。研究桥涵动力系数、制动力或牵引力等参数,开展灌注桩后压浆和铁路转体桥梁等技术研究,提出相关技术要求,促进创新成果推广应用。

开展《防治危岩落石桥梁棚洞设计标准研究》《隧道及辅助坑道支护结构设计及施工质量控制研究》《超长深埋隧道防灾救援关键技术及设计标准研究》等3项隧道标准的研究。提出与常用桥梁结构相匹配的桥梁棚洞一体化设计施工、养护维修建议,软岩大变形、岩爆等恶劣条件下的隧道结构设计及施工质量控制措施和超长深埋隧道防灾救援关键技术及设计要求,保障标准高质量供给。

开展《复杂艰险山区新型工程地质遥感解译技术标准研究》《铁路工程结构极限状态法设计关键抗力参数动态采集与分析》《铁路无缝线路梁轨相互作用力深化研究》等5项综合类标准的基础研究。探索新型遥感技术在复杂艰险山区铁路工程地质遥感解译中的应用,提出铁路工程可靠性设计专用数据平台建设方案,给出梁轨相互作用下断轨力合理取值建议和制动力取值建议等结论。坚持问题导向,不断解决工程建设困难,提高技术水平,为相关标准的编制打好基础。

四、标准信息化水平大幅提升

加强铁路行业标准信息化建设,基本实现标准核心业务管理的协同化、平台化,提升铁路行业标准管理规范性和科学性。完善铁路技术标准信息服务平台建设,为社会公众提供铁路行业标准全文查阅、标准条文检索和相关信息在线查询服务,促进标准推广应用。依托安监信息化平台建设,设立标准化工作管理系统,推进铁路技术标准核心业务管理的在线化、协同化、平台化。及时跟踪国际铁路标准和其他行业工程建设标准发展动态,开展中外标准的研究和对比分析,积极转化适合中国国情的国际标准,参考借鉴国外先进标准,加快接轨步伐,推动标准水平提高。

第三节　铁路工程建设标准国际化

2020年铁路工程建设标准国际化水平显著提升。中国铁路的国际影响力不断增强,中国标准的话语权和影响力也日益扩大。

一、标准外文版翻译

2020 年，为推进铁路工程建设标准国际化进程，全面组织开展外文版翻译工作，按计划稳步推进铁路工程建设标准各语种译本翻译。为服务“一带一路”建设和推进铁路“走出去”提供标准支持，发布《铁路建设项目预可行性研究、可行性研究和设计文件编制办法》等 20 项标准外文译本，涵盖铁路建设前期工作，工程勘察、设计、施工、验收等各阶段技术要求，工程建设基本实现了英文标准全覆盖。

发布《高速铁路设计规范》阿拉伯语、泰语译本，与近年来发布的英语、俄语、印尼语译本共同组成《高速铁路设计规范》外文版体系，向国际社会分享中国高速铁路建设经验和智慧。发布《铁路工程建设标准汉语阿拉伯语词典》《铁路工程建设标准汉语印尼语词典》，涵盖铁路工程建设标准常用词汇并按照中外双语对照编译，为推动铁路“走出去”和促进中外铁路技术交流合作提供有力支撑。

截至 2020 年底，现行铁路工程建设标准外文版共计 99 项（附录 2）。其中英文版 94 项，涵盖基础、综合、专业、管理等各类标准。其他语种 5 项，分别是《高速铁路设计规范》俄语版、印尼语版、阿拉伯语版、泰国语版（图 1-1）和《铁路工程基本术语标准》俄语版。另有《铁路工程建设标准英文版翻译词典》《铁路工程建设标准汉语阿拉伯语词典》《铁路工程建设标准汉语印尼语词典》3 项，供铁路工程建设标准翻译和审校工作使用。

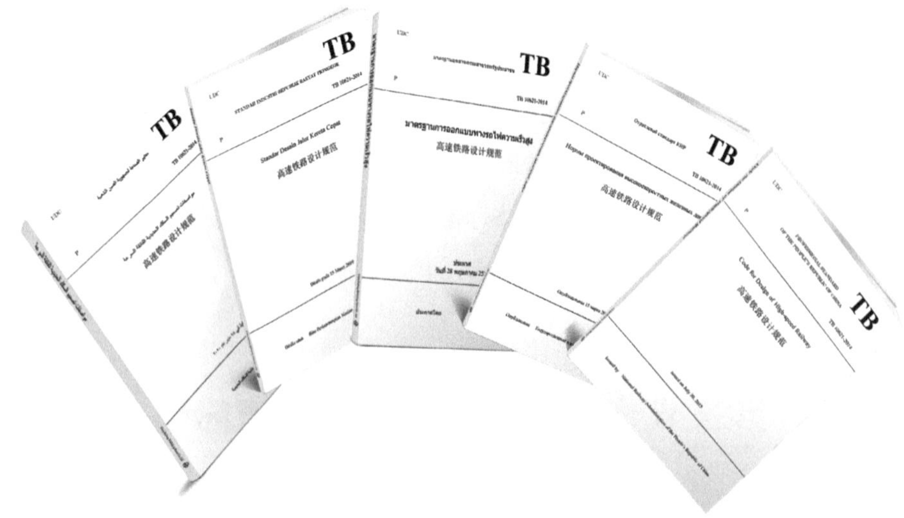

图 1-1 《高速铁路设计规范》英语、俄语、泰国语、印尼语、阿拉伯语版

二、国际标准编制

2020年，我国主导制定的国际铁路联盟（UIC）《高速铁路实施》系列标准IRS 60670～IRS 60675正式颁布，涵盖高速铁路规划、设计、施工、运营全寿命周期，在项目前期阶段、设计阶段、施工阶段和运营阶段，纳入中国高铁建设流程、设计要素及技术管理要求，融合各国技术标准和管理方法，该标准荣获中国铁道学会科学技术一等奖。主持完成《高速铁路设计——基础设施》和《高速铁路设计——通信信号》两项UIC国际铁路标准的编制，并开展《高速铁路设计——供电》和《高速铁路设计——接口》的编制工作，将高铁设计的原理方法、关键参数指标、装备及产品上升为国际标准，助推中国标准走出去。

不断提升国际标准编制和审查工作能力，标准国际化团队多次出席国际会议，利用国际铁路组织平台宣传和推广中国高铁技术，共组织和参与UIC国际标准工作组会议、UIC高速与城际委员会全体会议以及UIC亚太地区全体会议、项目研讨会等视频会议等十余次国际交流活动。与各国专家就UIC国际标准技术问题、路基沉降控制技术、CRTSⅢ型板式无砟轨道、中国铁路工程建设标准体系进行深入交流和探讨，向世界各国展示中国高铁的技术先进性、经济引领性以及安全便利性，共同推动世界高速铁路的发展。

《高速铁路设计》系列国际标准涵盖高速铁路基础设施、通信信号、电力电牵和接口工程设计，体现系统设计、逐步深化、以总体设计统筹专业设计的中国高速铁路设计理念，全方位纳入中国高速铁路最小曲线半径、线间距等对投资建设和运营安全具有重大影响的关键技术参数，以及具有中国自主知识产权的CRTSⅢ型板式无砟轨道、列车运行控制系统（CTCS-2、CTCS-3）以及接触网系统等高铁核心技术内容，是中国高铁标准国际化进程中的新突破。

三、《铁道技术标准（中英文）》期刊

2020年，《铁道技术标准（中英文）》（图1-2）共出版发行12期，设置“标准交流、学术研究、铁路动态”3个主要栏目，“标准交流”栏目刊登铁路工程建设标准16项和铁路产品标准15项；“学术研究”栏目刊登学术论文24篇；“铁路动态”栏目刊登国内外铁路标准动态信息19篇。以服务“一带一路”建设需求为立足点，不断增强稿件实用性和期刊影响力。

2020 年 1 月 总第 13 期
Jan. 2020 Issue 13

铁道技术标准
RAILWAY TECHNICAL STANDARD
中 英 文
Chinese & English

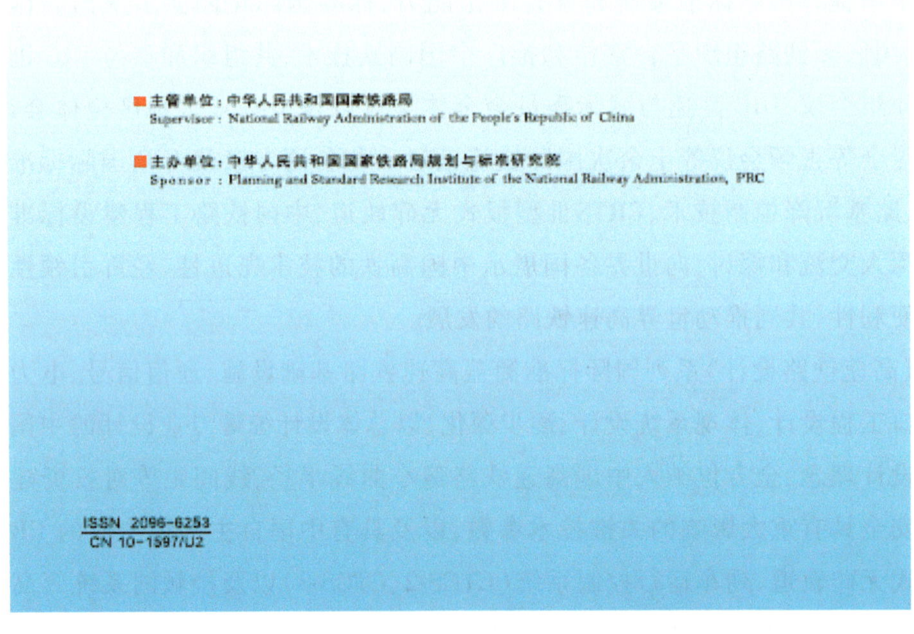

图 1-2 《铁道技术标准(中英文)》2020 年第 1 期总第 13 期

——“标准交流”栏目突出针对性、实用性。系统梳理分析铁路服务“一带一路”建设对期刊的需求，聚焦“一带一路”建设沿线国家急需的铁路标准，结合海外铁路工程建设项目运维管理和铁路技术装备“走出去”需要，精选、刊载了《高速铁路设计规范》等涉及 10 个专业的 16 项工程建设标准，突出了标准供给的针对性和实用性。

——“学术研究”栏目强化深刻性、权威性。聚焦中国铁路特别是中国高铁在世界铁路发展史上的地位和作用，积极向行业知名专家约稿，刊载前沿研究成果。如前瞻研究性成果——《磁浮交通工程企业标准体系建设探索与实践》,实践指导性成果——《中欧班列运单物权化发展展望》,系统总结性成果——《复兴号动车组技术创新》等。学术研究成果的深刻性、权威性,进一步扩大了期刊影响力。

——"铁路动态"栏目坚持时新性、指导性。按照"优化栏目结构,增加'铁路动态'栏目的内容"的要求,结合服务铁路勘察设计、工程建设企业需要,新增《铁路工程建设主要材料价格信息》。优化调整了动态信息内容和形式,将标准发布动态与标准宣贯解读相结合,形成标准发布介绍、编制作用意义、标准适用范围、主要修订内容、历次修订情况等5个方面为主要内容的撰写规范。

截至2020年底已出版24期,累计发行36 000余册,较好发挥了科技交流的桥梁纽带作用。

第四节 铁路工程建设标准宣贯

标准宣贯是标准化工作全过程中的重要环节。标准的编制目的在于实施,标准的生命力在于实施,标准的权威性在于实施。国家铁路局高度重视标准宣贯工作,对新发布的重要标准进行培训和解读,发挥标准归口管理、标准编制等单位在标准宣贯培训工作中的作用,多渠道多元化开展标准宣贯,促进标准正确贯彻实施。

2020年标准宣贯工作成效显著。全面贯彻落实习近平总书记关于铁路安全生产工作的重要指示批示精神和党中央、国务院决策部署要求,组织开展《铁路工程基本作业施工安全技术规程》《铁路桥涵混凝土结构设计规范》等安全生产、工程设计领域9项标准宣贯工作(表1-1),参加人员9 000余人次(图1-3)。

表1-1 2020年铁路工程建设标准宣贯项目

序号	宣 贯 项 目
1	《铁路工程基本作业施工安全技术规程》TB 10301—2020
2	《铁路路基工程施工安全技术规程》TB 10302—2020
3	《铁路桥涵工程施工安全技术规程》TB 10303—2020
4	《铁路隧道工程施工安全技术规程》TB 10304—2020
5	《高速铁路安全防护设计规范》TB 10671—2019

续上表

序号	宣 贯 项 目
6	《铁路桥涵混凝土结构设计规范》TB 10092—2017
7	《铁路专用线设计规范(试行)》TB 10638—2019
8	《铁路房屋建筑设计标准》TB 10097—2019
9	《铁路工程地质遥感技术规程》TB 10041—2018

图 1-3　铁路工程建设标准宣贯现场

宣贯工作结合铁路相关单位实际需求，采取集中宣讲、专题培训、交流研讨等形式。宣贯过程中，重点对标准编制背景及典型案例进行介绍，对编制过程、技术特点、关键内容、注意事项等进行解读。宣贯工作为畅通标准实施路径、推动标准落实落地、提高安全生产和设计质量保障水平奠定坚实基础。

第二章 近年来铁路工程建设重点标准编制发布情况

内容导读

党的十八大以来，随着铁路改革发展不断深入，铁路工程建设取得了显著成绩，特别是高速铁路建设的发展完善，为保障铁路建设和运营安全、促进铁路科技创新和产业升级、服务铁路"走出去"发挥了重要支撑作用。工程建设标准以世界领先的高速铁路成套建造技术为龙头，涵盖高速、城际、客货共线、重载、市域(郊)、磁浮等各类铁路。编制发布重点标准104项，建立适应铁路发展改革需要和标准国际化的铁路标准体系，系统规划指导铁路标准制修订工作。

综合标准统领协调，界面清晰。包括高速、城际、市域(郊)等不同运输性质和不同速度等级铁路，规定总体设计原则、各专业关键参数匹配及接口、综合维修要求等铁路建设主要技术标准，不含各专业工程和设备的具体设计原则。编制完成《高速铁路设计规范》《磁浮铁路技术标准(试行)》《市域(郊)铁路设计规范》等6项综合标准。

专业标准系统配套，技术先进。突出本专业技术要求的系统性和完整性，不断总结铁路建设运营工程实践经验和科研成果，提高标准的技术先进性、经济合理性和可操作性，覆盖铁路工程勘察、设计、施工、验收、投资控制全过程，各专业标准衔接配套并与综合标准配套使用。编制完成《铁路工程地质勘察规程》《铁路线路设计规范》《铁路轨道工程施工质量验收标准》等44项专业标准。

管理标准高效实用，服务发展。全面贯彻创新、协调、绿色、开放、共享的发展理念，落实国家法律法规、方针政策，规范铁路项目决策、风险管理、工程监理、项目实施各阶段的设计文件的组成等相关管理工作，体现现代综合交通运输特征，强化质量安全，促进技术进步，突出各项工作的特点，提高标准针对性和实用性，更好服务铁路高质量发展。编制完成《铁路建设项目预可行性研究、可行性研究和设计文件编制办法》和《铁路建设工程监理规范》等2项管理标准。

第一节　综合标准

一、《高速铁路设计规范》TB 10621—2014

（一）编制背景

为贯彻落实《国家中长期铁路网发展规划》等要求，加强现代综合交通运输体系建设，支撑国家重大战略实施，持续增强铁路行业的综合实力和国际影响力，根据构建铁路工程建设标准体系的要求，对《高速铁路设计规范（试行）》TB 10621—2009 进行全面修订工作，规范名称改为《高速铁路设计规范》。

高速铁路设计技术是随着高速铁路的建设发展不断完善的。相关标准研究与制定是高铁建设的重大科技攻关项目，凝结了广大铁路工程技术人员的智慧和心血，记录了中国高速铁路从无到有、从追赶到超越、从探索到成熟的历史进程。通过总结不同类型、不同技术特点的高速铁路建设运营实践经验，提高规范的科学性、系统性、经济性和适用性，可为中国铁路“走出去”提供强有力的技术支撑。

2009 年版规范发布以来，相继建成京广、京沪、郑西、哈大等一批各具特色的高速铁路（图 2-1），铁路建设水平不断发展进步。铁路行业对高速铁路成套技术中的关键技术和薄弱环节集中开展科研攻关，积累了丰富的实践经验和科研成果，为完善《高速铁路设计规范》奠定了重要基础。

兰州—乌鲁木齐高铁穿越戈壁滩

哈尔滨—大连高铁建于高寒地区

郑州—西安高铁建于湿陷性黄土地区

北京—广州高铁纵贯中国南北

海南环岛高铁建于湿热热带地区

图 2-1　各类型环境条件下的高速铁路

（二）编制目的

1. 加强现代综合交通运输体系建设，支撑国家重大战略实施，满足铁路“走出去”的需要，提高中国高速铁路标准的国际化程度和国际铁路市场的竞争力。

2. 强化高速铁路设计安全保障功能，优化各专业设计参数，统一不同类型、不同技术特点高速铁路设计要求，进一步提高高速铁路的安全可靠性、提升标准的经济适用性。

3. 满足国家可持续发展战略要求，突出强调“以人为本”和绿色建设理念，充分体现出标准的系统性、先进性、成熟性要求。

4. 全面总结高速铁路建设、运营实践经验以及相关科研成果，强化总体设计和接口设计的有关要求，适应铁路政企分开改革要求，发挥行业标准基础性、规范性和指导性作用。

（三）编制原则

1. 适应发展、放眼国际。贯彻国民经济及社会发展规划要求，建设现代综合交通运输体系，支撑国家重大战略实施，适应运输服务需求，促进高速铁路发展进步，为高速铁路“走出去”提供系统规范的成套建设标准，持续增强铁路行业的综合实力和国际影响力。

2. 自主创新、体现特色。充分吸取中国已建和在建的客运专线和高速铁路建设成果，编制科学、系统、经济和适用的中国特色标准。根据国情路情，开展针对性的科研攻关和试验，总结提炼高速铁路技术，强化重大科研、试验成果对关键技术的理论支撑与验证，体现自主创新。

3. 安全优先、绿色环保。强化安全保障的功能设计，将安全设计、防灾减灾的设计理念贯穿到编制全过程，进一步提升高速铁路的安全可靠性。突出“以人为本”、方便、快捷、舒适等提高服务品质的设计要求，体现节能、节地、节水、节材和环境保护等绿色建设理念，适应国家可持续发展战略的要求。

4. 协调配套、先进适用。结合经济社会发展水平、运输需求和环境条件等因素，合理优化速度匹配、设备配套和各专业主要设计参数，优化复杂路网条件下的高速铁路运营调度系统设计、高密度大客流的客运服务系统设计，使技术标准更符合系统性、先进性、成熟性及经济合理性要求。

（四）编制过程

《高速铁路设计规范》编制过程总体上分为三个阶段。

前期准备阶段。全面梳理高速铁路建设发展情况，系统总结工程实践经验和科研成果，落实安全优先要求，强化技术标准的经济性，增强工程设计选择的灵活性，在《高速铁路设计规范（试行）》基础上，编制形成规范初稿。

送审稿阶段。国家铁路局组织开展规范初稿全面复核，梳理规范编制以来相关研究成果纳规和历次审查会意见执行情况，经向有关单位征求意见，立足铁路行业发展，提出规范进一步优化意见。经修订完善，形成《高速铁路设计规范》送审稿，并组织专家完成技术审查。

报批稿阶段。编制完成规范报批稿条文和条文说明。经审核通过，于 2014 年 12 月 1 日发布，自 2015 年 2 月 1 日起实施。

（五）主要内容

《高速铁路设计规范》是正式发布的中国第一部高速铁路设计行业标准，是在《高速铁路设计规范（试行）》TB 10621—2009 基础上，系统总结 250 km/h ~ 350 km/h 高速铁路建设运营实践经验编制而成的，为中国高速铁路发展以及高速铁路"走出去"提供系统规范的成套建设标准支撑。

规范基本构架：

本规范共分 22 章，包括总则、术语和符号、总体设计、运输组织、线路、路基、桥涵、隧道、轨道、站场、电力牵引供电、电力、通信、信号、信息、灾害监测、动车组设备、维修设施、给水排水、房屋建筑、综合接地、环境保护等，另有 4 个附录。主要分为四大板块：

第一板块：总则。明确标准编制目的、适用范围、基本原则、设计速度分级、建筑限界、列车设计活载等内容，提出安全、灾害风险防范、结构物的抗震设计等要求。

第二板块：术语和符号。规定与高速铁路设计密切相关的术语和符号，如综合客运交通枢纽、无线闭塞中心、列车运行控制中心等，给出列车超速防护等缩略语。

第三板块：总体设计。规定高速铁路设计基本程序、总体设计方案确定、主要技术标准、综合选线等要求。提出总体系统及接口设计原则。

第四板块：专业技术要求。提出列车运行模式、列车开行方案原则、列车运行图编制等技术要求，规定线路平纵断面设计要求，提出路基、桥涵、隧道、轨道等主体工程结构设计接口，明确车站平面布置、牵引供电系统、供配电系统、通信信号信息、灾害监测、动车组设备、环境保护等具体设计要求。

主要修订内容：

1. 明确规范适用于新建设计速度为250 km/h～350 km/h、运行动车组列车的标准轨距客运专线铁路，补充“四新”技术应用及风险防范的原则性要求。

2. 修改完善高速铁路相关术语和符号。

3. 提出路段设计速度的理念，完善综合选线的有关内容，细化系统及接口设计要求。

4. 明确根据国情路情采用不同速度等级列车共线运行的模式或单一速度等级列车运行的模式，给出基本的运行图编制参数，修改立即折返动车组折返时间。

5. 取消曲线半径推荐值，增加限速地段及动车组走行线的平纵断面技术标准，优化最小坡段长度标准，增加长大坡道的技术要求。

6. 明确路基上覆荷载由均布荷载取代传统的换算土柱法，补充季节性冻土地区路基的有关内容，明确路堤填筑完成的放置期。

7. 优化涵洞动力系数和曲线桥梁离心力折减计算公式，增加公（道）路上跨高速铁路立交桥设计与安全防护标准，完善涵洞选型、涵洞顶填土高、梁端转角限值、墩台沉降限值标准及列车脱轨载荷的有关规定。

8. 完善单、双线隧道方案比较的规定，取消隧道衬砌内轮廓图，补充隧道洞口选址及设置明洞等相关措施的规定，优化拱部初期支护径向锚杆设置的要求。

9. 明确无砟轨道铺设条件，修订有砟轨道轨距容许偏差标准，取消各类无砟轨道外形尺寸，增加结构设计原则及方法等相关规定，补充CRTSⅢ型板式无砟轨道的设计内容。

10. 增加到发线有效长度范围内不应设置道岔的规定，补充旅客站台临靠正线设置条件的规定，取消车站命名的有关规定，完善线路接轨及安全线设置的有关技术要求。

11. 提高牵引供电系统在防雷措施、防灾避害、故障监测等方面的可靠性和安全性，增加运营方式的灵活性。补充接触网有关防风、防雷、防冰、防污闪、防鸟等防护措施和供电安全检测监测系统的内容。

12. 优化电力无功补偿设置方法，对变配电所电气设备标准按速度进行了分类，并差异化配置高压开关设备标准。进一步明确电力线路敷设原则，提出电缆防护、物理隔离措施以及电力远动、机电设备的监控范围。

13. 明确重要传送业务的接入要求，补充无线场强覆盖设计应综合考虑电波传播特性和服务质量要求，合理布设基站，以及漏缆监测系统、通信铁塔安全设置要求，细化隧道应急通信的设计规定。

14. 强化信号系统故障导向安全的基本原则，补充完善地面固定信号有关条款，调整出站信号机设置位置相关规定。补充完善道岔外锁闭装置、密贴检查器、信号集中监测等内容。

15. 增加运营调度系统相关规定，根据实名制及网络售票方案，调整票务系统设置方案。

16. 梳理高速铁路自然灾害及异物侵限监测系统总体技术方案的系统组成和设置原则。

17. 补充完善部分运营整备设备、辅助设施设置原则和标准，明确动车段（所）检查库线与存车场布置的有关规定。

18. 调整维修有关设施，细化专业维修需求的内容，明确应急热备救援机车存放设施的规定。

19. 明确动车段（所）、大型枢纽站及始发站应根据运输组织需要设置旅客列车给水和卸污设施，调整高速铁路水源设计相关规定，增加隧道洞口排水设施相关规定。

20. 增加综合交通枢纽、绿色客站等内容，明确体型复杂、重要的站房及跨线设施结构安全标准，重视结构安全健康监测体系的建立。

21. 明确综合接地系统的构成，确定综合接地系统接入范围和接地电阻值的规定，提出利用建筑物内钢筋作为自然接地体的设计原则，规定了接地端子、接地连接及贯通地线敷设方式等内容。

22. 明确环保选线、生态保护和水土保持、噪声和振动污染治理、污水和废气治理、固体废物处置、电磁干扰防护等设计内容的基本原则，规定高速铁路声屏障、垃圾转运设施建设等设计内容。

（六）解决的问题及预期效果

1. 高速铁路与其他铁路、公（道）路及输油、输水、输气管道等设施交叉跨越、并行问题。

2. 高速铁路路基结构上覆荷载计算及季节性冻土问题；桥梁梁体变形及墩台沉降问题；隧道单、双线方案选定，洞口选址及明洞设置等问题；精密测量控制网建立和无砟轨道铺设条件及平顺性问题；体型复杂、重要的站房及跨线设施的结构安全问题。

3. 高速铁路牵引供电和电力系统防灾避害及 RAMS 综合定量评估问题；通

信系统重要传送业务（如GSM-R、CTC、客票等）接入及基站安全设置问题；列控系统采用及设备设置问题；自然灾害及异物侵限监测系统（图2-2）实时监测问题。

图2-2　风速风向监测子系统

（七）主要技术标准

高速铁路主要技术标准见表2-1。

表2-1　高速铁路主要技术标准

<table>
<tr><th rowspan="2">序号</th><th rowspan="2" colspan="3">项　目</th><th colspan="3">技　术　标　准</th></tr>
<tr><th>350 km/h</th><th>300 km/h</th><th>250 km/h</th></tr>
<tr><td>1</td><td colspan="3">正线最小线间距（m）</td><td>5.0</td><td>4.8</td><td>4.6</td></tr>
<tr><td rowspan="4">2</td><td rowspan="4">最小平面曲线半径（m）</td><td rowspan="2">有砟轨道</td><td>一般</td><td>7 000</td><td>5 000</td><td>3 500</td></tr>
<tr><td>困难</td><td>6 000</td><td>4 500</td><td>3 000</td></tr>
<tr><td rowspan="2">无砟轨道</td><td>一般</td><td>7 000</td><td>5 000</td><td>3 200</td></tr>
<tr><td>困难</td><td>5 500</td><td>4 000</td><td>2 800</td></tr>
<tr><td>3</td><td colspan="3">最大坡度</td><td colspan="3">区间正线的最大坡度不宜大于20‰，困难条件下经技术经济比较后不应大于30‰。
动车组走行线的最大坡度不宜大于30‰，困难条件下不应大于35‰。动车组走行线的最大坡度大于30‰时，宜铺设无砟轨道</td></tr>
<tr><td>4</td><td colspan="3">到发线有效长度</td><td colspan="3">应采用650 m</td></tr>
<tr><td>5</td><td colspan="3">牵引供电制式</td><td colspan="2">应采用2×25 kV供电方式</td><td>宜采用2×25 kV供电方式</td></tr>
<tr><td>6</td><td colspan="3">列车运行控制方式</td><td colspan="2">应采用CTCS-3级列控系统</td><td>宜采用CTCS-3级列控系统</td></tr>
<tr><td>7</td><td colspan="3">最小行车间隔</td><td colspan="3">应按照运输需求研究确定，宜采用3 min</td></tr>
<tr><td>8</td><td colspan="3">站间距</td><td colspan="3">宜为30 km～60 km</td></tr>
<tr><td>9</td><td colspan="3">列车设计荷载</td><td colspan="3">采用ZK荷载</td></tr>
</table>

二、《城际铁路设计规范》TB 10623—2014

（一）编制背景

为落实国家推进城际快速交通网络建设要求，满足城际铁路建设和发展需要，统一城际铁路设计标准，根据《国家铁路局2014年铁路工程建设标准编制计划》（国铁科法函〔2014〕175号）要求，开展《城际铁路设计规范》制定工作。

城际铁路作为服务于相邻城市间或城市群的客运专线铁路，以其运能大、占地少、污染小、安全舒适、准时等优势，成为城际居民出行的主要交通方式。《国务院关于改革铁路投融资体制加快推进铁路建设的意见》（国发〔2013〕33号）明确按照“统筹规划、多元投资、市场运作、政策配套”的基本思路，鼓励地方政府和社会资本投资建设城际铁路，因此制定一部技术先进经济适用的城际铁路设计标准十分必要。

在城际铁路的勘察设计及施工建造等方面积累了系统成熟、经济适用的科研成果和工程经验，为更好满足城际铁路建设需求，规范和引领行业健康持续发展，编制一部全面反映城际铁路功能需求和技术特征、突出体现经济合理性和可操作性的综合性技术标准，必将为建设城际铁路提供重要的技术支撑。

（二）编制目的

1. 促进综合交通运输深度融合。充分发挥各种交通运输方式的整体优势和组合效率，积极推进以轨道交通为骨干的城际快速交通网络建设。

2. 聚焦城际铁路关键问题。充分借鉴地铁等相关行业经验，明确城际铁路功能定位，深化研究建筑限界、设计荷载、编组方式等主要技术标准。

3. 满足城际铁路创新发展需求。适应铁路投融资体制改革需要，制定适应于区域性城际铁路、有别于干线铁路并具有较强经济性的技术标准。

4. 发挥标准支撑引领作用。满足城际铁路建设发展，体现城际铁路的功能需求和技术特点，编制“方便、快捷、公交化、独立运营”模式的城际铁路设计标准。

（三）编制原则

1. 需求引领、协调发展。贯彻国家城镇化发展战略，落实铁路投融资体制改革要求，推进以轨道交通为骨干的城际快速交通协调发展。

2. 安全优先、经济适用。把握城际铁路的功能需要，强化城际铁路有关安全保障功能，注重节地、节能、节水、节材和环境保护方面的设计要求，突出标准的安全可靠和经济适用。

3. 系统先进、定位准确。总结城际铁路建设运营实践经验以及相关科研成果，借鉴城市轨道交通等工程经验，把握城际铁路的功能定位，突出标准的系统性和先进性。

4. 规范统一、特色鲜明。体现综合交通设计要求，反映城际铁路功能需求和技术特点，满足“高密度、小编组、公交化”运输组织模式，编制适应区域性城际铁路建设发展的统一标准。

（四）编制过程

《城际铁路设计规范》编制过程总体上分为五个阶段。

前期准备阶段。调研国内外城际铁路技术特点，开展城际铁路线间距、常用跨度简支梁、隧道净空面积等多项技术专题研究，结合城际铁路运输特点和需求，科学确定标准编制方案。

工作大纲阶段。编制完成工作大纲，确定规范编制指导思想、总体原则、适用范围、内容框架、进度计划、工作分工等，组织铁路权威专家开展规范工作大纲技术审查。

征求意见稿阶段。编制完成征求意见稿条文和条文说明，向勘察设计、施工建造、科研院所、运营维护、建设管理及地方投资等单位征求意见，共收到14家单位反馈意见231条，并组织专家完成规范技术审查。

送审稿阶段。编制完成送审稿条文和条文说明，向勘察设计、施工建造、科研院所、运营维护、建设管理、政府部门等单位征求意见，共收到65家单位反馈意见750条，并组织专家完成规范技术审查。

报批稿阶段。编制完成报批稿条文和条文说明，经审核通过，于2014年12月29日发布，自2015年3月1日起实施。

（五）主要内容

《城际铁路设计规范》是国内第一部城际铁路设计的行业标准，是铁路工程建设标准体系的重要组成部分，将为吸引地方政府和社会资本投资建设城际铁路，加快推进新型城镇化建设，提供重要的技术支撑。

规范基本构架：

本规范共分24章，包括总则、术语和符号、总体设计、运输组织、线路、路基、桥涵、隧道、地下车站结构、轨道、站场、电力牵引供电、电力、通信、信号、信息、灾害监测、动车组设备、维修设施、给水排水、房屋建筑、采暖通风与空调、综合接地、环境保护等，另有1个附录。主要分为四大板块：

第一板块：总则。明确标准编制目的、适用范围、基本原则、设计速度分级、建筑限界、列车设计活载等内容，提出安全、灾害风险防范、结构物的抗震设计等要求。

第二板块：术语和符号。规定与城际铁路设计密切相关的术语和符号，如综合客运交通枢纽、无线闭塞中心、列车运行控制中心等，给出列车超速防护等缩略语。

第三板块：总体设计要求。规定城际铁路设计基本程序、总体设计方案确定、主要技术标准、综合选线等要求。提出总体系统及接口设计原则。

第四板块：专业技术要求。提出列车运行模式、列车开行方案原则、列车运行图编制等技术要求，规定线路平纵断面设计要求，提出路基、桥涵、隧道、轨道等主体工程结构设计接口，明确车站平面布置、牵引供电系统、供配电系统、通信信号信息、灾害监测、动车组设备、环境保护等具体设计规定。

主要技术内容：

1. 规定适用范围、设计年度、建筑限界、设计活载等内容，明确适用于新建设计速度为200 km/h及以下、仅运行动车组列车的标准轨距客运专线铁路。

2. 明确城际铁路专门服务于相邻城市间或城市群，旅客列车设计速度200 km/h及以下的快速、便捷、高密度客运专线铁路。

3. 明确主要技术标准、综合选线、系统设计、综合开发、安全设计、施工组织设计等方面的原则性要求。

4. 明确旅客列车开行原则、列车运行图编制方法、线路通过能力与输送能力等运输组织要求，提出城际铁路可采用独立运营的运输组织模式。

5. 规定线路平面曲线半径、缓和曲线长度、线路纵断面最大坡度、坡段长度、竖曲线半径等主要设计标准。

6. 规定路基基床结构、填料及压实标准、稳定及沉降控制标准，明确过渡段结构形式、路基排水、边坡防护及支挡结构等技术要求。

7. 规定桥梁设计荷载和结构变形、变位、梁端转角和基频、墩台刚度、墩台沉降的限值标准，提出桥涵结构计算、构造及结构形式选择的原则性要求。

8. 规定隧道轨面以上净空横断面面积，明确荷载、隧道衬砌、洞内附属构筑物、洞门结构、防排水、防灾救援等技术要求。

9. 规定地下车站荷载、结构形式及衬砌、结构设计、构造要求、构造防水等技术要求。

10. 规定轨道静态铺设精度标准，明确轨道结构选型原则、正线轨道、站线轨道、钢轨及扣件系统、轨道结构过渡段、护轨和线路标志设置等技术要求。

11. 规定车站到发线及有关站线的平纵断面设计标准，明确车站到发线数量、安全线设置、车站布置、客运设备、站场路基及排水等技术要求。

12. 明确牵引负荷等级、外部电源、供电方式、牵引变电所分布、牵引变压器、电分相设置、电能质量等设计要求，提出接触网悬挂方案及设计选型原则。

13. 规定电力供配电系统、变配电所、电力线路、电力远动、机电设备监控系统、火灾自动报警系统、供电可靠性等设计标准，明确电力供电系统构成、供电方案等技术要求。

14. 明确传输网、数据通信网、有线调度通信、移动通信、综合视频监控等通信系统的设计原则、构成、功能和设备配置标准。

15. 明确信号系统选型原则，规定地面信号机、调度集中、列控、联锁、集中监测、道岔融雪、信号网络、电源、防雷与接地等信号设备配置标准。

16. 规定运营调度管理、客票、旅客服务、动车组管理等信息系统的设计原则、构成、功能和设置配置标准。

17. 明确灾害监测系统构成和设置原则，规定风、雨、雪、地震及异物侵限监测设备配置标准。

18. 明确动车组运用检修设施设置、选址和总平面布置原则，规定动车组运用检修设施规模、功能、主要设施和设备配置等标准。

19. 明确维修设施设置、布点选址和总平面布置原则，规定维修基地、维修车间和维修工区的规模和主要设备配置标准。

20. 明确旅客列车给水站和卸污站（点）设置原则，规定车站水源、给水及卸污设施、给水排水管道防护等技术要求。

21. 明确站房及站场客运设施、建筑设备的设计原则和标准，提出综合交通、绿色客站、综合开发等设计要求，规定站房及跨线设施的结构安全标准和结构安全健康监测等技术要求。

22. 规定地面、高架及地下车站采暖通风与空调系统设置标准。

23. 明确综合接地系统的构成，规定综合接地系统接入范围、接地电阻、接地端子、接地连接及贯通地线敷设方式等标准。

24. 明确环保选线、生态保护和水土保持、噪声和振动控制、污水和废气治理、固体废物处置的设计原则和保护要求。

（六）解决的问题及预期效果

1. 解决的问题

（1）系统总结城际铁路建设管理、勘察设计、施工建造、运营管理和安全防护积累的科研成果与成熟运用经验，形成具有自主知识产权的城际铁路技术标准。

（2）紧密结合城际铁路的技术特征，优化明确建筑限界、设计活载、线路平纵断面、路基面宽度和基床厚度、桥梁梁型、隧道断面、站场和车站结构、供电电压等级等技术指标，实现标准技术先进性、经济合理性、可操作性的和谐统一。

（3）通过吸纳全封闭、全立交、灾害预警监测、防灾疏散救援、工程主动防护、提升结构监测安全防护等级等措施，提升城际铁路的安全性。

2. 预期效果

（1）本规范根据城际铁路技术特征，在保证运行安全且铁路等级、设计速度、输送能力、运输效率符合标准的前提下，通过优化技术指标，充分体现了技术经济性的特点，根据测算和运行验算，采用本规范的工程静态投资与该标准颁布前节省 10% 以上。

（2）本规范统筹城际铁路绿色集约、便捷高效技术优势，具有节约集约高效利用土地资源、绿色环保减少排放、保护生态减少建材等优势。

（3）本规范准确把握城际铁路发展的功能需求，强化细化综合交通运输体系融合发展理念，注重城际铁路与城市内其他交通方式的便捷换乘、设施互联、信息共享。统筹站城融合，积极发挥区域间、区域内城市群间、城市群内城市间城际铁路对城市高质量发展的引领促进作用。

城际铁路设计规范的发布实施，将会取得明显的经济效益、生态环保效益和巨大的社会效益，这种效益对社会的影响将会是全面的而不是局部的，是长远的而不是暂时的，是助推综合交通运输体系深度融合健康发展的中坚力量。

（七）主要技术标准

城际铁路主要技术标准见表 2-2。

表 2-2　城际铁路主要技术标准

序号	项　　目		技　术　标　准		
			200 km/h	160 km/h	120 km/h
1	正线最小线间距(m)		4.2	4.0	4.0
2	最小平面曲线半径(m)	一般条件	2 200	1 500	900
		困难条件	2 000	1 300	800
3	最大坡度		区间正线的最大坡度不宜大于 20‰,困难条件下经技术经济比选后不应大于 30‰。 动车组走行线的最大坡度不宜大于 30‰,困难条件下不应大于 35‰		
4	到发线有效长度		贯通式车站到发线有效长度不应小于 400 m。 尽端式车站到发线有效长度不宜小于 325 m。 困难条件下不应小于 290 m		
5	牵引供电制式		可采用自耦变压器供电方式,区跨线列车联络线、动车组走行线和动车段(所、场)等可采用 1×25 kV 供电方式		
6	列车运行控制方式		应采用 CTCS-2 级列控系统	宜采用 CTCS-0 级或 CTCS-2 级列控系统	
7	最小行车间隔		应按照运输需求研究确定,宜采用 3 min		
8	站间距		宜为 5 km～20 km		
9	列车设计荷载		采用 ZC 荷载		

三、《重载铁路设计规范》TB 10625—2017

(一)编制背景

重载铁路运输因其运能大、效率高、能耗及运输成本低而受到世界各国的广泛重视(图 2-3、图 2-4),已被国际公认为铁路大宗货物运输发展的方向,特别是对于我国幅员辽阔、资源分布不均衡的大陆型国家,发展重载铁路运输对于快速提升运输能力、缓解运能瓶颈制约、提高运输综合经济效益具有广阔的市场空间和重要的战略意义。为满足重载铁路建设和发展需要,统一重载铁路设计技术标准,使重载铁路设计符合安全可靠、先进成熟、经济适用的要求,根据我国货物运输需求和机车车辆技术装备的发展研究制定了《重载铁路设计规范》。

《重载铁路设计规范》是我国第一部重载铁路工程建设行业标准,填补了重载运输领域技术标准的空白,进一步丰富和完善了我国铁路工程建设标准体系,对于指导重载铁路健康发展、提高铁路建设的社会经济效益具有重要促进作用。

图 2-3　瓦日铁路

图 2-4　浩吉铁路

规范编制依托和吸纳重载铁路勘察设计、施工建造、运营管理等领域的工程实践经验和科研成果，全面贯彻新发展理念和质量安全要求，科学确定重载铁路设计标准，提升标准的技术先进性、经济合理性、可操作性。

（二）编制目的

1. 满足重载铁路建设和发展需要。适应我国经济社会发展，充分体现重载铁路的功能需求和技术特点，统一重载铁路设计技术标准，使重载铁路设计符合安全可靠、先进成熟、经济适用的要求。

2. 符合重载铁路发展方向。充分体现设计规范的前瞻性、系统性和经济合理性。

3. 体现重载铁路运量大、轴重大、牵引质量高的技术特点。技术标准、线路走向、建设方案、设计措施、设备配备等的确定应注重提高运输效率，充分考虑运营及养护维修成本。

4. 总结和吸纳相关经验。总结和吸纳我国有关重载铁路设计、施工、运营等经验，特别是大秦、朔黄、浩吉等重载铁路前期建设经验和各项研究、试验成果。

（三）编制原则

1. 安全优先、绿色环保。将安全设计的理念贯穿到规范编制工作全过程，进一步提高主体结构、信号设施、行车设备安全可靠性。明确耐久性和“四新”技术在设计过程中的要求，强化节能、节地、节水、节材和环境保护等绿色建设理念，适应国家可持续发展战略的要求。

2. 自主创新、接轨国际。与国际标准接轨，结合我国重载运输实际合理确定规范适用范围，总结吸纳我国大秦、朔黄、浩吉等重载铁路工程建设及运营实践经验和有关研究成果，系统提炼和发展重载铁路技术，强化重大科研、试验成果对规范关键技术的理论支撑与验证。

3. 系统设计、先进成熟。结合我国国情、经济社会发展水平、运输需求和环境条件等因素，合理优化设备配套和各专业主要设计参数，符合系统性、先进性、成熟性及经济合理性要求。

4. 政策导向、管理高效。强化质量安全、节能环保等方面的政策导向，对一些涉及组织机构、管理模式等属于企业管理的内容、或针对特定情况需要由企业自主决定的内容，仅做原则性要求，以防止规定过严，不利于发挥市场在资源配置中的决定性作用。

5. 科学合理、经济适用。规范针对体现重载铁路运量大、轴重大、牵引质量大的三大技术特点，注重牵引质量、行车密度、运行速度合理匹配，科学确定各专业设施技术标准，以提高运输效率，节省全生命周期成本，体现了规范的适用性和经济性。

（四）编制过程

《重载铁路设计规范》编制过程总体上分为五个阶段。

前期准备阶段。开展重载铁路调研，对国内外重载铁路技术特点、存在问题等进行研究，分析我国重载铁路技术发展趋势，全面总结重载技术在铁路工程中的运用成果，借鉴国内外相关研究成果。

工作大纲阶段。确定标准编制原则、适用范围、内容框架、进度计划、工作分工等。组织铁路建设管理、勘察设计、工程监理、施工建造、运营管理等单位多位权威专家完成技术审查。

征求意见稿阶段。编制完成征求意见稿条文和条文说明，召开《征求意见稿》评审会，向铁路建设管理、勘察设计、工程监理、施工建造、运营管理、科研院所等单位广泛征求意见，共收到 10 家单位反馈意见 257 条。组织相关单位多位权威专家完成技术审查。

送审稿阶段。编制完成送审稿条文和条文说明，组织相关专业多位专家完成送审稿审查。同时完成了《各单位意见及答复情况汇编》《既有线开行 25 t、27 t 轴重车辆研究报告》《速度目标值适应性分析报告》《既有重载铁路调研报告》《与国外技术标准对比分析报告》《重载铁路科研成果调研报告》。

报批稿阶段。召开《重载铁路设计规范》编制工作会议，提出“规范编制要考虑同其他规范衔接的全面性和协调性；要考虑规范的安全性和经济性；要结合生产力布局调整有关内容”的要求。对规范进行了优化、补充和完善，与正在修编的有关专业基本规范相关内容进行了系统梳理、协调；并对规范编制的定位、适用范围、活载等重大问题和标准进行了研究；编制完成报批稿条文和条文说明。2016年10月25日，国家铁路局审议通过《重载铁路设计规范》报批稿。该规范于2017年1月2日发布，自2017年5月1日起实施。

（五）主要内容

《重载铁路设计规范》是铁路工程建设设计类重要的行业标准，是在系统总结铁路隧道勘察设计、施工建造、运营管理的实践经验和科研成果的基础上编制而成。

规范基本构架：

本规范由20章组成，其内容包括：总则、术语和符号、总体设计、运输组织、线路、路基、桥涵、隧道、轨道、站场、电力牵引供电、电力、通信、信号、信息、机务设备、车辆设备、给水排水、维修设施、环境保护，另有1个附录。主要分为四大板块：

第一板块：总则。明确本规范适用范围，提出重载铁路设计理念，强调技术标准选择原则，规定了设计年度、设计活载、限界、牵引种类等设计内容。

第二板块：术语和符号。规定与重载铁路密切相关的术语和符号，如重载铁路、重载单元列车、重载组合列车、ZH荷载、机车同步操控系统等。

第三板块：总体设计要求。规范了综合选线、检测与维修、主要技术标准、接口设计等内容。

第四板块：专业技术要求。明确运输组织、线路、路基、桥涵、隧道、轨道、站场、电力牵引供电、电力、通信、信号、信息、机务设备、车辆设备、给水排水、维修设施、环境保护等各方面具体技术规定。

主要技术内容：

1. 明确列车编组与开行方式、车站分布、通过能力计算等原则性要求。

2. 规定线路平纵断面设计标准及重载铁路与其他铁路、公（道）路交叉的设置原则。

3. 规定不同轴重等级的路基面宽度、基床结构、填料及压实、工后沉降、过渡段设置等设计标准。

4. 规定不同轴重等级的桥梁设计荷载、离心力、横向摇摆力、制动力，以及结构变形、变位和自振频率限值等设计标准。

5. 明确隧道限界、衬砌、附属构筑物、防排水、通风等技术要求。

6. 规定不同轴重和运量等级的有砟轨道、无砟轨道设计标准。

7. 明确各类车站图型选择、股道布置及车站路基排水等技术要求。

8. 明确外部电源、供电方式、牵引变电所分布、接触网设计等要求。

9. 规定电力供配电系统构成、负荷等级、电力远动系统、火灾自动报警及机电设备监控系统等主要设计标准。

10. 规定通信网构成、通信线路、各通信系统、通信接口、机车同步操控系统及可控列尾信息传送等主要设计标准。

11. 明确地面固定信号、运输调度指挥、闭塞、联锁、集中监测、电源、防雷及接地等技术要求。

12. 明确货物运输管理、货运营销及运力配置、货运服务、货运安全检测监控与管理等信息系统技术要求。

13. 明确机务段(所)布置、机车交路、整备与检修设施、救援设备等技术要求。

14. 明确车辆段、列检作业场及站修作业场技术要求。

15. 明确货场消防给水、降尘用水及降尘废水、初期雨水处理等技术要求。

16. 提出工务、通信、信号、信息、供电等维修设施设置的原则性要求。

17. 明确生态保护与水土保持、噪声治理、振动控制、粉尘治理与固体废物贮运等技术要求。

(六)解决的问题及预期效果

1. 解决的问题

(1)针对我国区域经济社会发展、产业政策和自然环境特征,以及促进重载运输发展和适应市场需求。形成涵盖不同轴重等级、不同牵引质量的重载铁路设计标准,是世界上首部系统完整、内容全面的重载铁路设计规范。

(2)针对既有 ZH 荷载图式难以适应更大轴重和载重等级的货运发展的问题,根据重载运输特征,研究提出 ZH 荷载图式,以及不同设计轴重的荷载系数,满足重载铁路运输现状,并兼顾发展需要。

(3)研究确定适应大运量、大牵引质量的线路平纵断面设计标准。规定最小平面曲线半径不应小于 800 m,困难条件下不应小于 600 m,不宜设置 2 个以上连续反向的曲线,节省全生命周期成本,减少换轨施工对运营的干扰。结合长大隧道坡度折减研究有关成果,提出适应性强、经济性好的“单洞双线铁路隧道内线路最大坡度减缓值”标准。

(4)研究确定路基面宽度、基床结构、填料及压实、工后沉降等设计标准。结合《铁路路基基床结构设计方法及参数的研究》《新建重载铁路路基设计关键参数研究》《30 吨轴重重载铁路路基关键技术研究》和《山西中南部铁路通道重载综合试验》等科研成果，研究动应力沿路基深度的分布以及相应位置处路基土体的动强度，确定轴重 300 kN 的基床表层厚度取 0.7 m，基床深度 3.0 m；轴重 270 kN 的基床表层厚度 0.6 m，基床深度 2.5 m。结合《铁路路基填料分类标准深化研究》《山西中南部铁路通道工程建设关键技术研究》《30 吨轴重重载铁路路基关键技术研究》和国内外有关资料，确定基床表层材料可采用级配碎石或级配砂砾石或 A 组填料等。结合《铁路路基填料分类标准深化研究》，规定基床表层采用 A 组填料，保证填料具有良好的使用性能。结合《铁路路基质量控制参数优化及控制体系的研究》《赴澳大利亚考察报告》《大秦线重载铁路路基设计原则及标准》及《铁路路基填筑压实施工工艺》等，规定重载铁路路基基床表层、基床底层及基床以下部分压实系数设计标准，使运营期间路基变形小，减少路基病害，减少运营期间的养护维修成本。

(5)研究确定适应大轴重的桥梁离心力、横向摇摆力、制动力、结构变形、变位和自振频率限值、列车运行安全性指标，以及涵洞水平压力、竖向压力等设计标准。根据我国新型车辆发展要求，离心力作用位置调整为轨顶以上 2.4 m；考虑重载铁路虽然运行速度相对较低，但列车参振质量大，大秦等重载线路的运营实践中发现，仍有部分桥梁结构出现振动响应较大的现象，研究提出列车运行安全性指标，以保证桥梁足够的强度、刚度、稳定性和耐久性，确保重载铁路桥梁安全可靠。

(6)研究确定适应大轴重、大运量的隧道内轮廓、衬砌等设计标准。为满足重载列车运行，提出衬砌仰拱结构加强措施；明确隧道内铺设有砟轨道时，内轮廓应满足大型机械养护维修作业要求的规定，以改善重载铁路隧道线路养护维修条件。

(7)研究确定满足大轴重、大运量的有砟轨道、无砟轨道设计标准。规定重车线采用与设计轴重匹配的混凝土轨枕、扣件；年通过总质量大于 100 Mt 小于 250 Mt、设计轴重大于等于 300 kN 时，重车线宜采用 75 kg/m 钢轨；动载系数，设计轴重为 250 kN 的线路取 2.5，其他取 3.0，以满足设计轴重要求。规定桥梁、隧道等刚性基础地段宜根据年通过总质量和设计轴重采取减缓道砟破碎、粉化的技术措施，长度 1 km 及以上的隧道内和隧道群地段经技术经济比选后可采用无砟轨道，减少维修工作量，节省全生命周期成本。

(8)研究提出组合分解站、装卸车站等图型布置及设备配备标准。根据重载列车的作业特点，车站的分类增加组合分解站。规定组合分解站股道宜采用在两条重车线或两条空车线的中间夹一条机走线的布置形式，重车线或空车线与机走线之间设置渡线的位置根据组合分解列车的长度确定；装车站装车方式及设备配置应根据作业量及地形、地物条件确定；卸车站宜设翻车机，处于港口的卸车站宜采用重空车场横列、咽喉区环线连接的布置型式，专为电厂等企业服务的卸车站宜采用重车线及空车线中间夹机走线的布置型式。组合分解站、装卸车站等图型布置有利于提高作业效率。

(9)研究确定适应大牵引质量的外部电源电压等级、供电方式、牵引变电所分布、接触网设计等要求。规定了新建牵引变电所宜采用 220 kV 及以上电压等级供电，可以增大电网对谐波、负序的承受力，减小对其他负荷的谐波、负序影响，减小牵引变电所母线电压的波动，降低输电线路损耗，保证输电线路的动态、静态稳定，降低运营成本。

(10)研究确定适应大牵引质量的通信网构成、通信线路、各通信系统、机车同步操控系统及可控列尾信息传送等主要设计标准。规定当重载铁路通信系统需要传送机车同步操控信息时，GSM-R 系统无线覆盖应采用冗余设计，长途光缆应采用双光缆设计，以避免传输通道出现问题时，造成前后两台机车不能同步操控，危及行车安全，体现安全性。

(11)研究确定满足大牵引质量的地面固定信号、运输调度指挥、闭塞、联锁、电源、接地等技术要求。双线重载铁路应采用自动闭塞，单线重载铁路宜采用自动站间闭塞，提高了运输效率。自动闭塞应采用 ZPW-2000 系列无绝缘轨道电路四显示移频自动闭塞；自动站间闭塞进站信号机应设置第一接近和第二接近两段接近区段、并在第一接近区段和第二接近区段分界处设置进站接近信号机采用 3 灯位机构，确保重载列车安全降速和停车。

(12)研究确定重载铁路牵引计算和能力计算原则。根据重载铁路运输组织特点，规定多机牵引时，列车采用机车同步操控系统后，每台机车的牵引力均取全值，重联机车牵引力按《列车牵引计算规程》TB/T 1407 规定取值；制动空走时间及缓解时间按照列车编组中的连续车辆数计算；列车配置可控列尾装置时，计算制动空走时间的列车编组辆数按连续辆数的一半取值；明确货物列车追踪间隔、起停车附加时分、车站作业间隔均应结合线路技术条件、列车编组、车站布置形式等通过牵引计算确定。

2. 预期效果

(1)本规范与国际标准接轨，与国际重载铁路定义协调，同我国重载铁路运输实际情况相结合，体现了我国重载铁路运输发展水平。

(2)贯彻国家法律、法规，体现铁路主要技术政策，以适应我国经济社会和铁路重载运输发展的需要。

(3)本规范为国内外首次编制，各项规定体现了重载铁路运输要求和运量大、轴重大、牵引质量大的技术特点，强化了质量安全、节约能源资源、环境保护、提高运输效率、节省全生命周期成本等技术要求。规范满足安全可靠、先进成熟、经济适用的要求。

(4)规范将对重载铁路设计提供有益的借鉴和指导，对重载铁路设计形成系列化、规范化具有积极的意义。

(5)规范重载铁路设计要求，合理选定重载铁路设计标准，可大幅提高重载铁路设计效率，将带来广泛的社会效益和经济效益。

(七)主要技术标准

重载铁路主要技术标准见表 2-3。

表 2-3 重载铁路主要技术标准

序号	项目		技术标准	
			100 km/h	80 km/h
1	正线最小线间距(m)		第一、二线间最小线间距 4.0 第二、三线间最小线间距 5.3	第一、二线间最小线间距 4.0 第二、三线间最小线间距 5.3
2	最小平面曲线半径(m)	一般	800	800
		困难	600	600
3	最大坡度		最大坡度差一般不得大于 8‰，困难条件下不得大于 10‰	
4	到发线有效长度		根据牵引质量、机车车辆类型等因素计算确定	
5	牵引供电制式		应采用 2×25 kV 或 1×25 kV 供电方式，联络线和编组场等宜采用 1×25 kV 供电方式	
6	列车运行控制方式		可采用 CTCS 或 ATC 制式	
7	站间距		单线宜为 15 km，双线宜为 30 km～50 km	
8	列车设计荷载		采用 ZH 荷载	

四、《市域(郊)铁路设计规范》TB 10624—2020

(一)编制背景

为贯彻落实党中央、国务院决策部署,顺应新型城镇化发展要求,统一市域(郊)铁路设计标准,提高市域(郊)铁路设计水平,保障市域(郊)铁路设计质量。根据构建铁路工程建设标准体系的要求,组织开展《市域(郊)铁路设计规范》TB 10624—2020 制定工作。

《市域(郊)铁路设计规范》是铁路工程建设标准体系中重要的行业标准。随着我国经济社会发展,一些城市为服务通勤客流和满足方便快捷出行需求,开展了市域(郊)铁路建设实践。陆续建成并投入运营了交流制式温州 S1 线、双流制式重庆江跳线等新建市域(郊)铁路,利用既有铁路开行市域列车的上海金山铁路(图 2-5)、北京 S2 线以及其他示范项目,取得多项科研成果,积累大量成熟工程实践经验,为开展标准的制订工作奠定了坚实基础。注重改善乘客体验,坚持问题导向、科学合理、市场主导等原则,注重标准包容性、规模效益和经济适用性,合理确定满足不同速度等级铁路市域(郊)设计标准。

图 2-5 上海金山铁路

依托北京、上海、温州、成都、重庆、天津等城市市域(郊)铁路勘察设计、施工、运营实践经验和科研成果的基础上,开展市域(郊)铁路设计规范的制定。有效吸纳市域(郊)铁路建设运营成功经验及科研成果,全面贯彻以人为本、强化质量安全、节能环保理念,科学确定市域(郊)铁路设计标准,提升标准的科学性、可操作性及技术经济性。

（二）编制目的

1. 贯彻新发展理念。聚焦质量安全、生态环保，加强“四新”技术应用，统一市域（郊）铁路技术标准，提高市域（郊）铁路建造技术水平。保障市域（郊）铁路建设质量与安全。

2. 解决突出问题。针对市域（郊）铁路技术发展与标准内容不适应不匹配问题，吸纳市域（郊）铁路新技术、生态环保新要求成果，进一步提升规范质量。

3. 满足创新发展需求。依托市域（郊）铁路领域先进科研成果和成熟运用经验，优化完善相关技术要求，提升规范的技术先进性和经济合理性，满足市域（郊）铁路建设发展需要。

4. 保障市域（郊）铁路质量安全。全面落实安全优先原则，强化质量安全、风险防范等技术要求，确定适应不同速度等级市域（郊）铁路设计标准。

（三）编制原则

1. 问题导向、统筹兼顾。标准既适用于市域（郊）铁路独立成网、与其他交通方式便捷换乘，又能统筹兼顾与既有铁路、地铁共线运行的要求。

2. 改善服务、绿色出行。以通勤通学、商务休闲且平均运距较长的乘客为主要服务对象，提供快捷、方便、经济、舒适的轨道交通出行方式。

3. 科学合理、系统协调。在安全可靠、先进成熟、方便快捷、经济适用、绿色环保的基础上，按技术制式、速度等级、运输组织模式、工程条件（新建或既有）等确定系统匹配、专业齐全的技术标准。

4. 简化统一、兼容可靠。注重车型统一、规格品类简化、接口优化及互联互通等技术要求，提高产品可靠性、兼容性和互换性，形成全产业链、供应链规模效益。

5. 市场导向、服务发展。标准内容适应综合交通运输体系建设和投融资体制改革需要，充分发挥市域（郊）铁路对新型城镇化建设的支撑服务作用，为投资主体因地制宜，灵活选择与其城市形态、运营管理模式、技术制式对应的标准创造条件。

6. 安全高效、经济适用。根据市域（郊）铁路技术特征，在保证安全、速度、效率前提下，进一步明确建筑限界、线路平纵断面、桥梁结构、隧道断面、列车控制、供电方式等主要技术标准，充分利用既有设施设备，提高投资效益。

（四）编制过程

《市域（郊）铁路设计规范》编制过程总体上分为五个阶段。

前期准备阶段。开展市域(郊)铁路技术基础研究,调研国内外市域(郊)铁路技术特点,分析中国市域(郊)铁路技术发展趋势,全面总结市域(郊)铁路的运用成果,借鉴国内外相关行业研究成果。

工作大纲阶段。确定标准编制原则、适用范围、内容框架、进度计划、工作分工等,组织铁路建设管理、勘察设计、运营管理等单位多位权威专家完成技术审查。

征求意见稿阶段。编制完成征求意见稿条文和条文说明,向铁路建设管理、勘察设计、施工建造、运营管理、科研院所等单位广泛征求意见,共收到 49 家单位反馈意见 1 698 条。组织相关单位多位权威专家完成技术审查。

送审稿阶段。编制完成送审稿条文和条文说明,向铁路建设管理、勘察设计、施工建造、运营管理、科研院所、政府部门等单位广泛征求意见,共收到 52 家单位反馈意见 1 365 条,组织相关单位多位权威专家完成技术审查。

报批稿阶段。编制完成报批稿条文和条文说明,经审核通过,于 2020 年 12 月 24 日发布,自 2021 年 2 月 1 日起实施。

(五)主要内容

《市域(郊)铁路设计规范》是铁路工程建设设计类重要的行业标准,是在系统总结市域(郊)铁路勘察设计、施工建造、运营管理的实践经验和科研成果的基础上制定而成,为市域(郊)铁路的建设发展提供依据。

规范基本构架:

规范由 27 章组成,包括总则,术语和符号,总体设计,客流预测,行车组织与运营管理,车辆,限界,线路与站场,轨道,路基,桥涵,隧道,牵引供电,电力,通信,信号,信息,安全防护与监控,车站,通风、空调与供暖,给水排水,防灾,车站机械设备,运营控制中心,车辆基地与综合维修,综合接地及环境保护,另有 5 个附录。主要分为三大板块:

第一板块:总则。明确标准编制目的、适用范围、基本原则、设计速度分级、列车设计活载、结构设计等内容,提出应充分利用既有设施和设备。

第二板块:基本规定。给出与市域(郊)铁路密切相关的符号,明确线路敷设方式,规定正线数目、设计速度等主要技术标准必选要求。

第三板块:专业技术要求。规定线路速度设计要求,提出轨道、路基、桥涵、隧道等主体工程结构要求,明确车站平面布置、牵引供电系统、供配电系统、通信信号信息、灾害监测、动车组设备、环境保护等具体设计规定。

主要技术内容：

1. 规定本规范的适用范围、功能定位、设计年度、设计荷载等基本要求，明确了本规范适用于新建设计速度 100 km/h～160 km/h 的标准轨距、交/直流电力牵引的市域（郊）铁路，利用既有铁路开行市域（郊）列车的项目，应结合其现状条件及功能定位，研究确定改建的设计速度等技术标准。

2. 规定市域（郊）铁路的主要技术标准、综合选线、系统设计、综合开发、安全设计以及利用既有铁路开行市域（郊）列车等方面的基本原则。

3. 规定客流预测的基本原则、基础数据及预测内容。

4. 规定市域（郊）铁路行车组织要求、配线设置原则、不同线网间跨线运行条件等。

5. 统一车辆选型，规定了列车编组、车体与设备、转向架、电气系统、制动系统及安全与应急设施等技术要求。

6. 规定车辆限界、设备限界，明确了建筑限界是位于设备限界外考虑了沿线设备安装后的最小有效界线。

7. 规定线路平面曲线半径、缓和曲线长度、纵断面最大坡度、竖曲线半径等平纵断面等主要设计标准，明确了车站到发线、配线设置及交叉与安全设施等技术要求。

8. 规定轨道结构选型原则及道床设计标准。明确了轨道部件、减振轨道、无缝线路、轨道附属设备等技术要求。

9. 规定路基基床结构、填料及压实标准、稳定及沉降控制标准。明确了路基地段列车和轨道荷载取值、路基横断面结构形式、过渡段结构形式、地基处理、路基防排水、路基加固防护、路基支挡等技术要求。

10. 规定桥梁设计荷载及组合和结构变形、变位的限值标准，明确了桥涵结构与构造、桥面布置及附属设施、高架车站桥梁结构、既有铁路桥涵利用等技术要求。

11. 规定隧道净空尺寸的设计原则，明确了隧道荷载、工程材料、结构设计、抗震设计、洞内附属构筑物、防排水等技术要求。

12. 规定交、直流制牵引供电系统的外部电源、变电所、牵引网、电力监控系统、电磁干扰防护等技术要求。

13. 规定电力供配电系统、变配电所、电力线路、动力照明等技术要求。

14. 规定传输系统、数据通信网、移动通信系统、电话交换系统、有线调度通信系统、视频监控系统、时钟同步和时间同步系统、电源设备、通信线路、接口设计等技术要求。

15. 明确信号系统制式选择原则,规定了地面固定信号、列车运行调度指挥、列车运行控制及闭塞、联锁、列车自动运行、信号集中监测、数据传输网络、信号电源设备、光电缆线路与防护、接口设计等技术要求。

16. 明确信息系统的设置原则,规定了客票系统、旅客服务信息系统、办公信息系统、系统布线、电源设备、接口设计等技术要求。

17. 规定火灾自动报警系统、机电设备监控系统、门禁系统、综合监控系统、安检设备、入侵报警系统、雨量及异物侵限监测等技术要求。

18. 规定车站建筑总体布局、平面设计及设备设施要求及车站结构设计标准,明确了既有车站改造设计要求和车站管线综合设计原则。

19. 明确车站、区间、车辆基地及运营控制中心的通风、空调、供暖的设计原则和主要设计标准。

20. 规定给水、排水等设计要求。

21. 规定建筑防火、区间防灾疏散救援、防排烟与事故通风、消防给水及灭火设施、防灾电气、防灾通信等技术要求。

22. 明确车站电扶梯、自动人行道、轮椅升降机、站台门等技术要求。

23. 规定运营控制中心布局及设备布置,供电、防雷与接地,通风、空调与供暖等技术要求。

24. 规定车辆基地总平面布置、运用整备设施、检修设施、综合维修及物资总库等设计要求。

25. 规定接地方式的选择及交流和直流牵引模式下综合接地系统等技术要求。

26. 明确环保选线、生态环境保护和水土保持、噪声和振动控制、污水和固体废物防治、电磁防护等技术要求。

(六)解决的问题及预期效果

1. 解决的问题

(1)市域(郊)铁路线路的设计速度、敷设方式、车站分布及车辆类型等问题。

(2)桥梁刚度、隧道断面、路基工后沉降、轨道形式及车站建筑规模等问题。

为了切实解决上述问题,保障市域(郊)铁路安全与质量,保障人民生命、财产安全和公共安全，促进新技术新方法、环保新要求应用，理顺标准架构，体现标准的先进性、协调性。规范中明确线路敷设方式宜以地面敷设为主，困难路段，经建设条件、环保要求、工程经济等多因素综合比选后可采用高架或地下敷设方式等规定，提出了桥梁刚度、隧道断面、路基工后沉降、轨道形式及车站建筑规模关键技术要求。

2. 预期效果

通过国内外市域（郊）铁路广泛调研及近年工程实践，相较于城际铁路乘车时间较短，优化了市域（郊）铁路舒适度标准，缩短了正线缓和曲线长度，可更好适应市区内工程环境，减少征拆工程；根据我国不同地域气候特点，提出了寒冷及温暖地区道岔始端、终端至梁缝距离，减少了道岔连续梁长度、车站岔区长度及车站用地规模；桥梁设计采用的 ZS 荷载，相当于城际铁路设计荷载的 67%，并依据桥址温差规定了桥梁墩顶水平线刚度限值，当温差≤65 ℃时，常用简支梁刚度限值相当于城际铁路的 72%，显著降低了桥梁建设成本，优化桥梁景观效果；相对于城际铁路，无砟轨道正线基床底层高由 1.5 m 调整至 1.4 m，优化了无砟轨道工程沉降控制标准；根据市域铁路运行速度较地铁高的技术特点，将救援速度适当提高，从而将全线设置停车线的间距扩大至“不宜小于 20 km”。符合国家发展的战略目标，社会效益巨大。本规范的发布实施，将会取得明显的经济效益而且这种效益是全面的而不是局部的，是长远的而不是暂时的。

（七）主要技术标准

市域（郊）铁路主要技术标准见表 2-4。

表 2-4 市域（郊）铁路主要技术标准

序号	项目		技术标准				
			160 km/h	140 km/h	120 km/h	100 km/h	80 km/h
1	正线最小线间距（m）		市域 A 型车：3.8；市域 B 型车：3.6～3.8；市域 C 型车：4.0；市域 D 型车：4.0				
2	最小平面曲线半径（m）	一般	1 400	1 100	800	600	400
		困难	1 300	1 000	750	500	350
3	最大坡度		区间正线的最大坡度不宜大于 25‰，困难条件下不应大于 30‰				
4	到发线有效长度		应根据远期列车编组长度和列控系统要求确定				
5	牵引供电制式		宜采用交流牵引供电制式		可采用交流或直流供电制式		
6	列车运行控制方式		可采用 CTCS 或 ATC 制式				

续上表

序号	项　目	技术标准				
		160 km/h	140 km/h	120 km/h	100 km/h	80 km/h
7	最小行车间隔	初期高峰时段不宜大于 10 min,平峰时段不宜大于 15 min, 远期高峰时段不宜大于 4 min,平峰时段不宜大于 10 min				
8	站间距	中心城区的平均站间距不宜小于 2 km; 其他路段平均站间距不宜小于 4 km				
9	列车设计荷载	采用 ZS 荷载				

五、《磁浮铁路技术标准(试行)》TB 10630—2019

(一)编制背景

贯彻落实国家创新驱动发展战略,适应交通强国建设需要,规范引导磁浮铁路技术发展,着力实现前瞻性基础研究、引领性原创成果重大突破,加快铁路科技创新成果向标准转化,根据《国家铁路局 2017 年铁路工程建设标准编制计划》(国铁科法函〔2017〕185 号)及《磁悬浮铁路设计标准编制工作会会议纪要》等要求,组织开展磁浮铁路技术标准编制工作。

磁浮技术在交通工程领域得到了持续发展。自 1991 年以来,一直将磁浮列入国家科技攻关计划,并取得丰富研究成果和工程实践经验。2006 年 4 月,上海磁浮示范运营线建成投产,最高运营速度、试验速度分别为 430 km/h 和 501 km/h,是世界上第一条投入商业化运营的高速磁浮线。2016 年 5 月和 2017 年 12 月,最高运营速度 100 km/h 的长沙磁浮快线和北京 S1 线投入商业运营。2019 年 5 月,时速 600 km 高速磁浮试验样车在青岛下线(图 2-6),标志着中国在高速磁浮技术领域实现重大突破,在高速磁浮关键核心技术研究及车辆、牵引、运控通信等核心子系统研发取得重要阶段性成果。上述研究成果和工程实践,为启动磁浮铁路技术标准编制提供了基本条件。

磁浮铁路作为新型交通方式,相关科研院所、设计单位及装备制造企业对磁浮铁路技术迸发出巨大的研究热情,确立新的研发目标和一系列研究课题,许多地方政府也相继提出修建磁浮铁路的热切愿望,迫切需要编制适应磁浮铁路建设需求的技术标准。

(二)编制目的

1. 贯彻创新驱动发展战略。落实《铁路标准化“十三五”发展规划》要求,跟

图 2-6 时速 600 km 高速磁浮试验样本

踪磁浮技术发展动态，强化前瞻性技术研究，加快研究成果转化为技术标准，引领磁浮铁路技术发展方向。

2. 解决关键突出问题。针对影响磁浮健康发展问题，统一磁浮铁路限界、轨距、轨道基准面等基本设计参数，明确磁浮车辆主要技术规格，集成线路、轨道、桥梁、隧道、牵引供电、运行控制等多专业接口要求。

3. 适应交通强国建设需要。坚持新发展理念，满足磁浮铁路建设需求，结合已有工程实践经验和科研成果，编制速度等级覆盖全面的磁浮铁路技术标准，规范磁浮铁路工程设计和装备制造。

（三）编制原则

1. 目标导向、需求牵引。坚持新发展理念，引领磁浮铁路技术发展，满足交通强国建设需要，推进磁浮铁路技术重大研究成果转化应用，促进铁路高质量发展。

2. 重点突破、覆盖全面。利用已有标准基础，着力解决制约磁浮发展难题，覆盖磁浮技术主要制式，适用全部速度等级的常导短定子和长定子制式磁浮铁路工程建设。

3. 技术先进、规范统一。系统总结国内外磁浮线建设运营经验，提炼磁浮技术研究成果特别是国家磁浮重点专项成果，统一中低速磁浮关键技术标准，提出高速磁浮通用技术条件。

4. 国际视野、特色鲜明。放眼世界各国磁浮技术发展，探究国际最新研究方向，突出中国磁浮技术应用特点，编制与磁浮技术特性密切相关的技术内容，且深细度适宜。

（四）编制过程

《磁浮铁路技术标准（试行）》编制过程总体上分为五个阶段。

前期准备阶段。开展磁浮技术基础研究，调研国内外各类磁浮技术特点，分析中国磁浮技术发展趋势，全面总结上海磁浮示范线、北京 S1 线、长沙磁浮快线的工程建设运营实践，借鉴国内外磁浮技术研究成果。

工作大纲阶段。确定标准编制原则、适用范围、内容框架、进度计划、工作分工等，组织 12 位磁浮控制、铁道工程、车辆工程、通信信号等领域权威专家开展技术审查。

征求意见稿阶段。编制完成征求意见稿条文和条文说明，向勘察设计、施工建造、科研院所、运营维护、建设管理等 16 家单位征求意见，共收到 6 家单位 115 条意见，组织 16 位磁浮交通、铁道工程、车辆工程、通信信号等领域权威专家开展技术审查。

送审稿阶段。编制完成送审稿条文和条文说明，向勘察设计、施工建造、科研院所、运营维护、建设管理、政府部门等 25 家单位征求意见，共收到 25 家单位 171 条意见，组织 17 位磁浮交通、铁道工程、车辆工程、通信信号等领域权威专家开展技术审查。

报批稿阶段。编制完成报批稿条文和条文说明，经审核通过，于 2019 年 8 月 22 日发布，自 2020 年 1 月 1 日起实施。

（五）主要内容

《磁浮铁路技术标准（试行）》是磁浮铁路领域的基础性行业标准，是在系统总结磁浮铁路技术研究成果和建设运营实践经验基础上编制而成的。

标准基本构架：

本标准共分 5 章，包括总则、术语和符号、基本规定、常导短定子磁浮系统、常导长定子磁浮系统等。另有 1 个附录。主要分为四大板块：

第一板块：总则。明确标准编制目的、适用范围、磁浮铁路制式、设计速度选择原则、轨距、限界、荷载及图式等内容。

第二板块：术语和符号。规定与磁浮技术密切相关的术语和符号，如磁浮铁路、轨道基准面、轨距等内容。

第三板块：基本规定。规定磁浮铁路主体结构设计年限、洪水频率、安全性设计、疏散救援、灾害应急响应等要求。

第四板块：具体技术要求。提出常导短定子磁浮系统与常导长定子磁浮系统车辆、线路、轨道、桥梁、隧道、牵引供电、运行控制等要求。

主要技术内容：

1. 明确常导短定子和常导长定子两种磁浮制式的适用范围。
2. 提出磁浮铁路总体设计原则及通用技术要求。
3. 统一磁浮车辆的技术规格、加减速性能等主要指标。
4. 规定线路平面、纵断面及横坡等技术参数。
5. 规定轨道结构的组成、静态平顺度及设计要求。
6. 规定桥梁结构设计荷载和结构设计要求。
7. 规定气动效应条件下隧道结构、防灾疏散救援等技术要求。
8. 规定外部电源、牵引供电电压、授流方式、接地等技术要求。
9. 规定运行控制系统组成、安全等级等技术要求。

（六）解决的问题及预期效果

1. 解决的问题

（1）统一了轨距、站台面高度及车辆与轨道的接口尺寸，首次提出了磁浮铁路站台建筑限界、基本建筑限界，解决了磁浮铁路在车辆制造、工程建设、养护维修等方面由于轨距等不统一带来的诸多问题，有利于磁浮铁路可持续发展。

（2）明确了轨道基准面定义，解决了由于磁浮铁路轨道基准面定义不统一引起的车辆地板面高度、车辆最高点距基准面高度、站台面高度等标准参数不统一的问题。

（3）规定了磁浮列车活载图式及相关设计参数。首次提出并统一规范了常导短定子、常导长定子活载设计参数及活载图式，解决了工程设计活载及活载图示取值问题。

（4）规定了隧道车内压力变化控制标准，解决了磁浮铁路隧道最小有效净空面积计算方法及隧道内轮廓确定方法。

2. 预期效果

磁浮技术标准是磁浮铁路技术标准体系中的龙头标准，集成了车辆、线路、轨道、桥梁、隧道、牵引供电、运行控制等多专业领域的技术要求，是磁浮铁路建设最基本、最重要的行业技术标准。标准统一了轨距、站台面高度及车辆与轨道的接口尺寸，明确了轨道基准面定义，统一了桥梁变形容许值及竖向一阶固有频率技术要求，解决了磁浮铁路在车辆制造、工程建设、养护维修等方面由于参数不统一带来的诸多问题，对于规范和指导磁浮铁路建设、促进磁浮铁路健康有序发展具有重大意义，取得了显著的社会效益。

（七）主要技术标准

磁浮铁路主要技术标准见表 2-5。

表 2-5　磁浮铁路主要技术标准

序号	项　目	技术标准				
		100 km/h 及以下	100 km/h（不含）~160 km/h	400 km/h 及以下	500 km/h	600 km/h
1	正线最小线间距（m）	3.6	4.0	明线：4.8 隧道：5.1	明线：5.1 隧道：5.6	明线：5.6 隧道：5.6
2	最小平面曲线半径（m）	按式计算：$R_{Hmin} = \left\| \dfrac{(v/3.6)^2\cos\alpha}{a_{ymax}+9.8\sin\alpha} \right\|$				
3	最大坡度	区间正线最大坡度不宜大于 60‰，困难地段最大坡度不应大于 65‰。在特殊情况下，经技术经济比较，有充分依据时，最大坡度可采用 70‰		区间正线的最大坡度不宜大于 50‰，困难条件下经技术经济比较后不应大于 100‰，最大坡度可不考虑平面曲线折减和隧道阻力折减		
4	轨距（mm）	1 860		≤2 800		
5	牵引供电制式	宜采用 DC 1 500 V		中压供电网络电压等级宜采用 35 kV、20 kV、10 kV		
6	列车运行控制方式	应包括正线信号 ATC 系统和车辆段信号系统。ATC 系统宜采用基于通信的列车自动控制系统（CBTC）		应包含中心调度指挥、轨旁运行控制、车载运行控制		
7	列车设计荷载	25 kN/m 的均布荷载		29 kN/m 的均布荷载		

六、《铁路专用线设计规范（试行）》TB 10638—2019

（一）编制背景

贯彻落实党中央关于调整运输结构、增加铁路运输量的战略部署，有序推进铁路专用线建设，根据国家铁路局构建铁路工程建设标准体系的要求，组织开展《铁路专用线设计规范（试行）》编制工作。

铁路专用线指由企业或者其他单位管理的与国家铁路或者其他铁路线路接轨的岔线，是铁路运输网的组成部分（图 2-7），具有纯货运、运量较小、速度较低和投资主体为企业等特点，参照《Ⅲ、Ⅳ级铁路设计规范》GB 50012—2012 进行设计，存在标准偏高、经济性差问题，编制一部指导铁路专用线设计的行业标准十分必要。2019 年 5 月，中国国家铁路集团有限公司编制发布企业标准《铁路专用线设计规范（试行）》Q/CR 9156—2019，为编制铁路专用线设计行业标准奠定坚实基础。

图 2-7　铁路专用线

针对铁路专用线纯货运、速度较低等特点，综合考虑项目总运量、年度运量、企业实际情况等因素，合理确定更为灵活的技术要求，采用更加便利的接轨条件和运输组织方式，在确保安全的前提下更好体现经济性要求，为推进铁路专用线建设提供重要标准支撑。

（二）编制目的

1. 贯彻中央关于调整运输结构、增加铁路运输量的战略部署，落实铁路货运增量行动方案要求，加快推进和规范铁路专用线建设。

2. 深入分析铁路专用线特点，解决目前铁路专用线无专门设计标准及参照有关标准设计存在标准偏高、经济性差等问题。

3. 确保安全前提下满足企业对铁路专用线建设的需求，更好体现经济性要求。

4. 贯彻公平公正的原则，突出行业标准定位，为建设铁路专用线创造便利接轨条件及便利运输组织方式。

（三）编制原则

1. 政府引导、适应发展。贯彻落实国家有关调整运输结构等决策部署及相关安全防护等规定，适应铁路专用线建设发展要求。

2. 定位准确、接轨便捷。准确把握铁路专用线特点，明确规范功能定位，实现专用线与国家铁路或其他铁路接轨便捷。

3. 精益求精、经济适用。充分利用现有标准基础，体现行业标准特色，确保安全的前提下更好体现经济性要求。

4. 规范统一、科学合理。总结铁路专用线建设运营经验，统一铁路专用线工程设计标准，科学合理地确定技术参数。

（四）编制过程

《铁路专用线设计规范（试行）》编制过程总体上分为三个阶段。

前期准备阶段。中国国家铁路集团有限公司按照标准工作大纲、征求意见稿、送审稿、报批稿四个阶段开展编写工作，并在编制大纲、征求意见稿、送审稿阶段广泛征求建设、设计、施工及科研单位的意见，充分听取相关部门意见，组织参编单位的人员和专家进行审查，最终完成《铁路专用线设计规范（试行）》企业标准报批稿编制，经中国国家铁路集团有限公司技术委员会审查通过，2019 年 5 月企业标准发布实施。

送审稿阶段。应中国国家铁路集团有限公司商请将《铁路专用线设计规范（试行）》企业标准转化为行业标准，采用快速程序推进完成《铁路专用线设计规范（试行）》行业标准送审稿，向铁路建设管理、勘察设计、施工建造、运营管理、科研院所等单位广泛征求意见，共收到 12 家单位反馈意见 100 条，组织相关单位多位权威专家完成技术审查。

报批稿阶段。编制完成报批稿条文和条文说明，经审核通过，于 2019 年 11 月 19 日发布，自 2020 年 3 月 1 日起实施。

（五）主要内容

《铁路专用线设计规范（试行）》是规范铁路专用线工程设计的重要标准，为推进和规范铁路专用线建设提供重要技术支撑。

规范基本构架：

本规范共分 16 章，包括总则、符号、基本规定、线路、轨道、路基、桥涵、隧道、站场、电力牵引供电、电力、通信、信号、机务与车辆设备、给水排水、环境保护等。主要分为三大板块：

第一板块：总则。明确标准编制目的、适用范围、基本原则、设计速度分级、列车设计活载、结构设计等内容，提出应充分利用既有设施和设备。

第二板块：基本规定。给出与铁路专用线密切相关的符号，明确接轨站引入方式，规定正线数目、设计速度等主要技术标准必选要求。

第三板块：专业技术要求。规定线路路段速度设计要求，提出轨道、路基、桥涵、隧道等主体工程结构要求，明确车站平面布置、牵引供电系统、供配电系统、通信信号信息、灾害监测、动车组设备、环境保护等具体设计规定。

主要技术内容：

1. 明确编制目的、适用范围、设计使用年限等要求。

2. 提出接轨方案、接轨方式、主要技术标准、施工过渡设计及养护维修方式等设计要求。

3. 规定线路平面、纵断面、交叉及附属设施等设计要求。

4. 规定轨道类型、钢轨及配件、轨枕及扣件、道床、轨道附属设备等设计要求。

5. 规定路基面、基床、路堤、路堑、路基排水、路基支挡及防护、路基接口及防护等设计要求。

6. 规定桥涵孔径、净空、结构、材料、桥面布置以及养护维修设施等设计要求。

7. 规定隧道建筑材料、内轮廓、衬砌结构、防排水、洞门与洞口段、附属设施、运营通风、辅助坑道等设计要求。

8. 规定站线平纵断面、货运设备、装卸机械、站场路基、排水及站线轨道等设计要求。

9. 规定牵引供电、牵引变电及接触网等设计要求。

10. 规定不同用电负荷、供电方案的设计要求。

11. 规定通信系统构成及其设置要求。

12. 规定车站联锁、区间闭塞等信号设计要求。

13. 规定机车车辆运用设施设计要求。

14. 规定给水工程、排水工程及给排水设施管理设计要求。

15. 规定选址、选线的环保要求及噪声、振动污染防治设计要求。

（六）解决的问题及预期效果

1. 解决的问题

《工业企业标准轨距铁路设计规范》GBJ 12—87 废止后，铁路专用线在设计中，一般执行《Ⅲ、Ⅳ级铁路设计规范》GB 50012—2012。Ⅲ、Ⅳ级铁路技术标准适用于客货共线铁路，与铁路专用线作为货运专线的特点不完全相符，存在标准偏高问题。

为了切实解决上述问题，保障铁路专用线安全与质量，保障人民生命、财产安全和公共安全，促进新技术新方法、环保新要求应用，理顺标准架构，体现标准的先进性、协调性。规范中明确根据铁路专用线纯货运，运量大小不一，服役时间不同等特点，不再进行等级划分，可因地制宜确定设计使用年限，解决了运量超过1 000 万t 的铁路专用线没有适用标准的问题。

2. 预期效果

通过国内铁路专用线广泛调研及近年专用线工程实践，确定铁路专用线采用与客货共线铁路一致的 ZKH 荷载。当与铁路专用线相衔接铁路为重载等铁路时，根据运营列车轴重、轴距等技术要求，桥涵、路基、轨道等结构需采用匹配运营列车的荷载图式进行设计。运输大宗货物的铁路专用线采用整列装卸等便利的运输组织方式。隧道衬砌可采用 C20 混凝土，洞门可采用 C20 片石混凝土，耐久性满足设计年限要求。铁路专用线设计更准确、可靠，且有利于投资控制。符合国家发展的战略目标，社会效益巨大。

（七）主要技术标准

铁路专用线主要技术标准见表 2-6。

表 2-6　铁路专用线主要技术标准

<table>
<tr><th rowspan="2">序号</th><th rowspan="2" colspan="2">项　目</th><th colspan="3">技　术　标　准</th></tr>
<tr><th>80 km/h</th><th>60 km/h</th><th>40 km/h</th></tr>
<tr><td>1</td><td colspan="2">正线数目</td><td colspan="3">根据铁路专用线的实际运输需求和工程条件等因素，经综合比选，按初、近期标准确定并预留远期发展的条件</td></tr>
<tr><td rowspan="2">2</td><td rowspan="2">最小曲线半径(m)</td><td>一般</td><td>600</td><td>500</td><td>400</td></tr>
<tr><td>困难</td><td>500</td><td>300</td><td>250</td></tr>
<tr><td>3</td><td colspan="2">限制坡度</td><td colspan="3">内燃 25‰，电力 30‰</td></tr>
<tr><td>4</td><td colspan="2">到发线有效长度</td><td colspan="3">根据输送能力要求、机车类型及列车长度、地形条件及与拟接轨铁路到发线有效长度的协调等因素确定，并预留远期发展的条件。在有直达列车到发的车站，部分到发线的有效长度应与衔接铁路相匹配</td></tr>
<tr><td>5</td><td colspan="2">闭塞类型</td><td colspan="3">区间闭塞根据运输需要可采用电话闭塞、半自动闭塞、自动站间闭塞或自动闭塞</td></tr>
<tr><td>6</td><td colspan="2">牵引种类</td><td>电力和内燃牵引</td><td>电力和内燃牵引</td><td>电力和内燃牵引</td></tr>
<tr><td>7</td><td colspan="2">机车类型</td><td colspan="3">SS_3、SS_4、SS_{6B}、8G、HXD_1(23 t)、HXD_3(23 t)等</td></tr>
<tr><td>8</td><td colspan="2">设计轴重</td><td>≤25 t</td><td>≤25 t</td><td>≤25 t</td></tr>
</table>

第二节 专业标准

（Ⅰ）勘 察 类

七、《铁路工程地质勘察规范》TB 10012—2019

（一）编制背景

为构建铁路工程建设标准体系，以标准助力创新发展、协调发展、绿色发展、开放发展、共享发展，统一铁路工程地质勘察技术要求，根据《国家铁路局2014年铁路工程建设标准编制计划》（国铁科法函〔2014〕175号）要求，组织开展《铁路工程地质勘察规范》全面修订工作。

我国幅员辽阔，地质情况复杂多样，气候条件差异巨大，对呈线性分布的铁路工程建设带来了极大的挑战。《铁路工程地质勘察规范》TB 10012—2007自实施以来，对地质勘探项目前期提供工程地质选线、后期查明沿线工程地质条件，为工程设计提供必要的地质资料等均发挥了重要作用。随着铁路建设特别是高速铁路建设大规模进行，铁路网遍布全国，新的地质现象和地质条件不断呈现，勘察类型的补充和新技术的应用也在与时俱进。随着高地温、地面沉降、盐渍岩和季节冻土等新的勘察手段日臻成熟，遥感地质解译新方法和原位测试新技术的推广使用，为启动《铁路工程地质勘察规范》修订提供了必要条件。

工程地质勘察是铁路工程建设的基础性工作，规范修订从修订各类建筑物勘探点间距、深度等有关要求，完善膨胀土（岩）、放射性、有害气体、加深地质工作等勘察要求和内容等方面入手，增加水下隧道、城市铁路隧道等铁路工程，高地温、地面沉降、盐渍岩、季节冻土等不良地质和特殊岩土以及全断面掘进机（TBM）工法的勘察要求，有效解决铁路建设中遇到的各类地质问题，提高铁路工程地质勘察水平。

（二）编制目的

1. 贯彻新发展理念。贯彻执行国家有关技术经济政策，统一铁路工程地质勘察技术要求，补充完善勘察类型，加强“四新”技术应用，结合工程问题完善勘察要求，提高铁路工程地质勘察水平。

2. 满足复杂环境需要。总结近年来铁路工程地质勘察经验，吸纳新的勘探技术和勘察手段，满足地质勘察需要，特别是艰险复杂山区铁路勘察需求，结合工程实践经验，规范工程地质勘察的技术要求。

3. 解决工程地质难题。从修订各类建筑物勘探点间距、深度等有关要求，完善膨胀土（岩）、放射性、有害气体、加深地质工作等勘察要求和内容着手，着力解决铁路建设中遇到的工程地质各类新问题。

（三）编制原则

1. 需求引领、服务应用。适应新发展理念，加快铁路工程地质勘察新技术和新方法规范化、标准化，满足新形势下铁路勘察要求，特别是艰险山区地质复杂线路勘察需求。

2. 问题导向、补强短板。积极应对复杂艰险山区勘察难题，总结失败工程案例，增加判别类型适应工程难题，如补充覆盖性岩溶勘察要求和未达膨胀土（岩）的判断标准等。

3. 系统分析、统一标准。系统总结铁路工程实践经验，借鉴国内外先进标准勘察经验，提炼勘探技术最新科研成果，积极纳入“四新”技术，统一铁路工程地质勘察技术要求。

4. 协调配套、先进成熟。注重遥感、原位测试、物探等勘探方法综合协调运用，加强数字化、信息化等新技术应用，有效提高铁路工程地质勘察质量和效率。

（四）编制过程

《铁路工程地质勘察规范》编制过程总体上分为五个阶段。

前期准备阶段。开展综合勘察手段调研，分析数字化、信息化等新技术应用状况，全面总结 2007 年版规范发布以来的科研成果和实践经验。

工作大纲阶段。确定标准编制原则、适用范围、内容框架、进度计划、工作分工等，组织建设、设计、施工、运营及科研单位等领域权威专家进行技术审查。

征求意见稿阶段。编制完成征求意见稿条文和条文说明，向勘察设计、施工建造、科研院所、运营维护、建设管理等单位征求意见，共收到 13 家单位反馈意见 203 条，组织建设、设计、施工、运营及科研单位等领域权威专家进行技术审查。

送审稿阶段。编制完成送审稿条文和条文说明，向勘察设计、施工建造、科研院所、运营维护、建设管理、政府部门等单位征求意见，共收到 11 家单位反馈意见 142 条，组织建设、设计、施工、运营及科研单位等领域权威专家进行技术审查。

报批稿阶段。编制完成报批稿条文和条文说明，经审核通过于 2019 年 4 月 18 日发布，自 2019 年 8 月 1 日起实施。

（五）主要内容

《铁路工程地质勘察规范》是铁路工程建设勘察领域重要行业规范，是在总结铁路建设、运营的实践经验和科研成果，借鉴国内外有关标准规定的基础上修订而成。2007 年版规范条文共 340 条，新修订的规范条文共 337 条，其中保留 124 条、修改 156 条、增加 57 条、删除 60 条，规范条文修订情况统计如图 2-8 所示。

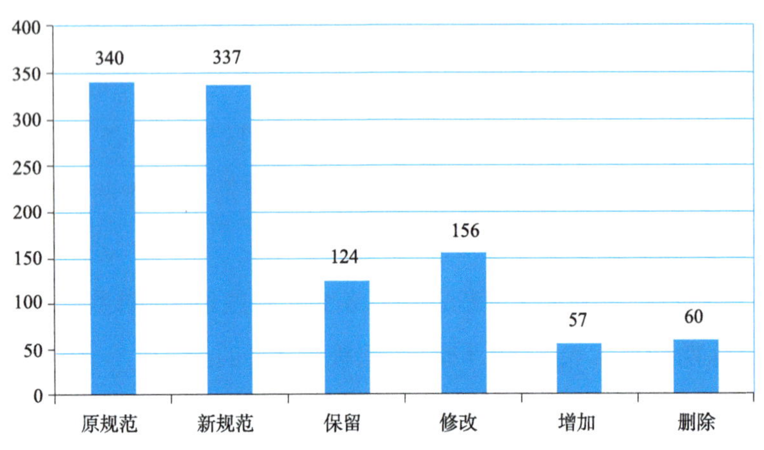

图 2-8　规范条文修订情况统计

规范基本构架：

本规范共分 10 章，包括总则、术语和符号、工程地质勘察基本内容、各类建筑物工程地质勘察、不良地质工程地质勘察、特殊岩土工程地质勘察、新建铁路工程地质勘察、改建铁路工程地质勘察、施工阶段工程地质工作、运营铁路工程地质工作等。另有 8 个附录。主要分为四大板块：

第一板块：总则。明确规范编制目的、适用范围，采用综合勘察方法，遵守有关法律、法规等内容。

第二板块：术语和符号。规定与铁路工程地质勘察密切相关的术语和符号，如铁路工程地质勘察、综合勘察、工程地质调绘等内容。

第三板块：工程地质勘察基本规定。针对勘察大纲编制及各类型勘察方法、室内试验、文件编制等做出规定。

第四板块：工程地质勘察具体规定。针对各类建筑物、不良地质、特殊岩土、新建改建铁路工程地质勘察及施工阶段、运营铁路工程地质工作做出规定。

主要修订内容：

1. 明确工程地质勘察前期资料收集和分阶段勘察的要求。

2. 明确对控制线路方案及影响铁路安全的地质复杂地段或工程地质问题应进行专项地质研究，纳入多平台、多波段、多时相的遥感图像地质解译新方法，补充环境地质调绘的要求，增加岩土参数可靠性和适用性的评价要求。

3. 结合不同路基工点类型的工程特点，提出路基工程地质勘察原则；将小桥纳入桥梁工程勘察；优化勘探点的布置和深度要求；补充水下隧道、城市铁路隧道工程地质勘察要求，增加全断面掘进机（TBM）工法施工地质勘察的内容。

4. 将“滑坡和错落”统一为“滑坡”，并优化依据滑坡勘察条件，增加覆盖型岩溶勘探时区分溶洞充填物和覆盖层的要求；细化放射性及有害气体的相关要求；补充高地温、地面沉降的相关规定。

5. 补充盐渍岩、季节性冻土的勘察要求；增加膨胀岩判定标准；删除黄土液化判定的相关内容。

6. 优化各阶段勘察成果资料的编制要求，取消“加深地质工作”一节，将加深地质工作内容调整至附录。

7. 补充改建铁路电气化改造时的地质勘察要求，明确改建铁路地质资料按新建铁路要求进行编制。

8. 完善施工阶段桥梁工程施工核对工作的要求。

9. 完善运营铁路的增补工程、病害整治工程和抢修工程的地质勘察要求。

10. 在附录中增加季节冻土与季节融化土层的冻胀性分级、岩体结构面抗剪断峰值强度的内容。

（六）解决的问题及预期效果

1. 解决的问题

（1）随着水下隧道、城市铁路隧道等铁路工程的普及，缺乏相关工程的地质勘察内容。

（2）高地温、地面沉降、盐渍岩、季节冻土等不良地质和特殊岩土缺乏统一的铁路工程地质勘察技术要求。

（3）含亲水性矿物较多的未达到膨胀土（岩）标准岩土无明确的勘察要求。

为了切实解决上述问题，保障铁路工程地质勘察质量，适应和满足我国铁路工程建设发展的需要，促进新技术新方法、环保新要求应用，理顺标准架构，体现标准的先进性、协调性。规范中补充了水下隧道、城市铁路隧道工程以及全断面掘进机（TBM）工法施工等的工程地质勘察要求；编制了高地温、地面沉降、盐渍岩、季节冻土等不良地质和特殊岩土工程地质勘察要求；明确了含亲水性矿物较多的未达到膨胀土（岩）标准岩土，按膨胀土（岩）勘察的要求。

2. 预期效果

工程地质勘察是铁路工程建设的基础工作，对铁路工程设计、施工及运营均起着至关重要的作用。随着我国铁路建设的大规模发展，新的复杂地质现象和地质条件的出现对铁路工程地质勘察提出了更高的要求。本规范修订紧跟铁路工程建设的客观需要，积极纳入"四新"技术，加强数字化、信息化等新技术的应用，补充完善各种技术要求。通过本规范的发布实施，有利于铁路工程地质勘察更加精密、科学、可靠，适应国家发展的战略目标，具有全面、长远的社会效益及经济效益。

（七）历史沿革

1. 1985 年，为满足铁路工程地质勘察需要，在《铁路工程地质勘测规则（试行）》的基础上进行编制，铁道部发布《铁路工程地质技术规范》TBJ 12—1985。适用于新建铁路、改建既有线及增建第二线勘测设计、施工的工程地质工作，以及运营铁路地质病害监测、整治的工程地质工作。纳入了广泛使用的物探技术及触探、标贯、旁压等原位测试新技术内容。

2. 1996 年，铁道部（铁建设函〔1996〕224 号）批准《铁路工程地质技术规范》TBJ 12—1985 的局部修订。主要修订内容有：补充全线工程地质图地层单元划分的规定；调整滑坡，泥石流，岩溶以及软土、膨胀土地区工程地质勘察的规定，并与相应规范相协调；增加路堑边坡坡度、原位测试方法适用范围附录等。

3. 2001 年，铁道部（铁建设函〔2001〕90 号）发布《铁路工程地质勘察规范》TB 10012—2001。主要修订内容有：调整铁路工程地质各勘查阶段与设计阶段间的对应关系，修改勘察内容和要求；完善和补充不良地质和特殊岩土的勘察内容；将围岩等级统一采用国家标准等。

4. 2007 年，铁道部（铁建设〔2007〕169 号）发布《铁路工程地质勘察规范》TB 10012—2007。主要修订内容有：明确铁路工程地质勘察大纲应包括的内容；增加天然建筑材料场地的勘察一节；调整岩溶、黄土、松软土等不良地质及特殊岩土的勘察内容，强化了施工及运营阶段工程地质勘察工作的内容等。

5. 2019 年，国家铁路局（国铁科法〔2019〕19 号）发布《铁路工程地质勘察规范》TB 10012—2019，为现行版本。

八、《铁路工程岩土分类标准》TB 10077—2019

（一）编制背景

为适应铁路工程建设需要，统一铁路工程岩土分类标准，发挥基础性标准的支撑作用，注重标准的技术先进性和经济合理性，根据《国家铁路局2016年铁路工程建设标准编制计划》（国铁科法函〔2016〕29号）要求，对《铁路工程岩土分类标准》进行全面修订。

《铁路工程岩土分类标准》是铁路工程建设行业基础性标准，直接影响铁路工程地质勘察质量，进而影响桥涵、隧道、房建等主体工程的基础设计资料的准确性，最终对铁路建设工程质量起决定性作用。《铁路工程岩土分类标准》自发布以来，对统一铁路工程勘察、设计、施工、运营维护工作中岩土分类标准，明确岩石、岩体、土的分类原则和方法起到了重要指导作用。近年来随着相关国家标准和行业标准的进一步修订，以及大量工程实践的不断积累，在分类原则和方法上取得了长足的技术进步，例如基于大量动力触探经验增加重型和特重型动力触探判定碎石类土密实度；为适应高原、高寒冻土地区铁路建设需要，与现行《冻土工程地质勘察规范》《铁路工程特殊岩土勘察规程》等标准协调一致，增加季节冻土与季节融化层土的冻胀性分级；为了适应铁路工程地基沉降评估需要，将黏性土的中压缩性细分为中低压缩性和中高压缩性等。上述研究成果和工程实践，为启动铁路工程岩土分类标准的修订提供了基本条件。

借鉴《铁路工程特殊岩土规程》《岩土工程勘察规程》《工程岩体分级标准》《建筑地基基础设计规范》等国家标准和行业标准并与之协调统一，从明确岩石、岩体、土的分类原则和方法，规定膨胀岩、岩盐、盐渍岩等特殊岩及黄土、软土、盐渍土等特殊土的分类标准，增加岩体基本质量及分级标准，纳入盐岩、盐渍岩和季节冻土等内容，修订盐渍土判定标准、土的颗粒分组及碎石类土的划分等方面不断地对岩土分类标准进行优化完善。

（二）编制目的

1. 统一岩土分类技术标准。贯彻执行国家有关技术经济政策，统一铁路工程勘察、设计、施工、运营、维护工作中岩土分类标准，明确岩石、岩体、土的分类原则和方法。

2. 满足铁路工程建设需要。紧跟铁路发展新形势，吸纳工程实践经验及有关科研成果，修订、完善、细化涵盖各类工程问题的岩土分类标准，提升标准的技术先进性和经济合理性。

3. 促进岩土分类标准提升。结合近年来工程实践经验和科研成果,增加岩体基本质量及分级标准,纳入盐岩、盐渍岩等内容,修订盐渍土判定标准、土的颗粒分组及碎石类土的划分等内容。

(三)编制原则

1. 适应发展、目标导向。适应中国铁路工程建设快速发展,满足铁路工程岩土分类要求,指导铁路工程勘察、设计、施工、运营、维护中的岩土分类工作。

2. 技术推动、提升品质。跟踪最新岩土分类技术的应用,收集分析典型工程案例,积极开展专项课题试验、研究,推动铁路工程岩土分类技术发展。

3. 调研分析、服务应用。总结近年来铁路岩土工程实践经验,借鉴国内外先进岩土分类经验,积极纳入"四新"技术,统一铁路工程岩土分类技术标准。

4. 成熟可靠、科学合理。吸纳近年来铁路工程建设的实践经验及有关科研成果,注重与国家标准、行业标准协调一致,使修订后的工程岩土分类方法更加科学合理。

(四)编制过程

《铁路工程岩土分类标准》编制过程总体上分为五个阶段。

前期准备阶段。梳理分析《铁路工程特殊岩土规程》《岩土工程勘察规程》《工程岩体分级标准》《建筑地基基础设计规范》等相关国家标准和行业标准,总结铁路工程建设、运营实践经验及最新科研成果。

工作大纲阶段。确定标准编制原则、适用范围、内容框架、进度计划、工作分工等,组织勘察、设计、科研、高校单位等领域权威专家进行技术审查。

征求意见稿阶段。编制完成征求意见稿条文和条文说明,向勘察设计、施工建造、科研院所、运营维护、建设管理等单位开展征求意见,征集到18家单位反馈意见47条,组织建设、设计、施工、运营及科研单位等领域权威专家进行技术审查。

送审稿阶段。编制完成送审稿条文和条文说明,向勘察设计、施工建造、科研院所、运营维护、建设管理、政府部门等单位征求意见,共收到11家单位反馈意见41条,组织建设、设计、施工、运营及科研单位等领域权威专家进行技术审查。

报批稿阶段。编制完成报批稿条文和条文说明,经审核通过,2019年4月18日发布,自2019年8月1日起实施。

（五）主要内容

《铁路工程岩土分类标准》是铁路工程建设行业标准中基础性标准，在充分总结近年来铁路岩土工程实践经验，吸纳国内外相关研究成果，在《铁路工程岩土分类标准》TB 10077—2001 的基础上全面修订而成的。2001 年版标准条文共 70 条，新修订的标准条文共 90 条，其中保留 47 条、修改 21 条、增加 25 条、删除 3 条，标准条文修订情况统计如图 2-9 所示。

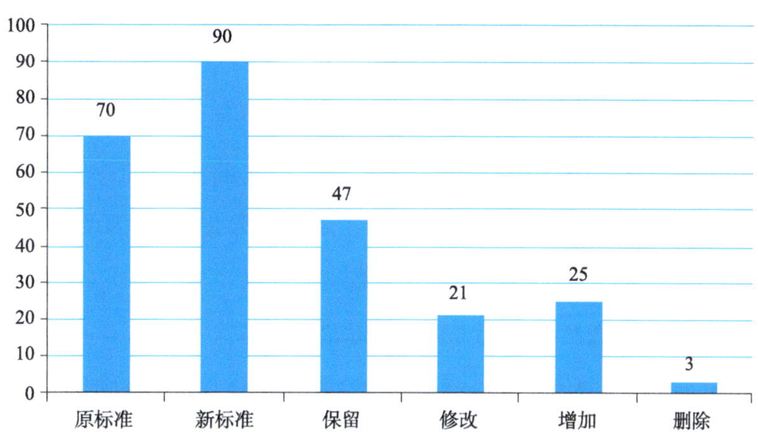

图 2-9　标准条文修订情况统计

标准基本构架：

本标准共分 4 章，包括总则、术语和符号、岩石和岩体的分类及土的分类等。主要分为四大板块：

第一板块：总则。明确标准编制目的，适用范围，定性划分与定量评定相结合、岩石、岩体和土的分类原则等内容。

第二板块：术语和符号。规定与铁路工程岩土分类标准密切相关的术语和符号，如岩石、岩体、结构面等内容。

第三板块：岩石和岩体的分类。规定岩石和岩体分别按照不同的判别原则和方法进行分类等要求。

第四板块：土的分类。规定一般土和特殊土分别按照不同的判别原则和方法进行分类等要求。

主要修订内容：

1. 明确岩石、岩体、土的分类基本原则。
2. 增加岩体基本质量分级、盐岩和盐渍岩等内容。
3. 调整岩层层厚划分。

4. 修订土的颗粒分组及碎石类土的划分。

5. 细化中压缩性黏性土的分级。

6. 增加碎石土密实度定量判定指标。

7. 增加软土十字板和扁铲侧胀试验评判标准。

8. 修订软土的灵敏度分类和静力触探评判指标。

9. 修订盐渍土判定标准。

10. 增加季节冻土和季节融化层冻胀性分级。

（六）解决的问题及预期效果

1. 解决的问题

（1）近年来铁路工程中遇盐岩、盐渍岩等特殊岩的工程问题。

（2）挤压性围岩大变形潜势等级与薄层状岩层厚度之间的关联问题。

（3）岩体基本质量分级的划分标准问题。

（4）土的颗粒分组及碎石类土的划分标准问题。

为了切实解决上述问题，满足铁路工程建设需要，提供精确的岩、土分类原则和方法，更好地服务于铁路工程建设，发挥基础性标准的支撑作用，体现标准的先进性和协调性。标准中增加了岩体基本质量及分级标准，纳入了盐岩、盐渍岩和季节冻土等内容，修订了盐渍土判定标准、土的颗粒分组及碎石类土的划分。

2. 预期效果

增加岩盐、盐渍岩等内容，与国家标准《岩土工程勘察规范》相统一，有效解决了遇此类特殊岩的工程地质问题的判别。通过对长大深埋隧道尤其是挤压性围岩大变形隧道的广泛调研及近年隧道工程实践，将岩层层厚划分中的薄层进一步细分为较薄层、中薄层、极薄层，有利于准确评价隧道工程地质条件，更好地服务于复杂艰险山区铁路的隧道工程建设。纳入岩体基本质量及分级标准，服务于铁路隧道工程、边坡工程和地基工程的岩体分级判别，与国家标准《工程岩体分级标准》《铁路隧道设计规范》相统一。通过吸纳 2001 年以来铁路工程建设的实践经验及有关科研成果，做到对岩石、岩体、土更加精准的分类，满足与国家标准、铁路行业相关标准的协调一致，更好地发挥基础性标准的支撑作用。

（七）历史沿革

1. 2001 年，为满足铁路建设需要，根据铁道部（铁建函〔1998〕43 号）的计划安排，铁道部（铁建设〔2001〕90 号）发布《铁路工程岩土分类标准》TB 10077—2001。适用于铁路工程的岩土分类。规定岩土分类采用现场鉴定与室内外试验、定性划分与定量评定相结合的方法。

2. 2019 年,国家铁路局(国铁科法〔2019〕19 号)发布铁路工程岩土分类标准》TB 10077—2019,为现行版本。

(Ⅱ)设　计　类

九、《铁路线路设计规范》TB 10098—2017

(一)编制背景

为适应经济社会及铁路发展需要,贯彻国家创新、协调、绿色、开放、共享发展理念,落实现代综合交通运输发展、保护自然生态环境、节约集约利用资源等要求,根据构建铁路工程建设标准体系要求,组织开展《铁路线路设计规范》GB 50090—2006 全面修订工作。

铁路线路设计在铁路工程设计中起着主导和统筹各专业设计的总体作用,是铁路设计的核心内容(图 2-10)。随着高速、城际、客货共线和重载铁路的快速发展,原有规范已不能完全满足新形势下铁路建设需求,在贯彻新发展理念、协调综合交通发展、统筹铁路工程设计等方面有所欠缺,因此修订工作十分必要。铁路大规模建设遇到了很多新情况新问题,同时也积累了大量的工程建设和运营实践经验。铁路相关科技进步、技术创新、装备发展等最新成果都为规范编制奠定了坚实基础。

图 2-10　商合杭高铁曲线设计

通过分析国内铁路运输需求和环境条件变化,结合经济社会发展实际情况,优化完善规范适用范围,充分体现铁路综合选线设计技术特点,合理确定线路主要技术标准和设计参数,确保规范科学可靠、经济适用。

（二）编制目的

1. 确保国家战略贯彻落实。服务经济社会发展，统筹铁路线路设计对沿线自然生态和环境保护、土地和资源利用、城镇发展和产业布局的影响。

2. 提升规范技术经济合理性。总结铁路工程建设和运营实践经验及相关科研成果，优化完善主要技术标准、综合选线、线路平面、线路纵断面、车站分布等重要内容。

3. 满足综合选线技术要求。综合考虑铁路工程建设各方面、各阶段相互作用，系统兼顾各专业设计之间衔接接口，满足运输需求。

4. 落实综合交通运输发展要求。合理确定规范适用范围，助力提升综合运输的系统性、协调性，规范不同类型铁路线路设计主要标准。

（三）编制原则

1. 需求牵引、协调发展。贯彻创新、协调、绿色、开放、共享发展理念，落实综合交通运输发展、保护自然生态环境、节约集约利用资源等技术要求，体现规范的整体协调性。

2. 安全优先、综合选线。强化安全优先原则，结合国情、路情，充分体现线路设计在铁路工程各专业设计中的总体地位和主导作用，突出不同类别铁路选线设计的总体原则和基本要求。

3. 统筹优化、衔接配套。整合高速、城际、客货共线和重载铁路线路设计标准，合理确定线路主要技术标准和设计参数，注重接口设计，沟通相关各专业之间的相互衔接。

4. 先进科学、经济适用。明确线路设计主要工作内容，提升科学性和技术经济性，规范引导铁路选线设计，准确反映项目功能定位，充分满足运输需求。

（四）编制过程

《铁路线路设计规范》编制过程总体上分为五个阶段。

前期准备阶段。开展铁路线路设计基础研究，调研铁路工程设计、运营管理、装备制造等相关企业，分析原《铁路线路设计规范》GB 50090—2006 及相关标准使用资料，全面总结《铁路线路设计规范》重点内容，取得科学性、适用性、经济性的规范编制基础成果。

工作大纲阶段。确定规范编制原则、适用范围、内容框架、进度计划、工作分工等。组织铁路建设管理、勘察设计、运营管理等单位权威专家完成技术审查。

征求意见稿阶段。编制完成征求意见稿条文和条文说明。向铁路建设管理、勘察设计、运营维护等单位广泛征求意见，共收到8家单位反馈意见73条。组织铁路建设管理、勘察设计、运营管理等单位权威专家完成技术审查。

送审稿阶段。编制完成送审稿条文和条文说明。向铁路建设管理、勘察设计、运营维护等单位广泛征求意见，共收到9家单位反馈意见53条。组织铁路建设管理、勘察设计、运营管理等单位权威专家完成技术审查。

报批稿阶段。编制完成报批稿条文和条文说明。经审核通过，于2017年9月18日发布，自2017年12月1日起实施。

（五）主要内容

《铁路线路设计规范》是铁路建设工程设计最基础、最重要的技术标准之一，是在《铁路线路设计规范》GB 50090—2006基础上全面修订而成，进一步完善铁路工程建设标准体系，有效指导铁路工程建设。

原规范条文共94条，新修订的规范条文共145条，其中原规范保留13条、修改54条、增加78条、删除22条，规范条文修订情况统计如图2-11所示。

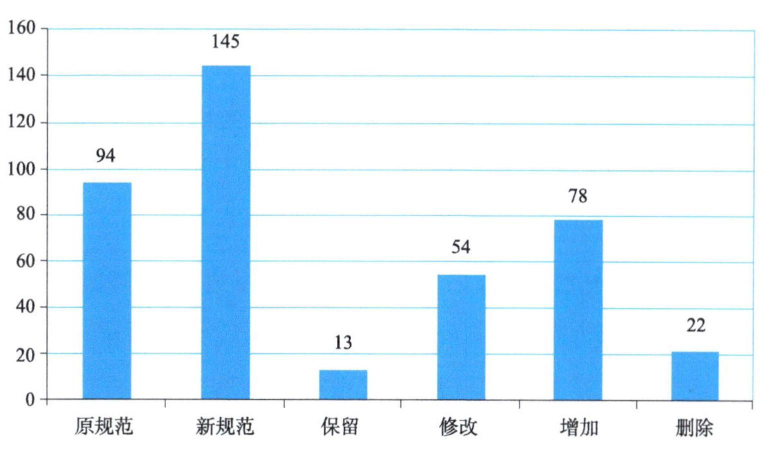

图2-11　规范条文修订情况统计

规范基本构架：

规范共分8章，包括总则，术语和符号，主要技术标准，综合选线，线路平面，线路纵断面，车站分布，铁路交叉、附属设施及其他等，另有2个附录。主要分为四大板块：

第一板块：总则。明确标准编制目的、适用范围、铁路线路设计年度和重点影响因素等内容。

第二板块：术语和符号。规定与铁路线路设计密切相关的术语和符号，如高速铁路、城际铁路等。

第三板块:第 3 章至第 4 章。提出总体设计要求,明确线路设计主要工作内容、主要技术标准、综合选线原则和基本要求等内容。

第四板块:第 5 章至第 8 章。提出具体设计要求,规定各种类型铁路线路平面、纵断面相关技术要求,明确车站分布、铁路交叉设置等原则。

主要修订内容:

1. 修订规范适用范围,增加高速铁路、城际铁路、重载铁路的线路设计相关内容,客货共线铁路旅客列车设计速度由 160 km/h 改为 200 km/h。删除 140 km/h 客货共线铁路的线路设计标准。

2. 明确线路设计主要工作内容:充分研究项目需求、铁路网规划和综合交通规划,准确把握项目功能定位,科学论证建设方案,合理选定主要技术标准和线路走向,系统优化线路平、纵断面设计等。

3. 增加“主要技术标准”章,明确各类铁路主要技术标准内容组成。

4. 增加“综合选线”章,明确综合选线的原则和线路设计基本要求。

5. 调整原规范第 4 章“线路的平面和纵断面”为“线路平面”和“线路纵断面”两章。

6. 修订客货共线铁路缓和曲线长度,删除曲线半径和缓和曲线长度优先值,修改桥梁设在曲线上的有关标准。

7. 修订客货共线铁路隧道内线路最大坡度折减标准。

8. 修订综合维修“天窗”标准。删除改建既有线或增建第二线时关闭作业量较小车站的规定。

9. 明确铁路交叉的设置原则。删减道口有关内容。

10. 增加“附属设施及其他”节,明确铁路附属设施及其他设施的设置原则。

(六)解决的问题及预期效果

1. 解决的问题

(1)原有规范仅适用于客货共线Ⅰ、Ⅱ级铁路的问题。

(2)客货共线铁路缓和曲线长度不满足运营维护要求的问题。

(3)桥梁设在曲线上、隧道内坡度折减的有关规定不适应高速、城际铁路工程实际等问题。

为了切实解决上述问题,强化安全优先原则,落实综合交通运输发展、保护自然生态和环境、节约土地和能源等技术要求,注重系统设计,理顺标准架构,体现标准的先进性和适应性。规范中整合了高速铁路、城际铁路、客货共线Ⅰ级及Ⅱ

级铁路、重载铁路线路设计标准，提出综合选线设计原则，明确了客货共线铁路缓和曲线长度、桥梁设在曲线上的相关标准以及隧道内线路坡度折减等技术要求。

2. 预期效果

通过近年来铁路科技进步、技术装备发展最新成果调研，将系统设计、综合选线理念体现在线路设计中。同时，整合各级铁路线路设计标准，体现线路设计的总体地位和主导作用。结合我国国情、经济社会发展水平、运输需求和环境条件等因素，合理确定线路主要技术标准和设计参数，使线路设计更具有科学性和技术经济合理性。符合国家发展的战略目标，社会效益巨大。本规范的发布实施，贯彻创新、协调、绿色、开放、共享的发展理念，将会取得全面而长远的经济和社会效益。

（七）历史沿革

1. 1985 年，为满足铁路线路建设需要，根据铁道部（80）铁基字 794 号文的通知，铁道部在 1974 年发布的《铁路工程技术标准 · 第一篇　线路（试行）》的基础上编制并发布《铁路线路设计规范》GBJ 90—1985。根据国家计委计综〔1984〕305 号文的要求，将本规范列为国家标准。规范适用于国家铁路网中 1 435 mm 标准轨距铁路的设计，主要内容包括总则、线路的平纵断面、车站分布、铁路与道路的交叉以及轨道。

2. 1999 年，根据建设部及铁道部要求，在《铁路线路设计规范》GBJ 90—1985 的基础上进行部分内容补充和修订，并由建设部和国家质量技术监督局联合发布《铁路线路设计规范》GB 50090—1999。主要修订内容有：适用范围调整为最高运行速度 140 km/h 的新建、改建标准轨距铁路线路的设计，删除了与蒸汽机车牵引有关的技术内容和不属于本规范制定的内容，新增了分路段选择设计行车速度及其相关技术标准的规定，修订了各级铁路最小圆曲线半径、缓和曲线长度、限制坡度、车站站坪最大坡度等主要技术指标，新增了跨区间无缝线路的一般规定等。

3. 2006 年，建设部（建设部公告〔2006〕第 418 号）发布《铁路线路设计规范》GB 50090—2006。主要修订内容有：旅客列车设计行车速度由 140 km/h 提高到 160 km/h；修订了铁路等级划分标准、铁路设计年度标准、各级铁路最小圆曲线半径、缓和曲线长度、圆曲线和夹直线最小长度、纵断面连接和站坪坡度等主要技术指标；增加铁路两侧隔离栅栏的设置原则、开行双层集装箱列车的线路设计要求，删减了“正线轨道”章节等。

4. 2017 年，国家铁路局（国铁科法〔2017〕62 号）发布《铁路线路设计规范》

TB 10003—2017，为现行版本。

（八）主要技术标准

线路主要技术指标见表 2-7。

表 2-7　线路主要技术指标

<table>
<tr><th rowspan="3">序号</th><th rowspan="3">项　目</th><th colspan="4">高速铁路</th><th colspan="3">城际铁路</th><th colspan="3">客货共线铁路</th><th>重载铁路</th></tr>
<tr><th colspan="11">设计行车速度(km/h)</th></tr>
<tr><th colspan="2">250</th><th>300</th><th>350</th><th>120</th><th>160</th><th>200</th><th>120</th><th>160</th><th>200</th><th>—</th></tr>
<tr><td rowspan="2">1</td><td rowspan="2">平面最小曲线半径(m)</td><td>有砟轨道</td><td>一般
3 500
困难
3 000</td><td>一般
5 000
困难
4 500</td><td>一般
7 000
困难
6 000</td><td rowspan="2">一般
900
困难
800</td><td rowspan="2">一般
1 500
困难
1 300</td><td rowspan="2">一般
2 200
困难
2 000</td><td rowspan="2">一般
1 200
困难
800</td><td rowspan="2">一般
2 000
困难
1 600</td><td rowspan="2">一般
3 500
困难
2 800</td><td rowspan="2">一般
800
困难
600</td></tr>
<tr><td>无砟轨道</td><td>一般
3 200
困难
2 800</td><td>一般
5 000
困难
4 000</td><td>一般
7 000
困难
5 500</td></tr>
<tr><td>2</td><td>区间正线最小线间距(m)</td><td colspan="2">4.6</td><td>4.8</td><td>5.0</td><td>4.0</td><td>4.0</td><td>4.2</td><td>4.0</td><td>4.2</td><td>4.4</td><td>4.0</td></tr>
<tr><td>3</td><td>圆曲线或夹直线最小长度(m)</td><td colspan="2">一般 200
困难 150</td><td>一般
240
困难
180</td><td>一般
280
困难
210</td><td>一般
80
困难
50</td><td>一般
100
困难
70</td><td>一般
120
困难
80</td><td>一般
80
困难
50</td><td>一般
130
困难
80</td><td>一般
160
困难
120</td><td>—</td></tr>
<tr><td>4</td><td>最小竖曲线半径(m)</td><td colspan="2">20 000</td><td>25 000</td><td>25 000</td><td>一般
10 000
困难
5 000</td><td>一般
15 000
困难
8 000</td><td>一般
15 000
困难
10 000</td><td>—</td><td>—</td><td>—</td><td>—</td></tr>
</table>

十、《铁路车站及枢纽设计规范》TB 10099—2017

（一）编制背景

为适应经济社会及铁路发展需要，贯彻创新、协调、绿色、开放、共享的发展理念，落实现代综合交通运输发展、保护自然生态环境、节约集约利用资源等要求，根据构建铁路工程建设标准体系要求，组织开展《铁路车站及枢纽设计规范》GB 50091—2006 全面修订工作，名称改为《铁路车站及枢纽设计规范》TB 10099。

铁路车站及枢纽（图 2-12）设计在铁路工程设计中起着主导和统筹各专业设计的总体作用，是铁路设计的核心内容。随着高速、城际、客货共线和重载铁路的快速发展，原有规范已不能完全满足新形势下铁路建设需求，在贯彻新发展理念、协调综合交通发展、统筹铁路工程设计等方面有所欠缺，因此修订工作十分必要。铁路大规模建设遇到了很多新情况新问题，同时也积累了大量的工程建设和运营实践经验。铁路相关科技进步、技术创新、装备发展等最新成果都为规范编制奠定了坚实基础。

图 2-12　铁路车站及枢纽

通过分析国内铁路运输需求和环境条件变化，结合经济社会发展实际情况，优化完善规范适用范围，充分体现铁路车站及枢纽设计技术特点，合理确定车站及枢纽主要技术标准和设计参数，确保规范科学可靠、经济适用。

（二）编制目的

1. 服务经济社会发展，统筹铁路车站及枢纽设计对自然生态和环境保护、土地和资源利用、城镇发展和产业布局的影响，保证国家战略在铁路建设中的贯彻落实。

2. 落实综合交通运输发展要求，助力提升综合运输的系统性、协调性，规范不同类型铁路车站及枢纽设计主要标准，合理确定规范适用范围。

3. 综合考虑铁路工程建设各方面、各阶段相互作用，系统兼顾各专业设计之间衔接接口，充分体现车站及枢纽技术要求，满足运输需求。

4. 总结铁路工程建设和运营实践经验及相关科研成果，优化完善主要技术标准、编组站、区段站、客运站、铁路物流中心、驼峰等重要内容，提升规范科学技术性、经济合理性。

（三）编制原则

1. 贯彻新发展理念。贯彻创新、协调、绿色、开放、共享的发展理念，明确车站及枢纽设计总体性要求，满足铁路货运向现代物流转型的需求。

2. 总结吸纳新成果。注重强化系统设计，充分协调点线能力，吸纳建设及运营的成功经验以及科研成果，积极采用新技术、新设备，体现标准的系统性和安全性。

3. 提高科学合理经济性。整合高速铁路、城际铁路、客货共线铁路及重载铁路的站场设计要求，科学合理地选定设计原则和参数，体现标准的先进性和技术经济性。

4. 加强标准协调性。做好与国家、行业相关标准的协调配套，避免相互矛盾和大量重复。

（四）编制过程

《铁路车站及枢纽设计规范》编制过程总体上分为五个阶段。

前期准备阶段。收集整理《铁路车站及枢纽设计规范》GB 50091—2006 及相关标准使用资料，调研铁路工程设计、运营管理、装备制造等相关企业，了解原有规范现场应用情况，开展原有规范重点内容科学性、适用性、经济性分析，为规范编制夯实基础支撑。

工作大纲阶段。确定规范编制原则、适用范围、内容框架、进度计划、工作分工等。组织铁路建设管理、勘察设计、运营管理等专家完成技术审查。

征求意见稿阶段。编制完成征求意见稿条文和条文说明。向铁路建设管理、勘察设计、运营管理等单位广泛征求意见，共收到 18 家单位反馈意见 237 条。组织相关专家开展技术审查。

送审稿阶段。编制完成送审稿条文和条文说明。向铁路建设管理、勘察设计、运营管理等单位广泛征求意见，共收到 9 家单位反馈意见 91 条。组织相关专家开展技术审查。

报批稿阶段。编制完成报批稿条文和条文说明。经审核通过，于 2017 年 9 月 18 日发布，自 2017 年 12 月 1 日起实施。

（五）主要内容

《铁路车站及枢纽设计规范》是铁路建设工程设计最基础、最重要的技术标准之一，是在《铁路车站及枢纽设计规范》GB 50091—2006 基础上全面修订而成，进一步完善铁路工程建设标准体系，有效指导铁路工程建设。原规范条文共 272 条，新修订的规范条文共 331 条，其中原规范保留 123 条、修改 112 条、增加 96 条、删除 28 条，规范条文修订情况统计如图 2-13 所示。

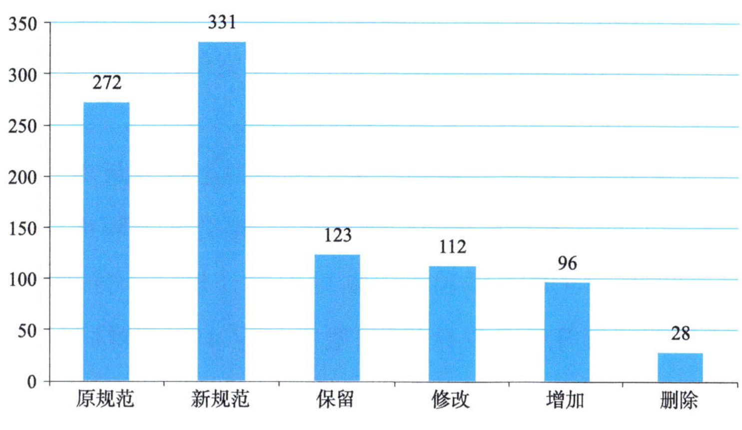

图 2-13　规范条文修订情况统计

规范基本构架：

本规范共分 16 章，包括总则，术语，基本规定，枢纽，编组站，区段站，中间站、组合分解站，会让站、越行站，客运站、客运设备和客车段所，铁路物流中心，驼峰，工业站、港湾站，口岸站，集运站、疏运站，站场路基和排水，站线轨道等，另有 2 个附录。主要分为四大板块：

第一板块：总则。明确标准编制目的、适用范围、铁路车站及枢纽设计年度和铁路建筑限界等内容。

第二板块：术语和符号。规定与铁路车站及枢纽密切相关的术语和符号，如区段站、驼峰、客运站等。

第三板块：总体设计要求。明确进出站线路和站线的平面、纵断面的主要技术标准等内容。

第四板块：具体设计要求。规定各种类型车站及枢纽相关技术要求，明确站场路基和排水、站线轨道等设计原则。

主要修订内容：

1. 修订规范的适用范围，客货共线铁路旅客列车设计速度由 160 km/h 改为 200 km/h，增加高速铁路、城际铁路、重载铁路车站及枢纽设计相关内容。

2. 新增“口岸站”和“集运站、疏运站”两章，主要纳入这两类车站的图型和主要设备配置等内容。

3. 将原规范“车站设计的基本规定”章中“站场路基和排水”节单列为“站场路基和排水”章，并增加站场路基分类、站场路基设计洪水频率或重现期、旅客站台填料和压实标准、路基过渡段设置、严寒地区排水设施设计等规定。

4. 提出以人为本、服务运输、系统优化、着眼发展等车站主要设计原则；明确选择适宜的设计标准，合理确定车站及枢纽设计方案等站场主要工作内容；强化铁路车站及枢纽总体性、系统性的设计要求。

5. 修订车站内主要建（构）筑物和设备至线路中心线的距离、车站线间距、道岔端部与曲线起终点间的直线段最小长度等规定，整合站内联络线、场间联络线、段所工区外走行线、段所工区内线路平纵断面的设计规定，增加货物线安装轨道衡、货车超偏载检测装置等设备设计规定，删除选定车站设置同时接入或发接客货列车的隔开设备、车站主要生产办公房屋的布置等规定。

6. 增加枢纽总图规划、客运站和铁路物流中心的选址及综合开发、大功率机车检修基地和动车组设备的有关规定。

7. 删除新建编组站推荐采用单向图型的规定，取消加冰作业、装运鱼苗或牲畜作业及守车等规定。

8. 增加客、货纵列式区段站图型，删除双线铁路纵列式区段站图型，增加铁路物流中心宜设于区段站调车场一侧的规定。

9. 增加组合分解站图型及相关规定；修订客货共线铁路中间站、会让站、越行站图型。

10. 增加客运站总体性设计的原则性要求，修订客货共线铁路车站图型，全面整合并修订车站客运设备的规定，增加站台门的设置规定。

11. 新增铁路物流中心总体设计原则、分类、功能、执行军事运输要求等规定；取消整车、零担、易腐货物加冰运输等规定，修订货物站台、仓库有关参数等规定。

12. 删除有关驼峰调车机车采用蒸汽机车、驼峰调速设备采用铁鞋及脱鞋器、小能力驼峰采用简易现代化或人工调速设备等规定。

13. 修订站线轨道分类，删除了有关木枕的全部规定，修订相邻单开道岔间插入钢轨长度等规定。

（六）解决的问题及预期效果

1. 解决的问题

（1）口岸站、集运站、疏运站缺乏标准等问题。

（2）适应铁路物流中心发展需求等问题。

为切实解决上述问题，保障铁路车站及枢纽安全与质量，保障人民生命、财产安全和公共安全，促进新技术新方法、环保新要求应用，理顺标准架构，体现标准的先进性、协调性。规范明确口岸站的选址、平面布置、车站图型、主要设备配置等内容。规定集运站和疏运站的设置原则、车站图型、设备配置、站线数量和长度等原则性要求。提出铁路物流中心总体设计原则、分类、功能、选址等内容。

2. 预期效果

通过国内外车站及枢纽广泛调研，增加高速、城际、重载铁路内容，强化站规总体性、系统性的设计要求。车站及枢纽设计更准确、可靠，且有利于投资控制，符合国家发展的战略目标，社会效益巨大。本规范的发布实施，取得明显的经济效益。

（七）历史沿革

1. 1985 年，在《铁路工程技术标准 · 第四篇　站场及枢纽（试行）》基础上进行编制，国家计委（计标〔1986〕06 号）发布《铁路车站及枢纽设计规范》GBJ 91—1985。适用于国家铁路网中 1 435 mm 标准轨距新建或改建铁路车站及枢纽的设计。其中旅客列车最高行车速度：Ⅰ级铁路为 120 km/h，Ⅱ级铁路为 100 km/h，Ⅲ级铁路为 80 km/h。

2. 1999 年，建设部（建标〔1999〕71 号）发布《铁路车站及枢纽设计规范》GB 50091—1999。主要修订内容有：适用于国家铁路网中客、货列车共线运行，旅客列车最高行车速度在 140 km/h 及以下标准轨距新建和改建铁路车站及枢纽的设计，修订了编组站各车场纵断面的标准，增加了车站设计总体性的内容等。

3. 2006 年，建设部（建标〔2006〕419 号）发布《铁路车站及枢纽设计规范》GB 50091—2006。主要修订内容有：适用范围调整为客货列车共线运行、旅客列车设计行车速度等于或小于 160 km/h、货物列车设计行车等于或小于 120 km/h 的Ⅰ、Ⅱ级标准轨距铁路车站及枢纽的设计；修订了新建和改建铁路车站及枢纽设计年度的划分标准。

4. 2017 年，国家铁路局（国铁科法〔2017〕62 号）发布《铁路车站及枢纽设计规范》TB 10098—2017，为现行版本。

（八）主要技术标准

车站及枢纽主要技术指标见表 2-8。

表 2-8 车站及枢纽主要技术指标——车站线间最小距离（mm）

<table>
<tr><th>序号</th><th colspan="4">项 目</th><th>线间最小距离</th></tr>
<tr><td rowspan="6">1</td><td rowspan="6">站内正线间</td><td rowspan="4">高速铁路和城际铁路</td><td colspan="2">站内正线间无渡线时</td><td>与区间正线相同</td></tr>
<tr><td rowspan="3">站内正线间有渡线时</td><td>$v \leqslant 250$ km/h</td><td>4 600</td></tr>
<tr><td>250 km/h $< v \leqslant 300$ km/h</td><td>4 800</td></tr>
<tr><td>300 km/h $< v \leqslant 350$ km/h</td><td>5 000</td></tr>
<tr><td colspan="3">客货共线铁路</td><td>5 000</td></tr>
<tr><td colspan="3">双线与第三线间，或相同行车方向的正线间</td><td>5 300</td></tr>
<tr><td rowspan="7">2</td><td rowspan="7">站内正线与相邻到发线间</td><td colspan="3">无列检、上水及卸污作业</td><td>5 000</td></tr>
<tr><td rowspan="6">有列检、上水或卸污作业</td><td rowspan="2">$v \leqslant 120$ km/h</td><td>一般</td><td>5 500</td></tr>
<tr><td>改建特别困难</td><td>5 000（保留）</td></tr>
<tr><td rowspan="2">120 km/h $< v \leqslant 160$ km/h</td><td>一般</td><td>6 000</td></tr>
<tr><td>改建特别困难</td><td>5 500（保留）</td></tr>
<tr><td rowspan="2">$v > 160$ km/h</td><td>一般</td><td>6 500（设栅栏）</td></tr>
<tr><td>改建特别困难</td><td>5 500（保留）</td></tr>
<tr><td rowspan="3">3</td><td rowspan="3">到发线间、调车线间</td><td colspan="3">一般</td><td>5 000</td></tr>
<tr><td colspan="3">铺设列检小车通道或有客车上水、卸污作业</td><td>5 500</td></tr>
<tr><td colspan="3">改建特别困难</td><td>4 600（保留）</td></tr>
<tr><td rowspan="2">4</td><td rowspan="2">装有高柱信号机的线间</td><td colspan="3">相邻两线均通行超限货物列车</td><td>5 300</td></tr>
<tr><td colspan="3">相邻两线只一线通行超限货物列车</td><td>5 000</td></tr>
<tr><td>5</td><td colspan="4">动车组存车线间</td><td>4 600</td></tr>
<tr><td rowspan="2">6</td><td colspan="2" rowspan="2">客车车底停留线间</td><td colspan="2">一般</td><td>5 000</td></tr>
<tr><td colspan="2">改建特别困难</td><td>4 600</td></tr>
<tr><td rowspan="2">7</td><td colspan="2" rowspan="2">动车组及客车整备线间</td><td colspan="2">线间无照明和通信等电杆</td><td>6 000</td></tr>
<tr><td colspan="2">线间有照明和通信等电杆</td><td>7 000</td></tr>
<tr><td>8</td><td colspan="4">货物直接换装的线路间</td><td>3 600</td></tr>
<tr><td rowspan="2">9</td><td colspan="2" rowspan="2">牵出线与其相邻线间</td><td colspan="2">区段站、编组站及其他调车作业频繁</td><td>6 500</td></tr>
<tr><td colspan="2">中间站及其他仅办理摘挂取送作业</td><td>5 000</td></tr>
<tr><td>10</td><td colspan="4">调车场各线束间</td><td>6 500</td></tr>
<tr><td>11</td><td colspan="4">调车场设有制动员室的线束间</td><td>7 000</td></tr>
<tr><td>12</td><td colspan="4">梯线与其相邻线间</td><td>5 000</td></tr>
</table>

十一、《铁路旅客车站设计规范》TB 10100—2018

（一）编制背景

铁路旅客车站（以下简称“铁路客站”）是铁路网的重要组成部分（图 2-14），是综合交通体系中的重要节点，是区域经济发展的重要引擎。自《铁路旅客车站建筑设计规范》GB 50226—2007 发布以来，我国已相继建成新型铁路客站 1 000 余座，其中中型及以上铁路客站 300 余座。这批新型铁路客站贯彻创新、协调、绿色、开发、共享的发展理念，统筹兼顾铁路运输、综合交通体系构建和城市发展等需求，努力追求交通建筑、时代要求和地域环境的有机结合，从设计理念、功能布局、建筑形态、技术创新、运营效果等方面实现了超越。北京南站、上海虹桥站、广州南站、武汉站等大型综合交通枢纽，拉萨站、延安站、苏州站、三亚站等具有浓郁地域特色的铁路客站，都成为铁路客站建设的代表作品，为进一步完善铁路客站建设标准积累了丰富的实践经验。

图 2-14　京雄铁路雄安站

本规范修订在全面总结我国近年来铁路客站建设、运营实践经验和科研成果的基础上，贯彻落实“五位一体”总体布局，结合打造现代综合交通枢纽、“零距离”换乘等要求，优化铁路客站功能布局，提高旅客出行质量及效率。坚持安全优先为原则，在原规范安全要求基础上，增加跨线设施、结构设计、检修维护等方面的安全技术要求，为旅客安全提供保障。贯彻落实国家绿色环保技术政策，为打造绿色铁路客站提供技术支撑。优化技术参数，进一步提升规范的科学性和技术经济合理性。拓展规范涵盖范围，增强规范的完整性和系统性，并修订规范名称为《铁路旅客车站设计规范》。

（二）编制目的

1. 贯彻新发展理念。贯彻创新、协调、绿色、开放、共享的发展理念，统筹兼顾铁路运输、综合交通体系构建和城市发展等需求，努力追求交通建筑、时代要求和地域环境的有机结合，从设计理念、功能布局、建筑形态、技术创新、运营效果等方面实现发展。

2. 解决突出问题。针对铁路旅客车站技术发展与标准内容不适应不匹配问题，吸纳铁路客站有关“四新”技术、生态环保、系统协调、旅客服务的新要求及防灾减灾、智慧客站的新成果。优化调整规范章节结构，提高铁路客站建造技术水平，保障铁路客站建设质量与安全。

3. 满足创新发展需求。依托铁路客站领域先进科研成果和成熟运用经验，优化完善相关技术要求，提升规范的技术先进性和经济合理性，满足铁路客站建设发展需要。

4. 保障铁路客站质量安全。全面落实安全优先原则，强化质量安全、风险防范、养护维修等技术要求，确定铁路客站的跨线设施、车站结构设计标准。

（三）编制原则

1. 创新的原则。贯彻国家有关法律法规、技术政策和“四节一保”等要求。全面总结我国近年来铁路旅客车站建设、运营实践经验和科研成果。

2. 品质提升的原则。贯彻落实“以人为本”的设计原则，体现现代综合交通枢纽、“零距离”换乘的理念，优化铁路客站功能布局，提高旅客出行质量及效率。

3. 安全优先的原则。坚持安全优先为原则，在既有安全要求的基础上，增加跨线设施、结构设计、检修维护等方面的安全技术要求，为旅客生命财产安全提供保障。

4. 科学合理的原则。优化设计技术参数，进一步提升规范的科学性和经济合理性，并与国家现行相关标准相协调。

（四）编制过程

《铁路旅客车站设计规范》编制过程总体上分为五个阶段。

前期准备阶段。对北京、上海、广州、哈尔滨等12个铁路局集团公司、相关设计院和40余座铁路客站运营单位进行现场调研和问卷调查，收集问卷40余份，收集意见与建议共200余条。

工作大纲阶段。确定规范编制原则、适用范围、内容框架、进度计划、工作分工等。组织开展修订阶段成果汇报，确定规范名称由《铁路旅客车站建筑设计规范》改为《铁路旅客车站设计规范》。组织铁路建设管理、勘察设计、施工建造、运营管理等单位20位专家完成技术审查。

征求意见稿阶段。根据铁路客站客运组织、公共信息导向系统以及客站建设新技术等内容开展调研,组织召开客运服务需求专题研讨会,编制完成征求意见稿条文和条文说明。向铁路建设管理、勘察设计、施工建造、运营管理等单位广泛征求意见,共收到11家单位反馈意见83条。组织相关单位共18位专家完成技术审查。

送审稿阶段。编制完成送审稿条文和条文说明。向铁路建设管理、勘察设计、施工建造、运营管理等单位广泛征求意见,共收到9家单位反馈意见148条。组织相关单位共31位专家完成技术审查。

报批稿阶段。编制完成报批稿条文和条文说明。经审核并提请国家铁路局技术委员会2017年第十一次会议审查通过,于2018年6月11日发布,自2018年9月1日起实施。

(五)主要内容

《铁路旅客车站设计规范》是铁路工程建设设计类重要的行业标准。《铁路旅客车站建筑设计规范》GB 50226—2007共有条文172条,本次修订后为334条。与原规范相比,保留18条,修改75条,增加241条,删除79条(图2-15)。

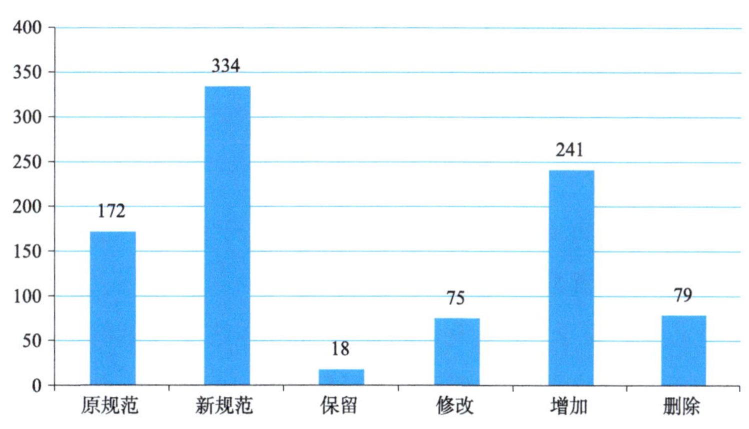

图2-15　规范条文修订情况统计

规范基本构架:

本规范共分12章,包括总则,术语,总体设计,总平面,站房建筑,客运服务设施,结构、供暖通风与空气调节,给水排水,电气与照明,客运服务信息系统,无障碍设施。

主要修订内容:

1. 贯彻打造现代综合交通枢纽的设计理念,明确“零距离”换乘的枢纽布局要求。

2. 增加“总体设计”章,加强了铁路客站系统性设计要求。

3. 增加铁路旅客车站绿色建筑设计要求。

4. “选址和总平面布置”与“车站广场”两章合并为“总平面”章,完善城市交通配套设施要求。

5. 增加安检、实名制验票等作业区域要求以及中转换乘旅客流线组织要求。

6. 修订集散厅、候车区(厅、室)的规模控制指标,增加了站内商业设施规模要求和站房总建筑面积的控制指标。

7. 增加铁路旅客车站检修维护设施的设计要求。

8. 增加地下车站、空间环境、装修与构造、建筑幕墙与金属屋面、建筑节能、电梯自动扶梯和公共信息导向系统等内容。

9. 删除“消防与疏散”章。

10. 增加“结构”章,明确了“桥—建”合一、大跨屋盖等铁路旅客车站特殊结构设计要求。

11. 将“建筑设备”章分为“供暖、通风与空气调节”“给水排水”“电气与照明”“客运服务信息系统”四章,并修订相关内容。

12. 增加“无障碍设施”章。

(六)解决的问题及预期效果

1. 解决的问题

(1)车站设计规范涵盖专业、技术内容不全,缺少结构、装修、幕墙、金属屋面、标识系统、无障碍设施等内容。

(2)落实国家层面要求、先进设计理念在铁路客站设计上的体现。

(3)新问题、新情况在规范中反映,体现标准的先进性。

(4)站房规模控制具有前瞻性。

为切实解决上述问题,体现标准的先进性、系统性,促进新技术、新方法、新工艺的应用,理顺标准架构,规范增加结构、装修、幕墙、金属屋面、标识系统、无障碍设施等章节,补充地下车站、“桥—建”合一车站、特大型站房和复杂结构的整体健康检测的设计要求。强调绿色环保、建筑文化性、综合交通,零距离换乘、同站换乘的设计理念。提出打造智能化车站、推进 BIM 技术在站房设计中的应用。明确各类站房建筑面积指标，以及换乘设施、商业配套、远期预留的规模建议。

2. 预期效果

通过将铁路客站多年的建设经验和科研成果纳入规范，提高设计的先进性、科学性、合理性，同时满足经济型和安全性的要求。站房装修、幕墙、金属屋面、标识系统、无障碍设施等设计标准的提出，智能化车站、BIM 技术的应用，大大地提高了车站设计的品质和旅客服务水平。客站规模控制的前瞻性，符合铁路客站快速发展和可持续性的要求。

（七）历史沿革

1. 1995 年，为满足铁路旅客车站建设需要，铁路旅客车站建筑设计符合安全、适用和卫生等基本要求，建设部（建标〔1995〕632 号）发布《铁路旅客车站建筑设计规范》GB 50226—1995。适用于标准轨距国家铁路旅客车站新建改建和扩建工程的建筑设计。其中规定铁路旅客车站的建筑规模应根据旅客最高聚集人数划分为四级的要求。

2. 2007 年，建设部公告（第 665 号）发布《铁路旅客车站建筑设计规范》GB 50226—2007。主要修订内容有：修订原规范按最高聚集人数确定车站规模的内容，并根据客货共线铁路旅客车站与客运专线铁路旅客车站的不同特点，分别采用按最高聚集人数和高峰小时发送量划分车站建筑规模。将进站广厅改为集散厅，增加出站集散厅并明确进、出集散厅的概念。按客货共线和客运专线铁路分别确定候车面积和售票窗口数。修订大型及以上车站防火分区的规定等。

3. 2011 年，建设部公告（第 1146 号）发布《铁路旅客车站建筑设计规范》GB 50226—2007（2011 年版）。主要修订内容有：特大型旅客车站基本站台，根据需要可设置无站台柱雨棚。减小设置无站台柱雨棚的范围，降低设置无站台柱雨棚的严格程度。

4. 2018 年，国家铁路局（国铁科法〔2018〕54 号）发布《铁路旅客车站设计规范》TB 10100—2018，为现行版本。

十二、《铁路路基设计规范》TB 10001—2016

（一）编制背景

为满足铁路建设和发展需要，统一铁路路基设计技术标准，使铁路路基设计符合安全可靠、技术先进、经济适用等要求，根据构建铁路工程建设标准体系的要求，组织开展《铁路路基设计规范》TB 10001—2005 全面修订工作。

铁路路基是经开挖或填筑而形成的直接支承轨道结构的土工结构物(图2-16)，与桥、隧连接组成完整贯通的铁路线路。路基主体工程一旦破坏，存在维修难度高，对运营影响大等问题，因此确保路基质量是保证列车安全、运行舒适的关键。2005年版规程发布以来，对保障铁路路基建设质量与安全、提高技术经济性发挥了重要作用。随着高速铁路、城际铁路的大力发展，无砟轨道等新型轨道形式的出现，对路基基床设计、地基沉降控制、与桥隧平稳过渡等路基设计提出更高要求。

图2-16 高速铁路挖方地段路基

在充分吸纳《高速铁路设计规范》《城际铁路设计规范》等标准基础上，从路基工程结构荷载、设计参数、基床表层填料、过渡段形式、路基防护形式等方面不断地对路基工程设计进行优化、完善。

(二)编制目的

1. 适应铁路建设和发展需要，统一铁路路基设计标准，提高铁路路基设计水平，保障铁路路基安全与质量，着力提高技术经济性，保护生态环境。

2. 满足质量安全、节约资源、保护环境以及防灾减灾等技术要求，合理确定不同运输性质类型、不同速度等级铁路路基的主要设计标准。

3. 全面梳理标准与当前铁路工程建设和技术发展不匹配不适应的内容，调整已无法适应设计形势发展、落后的技术，规范路基工程技术要求。

4. 结合已有工程实践经验和科研成果，明确设计荷载、基床、过渡段、边坡防护、地基处理、支挡结构等路基设计要求，提升规范的科学性和技术经济合理性。

(三)编制原则

1. 需求引领、确保安全。贯彻新发展理念，适应高速、城际、重载、客货共线铁路发展需要，优化铁路路基设计，提倡绿色边坡防护，满足舒适安全的出行需求。

2. 技术推动、提升品质。吸纳与路基工程设计相关的最新运用成果，积极开展课题试验、研究，注意环境保护、水土保持、文物保护，推动路基工程技术快速发展。

3. 系统分析、统一标准。系统总结铁路工程建设、运营实践经验，借鉴国内外先进路基设计经验，积极纳入“四新”技术，统一铁路路基工程技术要求。

4. 科学合理、覆盖全面。全面解决基床、地基处理、支挡结构、路基防护等路基工程问题，注重与桥隧过渡段设计和其他接口设计，确保铁路路基工程质量。

（四）编制过程

《铁路路基设计规范》编制过程总体上分为五个阶段。

前期准备阶段。开展铁路路基技术基础研究，调研国内外铁路路基技术特点，分析《高速铁路设计规范》《城际铁路设计规范》《重载铁路设计规范》《铁路路基排水技术规范》《铁路改良土技术规程》等相关内容，总结铁路工程建设运营实践经验及最新科研成果。

工作大纲阶段。确定标准编制原则、适用范围、内容框架、进度计划、工作分工等。组织铁路建设管理、勘察设计、施工建造、运营管理、科研院所等单位权威专家开展规范技术审查。

征求意见稿阶段。编制完成征求意见稿条文和条文说明。向铁路建设管理、勘察设计、施工建造、运营管理、科研院所等单位广泛征求意见，共收到 29 家单位 487 条意见。组织铁路建设管理、勘察设计、施工建造、运营管理、科研院所等权威专家完成技术审查。

送审稿阶段。编制完成送审稿条文和条文说明，向铁路建设管理、勘察设计、施工建造、运营管理、科研院所等单位广泛征求意见，共收到 16 家单位意见 121 条。组织相关专家完成技术审查。

报批稿阶段。编制完成报批稿条文和条文说明。经审核通过，于 2016 年 12 月 20 日发布，自 2017 年 4 月 1 日起实施。

（五）主要内容

《铁路路基设计规范》是铁路工程建设行业标准中重要的设计规范，充分总结铁路路基建设运营实践经验和科研成果，在《铁路路基设计规范》TB 10001—2005 的基础上全面修订而成。原规范条文共 212 条，新修订的规范条文共 497 条，其中原规范保留 26 条、修改 114 条、增加 357 条、删除 72 条，规范条文修订情况统计如图 2-17 所示。

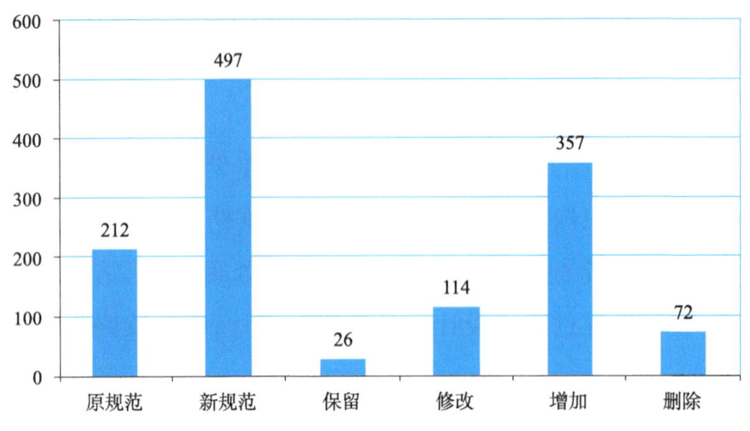

图 2-17 规范条文修订情况统计

规范基本构架：

本规范共分 16 章，包括总则、术语和符号、基本规定、设计荷载、工程材料、基床、路堤、路堑、过渡段、地基处理、支挡结构、路基防护、路基防排水、改建既有线与增建第二线铁路路基、取（弃）土场及土石方调配、路基接口设计等，另有 6 个附录。主要分为六大板块：

第一板块：总则。明确标准编制目的、适用范围、必要资料收集、设计方案选取等内容，对路基工程所涉及的工程材料、过渡段设置、地基处理、支挡结构等作原则性规定。

第二板块：术语和符号。规定与铁路路基工程设计密切相关的术语和符号，如路基、路堤、路堑、散体材料桩、复合地基等内容。

第三板块：基本规定。规定路肩高程、路基面形状和宽度、路基稳定和沉降控制标准、变形观测与评估、设计使用年限等要求。

第四板块：设计荷载规定。规定路基工程设计涉及的荷载类型、不同组合方式及应用条件，包括主力、附加力、特殊力等的要求。

第五板块：工程材料选取要求。规定填料、石料、混凝土、砂浆、钢材、土工合成材料等选取设计内容。

第六板块：路基工程设计技术要求。提出基床、路堤、路堑、过渡段、地基处理、支挡结构、路基防护、防排水、改建与增建路基、取（弃）土场、接口等技术要求。

主要修订内容：

1. 明确适用于高速铁路、城际铁路、客货共线 Ⅰ 级和 Ⅱ 级铁路、重载铁路的标准轨距路基设计，规定铁路列车活载确定原则和采用荷载图式的要求，补充地基处理和支挡结构设计原则，完善工程材料的选择、过渡段的设置以及路基排水等方面要求。

2. 补充路基稳定及沉降控制标准、变形观测与评估、设计使用年限等内容；完善路基面形状和宽度的相关规定。

3. 规定荷载分类、荷载组合、轨道荷载、列车荷载、结构重力、土压力、附加力、特殊力等。

4. 修改完善填料的分类和要求，补充石料、混凝土、水泥砂浆、钢材、土工合成材料等规定。

5. 补充基床结构计算公式，修改完善路基基床填料的种类和粒径要求，调整压实控制指标的种类，修改基床底层范围的天然地基基本承载力标准。

6. 规定路堤边坡控制高度、浸水路基填料使用、寒冷地区填料采用，调整压实控制指标的种类。

7. 补充按路堤式路堑结构形式设计的要求。

8. 补充倒梯形过渡段形式，修改完善过渡段设置的要求。

9. 补充地基处理的主要技术要求和常用措施的使用条件。

10. 规定支挡结构的主要技术要求和常用措施及适用范围。

11. 完善植物防护、骨架护坡、实体护坡（墙）、孔窗式护坡（墙）、锚杆框架梁护坡、喷射混凝土（砂浆）护坡、防护网、土工合成材料防护、风沙及雪害地区路基平面防护、路基保温防护等设计要求。

12. 完善地面水和地下水的防排水要求。

13. 完善改建既有线与增建第二线路基设计原则，明确改建既有线路基采取措施，调整帮宽顶部宽度为不宜小于 1.0 m。

14. 明确取（弃）土场的设置要求和土石方调配干扰类型，规定土石方调配要求。

15. 完善安全防护设施、电缆槽、养路机械作业平台、接触网支柱基础、综合接地系统等方面要求。

（六）解决的问题及预期效果

1. 解决的问题

（1）路肩宽度不足导致影响安全避车、路基维修养护及路基边坡稳定性的问题。

(2)某些建设地区缺乏天然合格填料问题。

(3)路堤填筑高度在铁路建设中普遍存在超过标准规定的控制高度问题。

(4)高速铁路易产生翻浆冒泥病害以及在严寒地区产生冻胀病害的问题。

为了切实解决上述问题,保障铁路路基安全与质量,保障人民生命、财产安全和公共安全,促进新技术新方法、环保新要求应用,理顺标准架构,体现标准的先进性、协调性。规范中将设计速度200 km/h以下铁路路堑的路肩宽度“不应小于0.6 m”调整为“不应小于0.8 m”;补充了天然合格填料缺乏地区基床表层采用化学改良土,基床底层采用C组填料的规定;适当放宽了路堤边坡控制高度,规定路堤边坡高度不宜超过20 m;将基床表层级配碎石划分为Ⅰ型、Ⅱ型两类,并分别提出粒径级配、渗透系数等具体要求。

2. 预期效果

铁路作为国家重要基础设施和大众化交通工具,对国民经济和社会发展起着至关重要的作用。随着高速、重载铁路的快速发展,铁路运行的平稳性和安全性对铁路路基的质量与安全提出了更高的要求。本规范紧跟铁路发展的客观需要,积极采用安全可靠的新技术、新结构、新方法,补充完善各种技术要求。本规范的发布实施,有利于铁路路基设计更加准确、可靠,符合国家发展的战略目标,具有全面、长远的社会效益及经济效益。

(七)历史沿革

1. 1985年,为满足铁路路基建设需要,铁路路基设计符合安全、适用和耐久等基本要求,在《铁路工程技术规范·第一篇　线路》第四章“路基”的基础上进行编制,铁道部((85)铁基字925号)发布《铁路路基设计规范》TBJ 1—1985。适用于最高行车速度120 km/h,标准轨距新建及改建Ⅰ、Ⅱ、Ⅲ级铁路的路基工程设计。

2. 1999年,铁道部(铁建设函〔1999〕157号)发布《铁路路基设计规范》TB 10001—1999。主要修订内容有:适用范围调整为最高行车速度140 km/h,标准轨距新建及改建Ⅰ、Ⅱ、Ⅲ级铁路的路基工程设计。修订了路基面形状、路基基床结构、填料及压实度标准等。

3. 2005年,铁道部(铁建设〔2005〕66号)发布《铁路路基设计规范》TB 10001—2005。主要修订内容有:适用范围调整为客货列车共线运行、旅客列车最高设计行车速度160 km/h、货物列车最高设计行车速度120 km/h的Ⅰ、Ⅱ级标准轨距铁路路基的设计;增加了填料、过渡段、路基工后沉降控制等规定。

4. 2016年,国家铁路局(国铁科法〔2016〕50号)发布《铁路路基设计规范》

TB 10001—2016，为现行版本。

(八)主要技术标准

路基主要技术指标见表 2-9。

表 2-9　路基主要技术指标

<table>
<tr><th>序号</th><th colspan="2">项　目</th><th colspan="2">高速铁路</th><th colspan="2">城际铁路</th><th colspan="2">市域(郊)铁路</th><th colspan="2">重载铁路</th><th colspan="2">客货共线铁路</th></tr>
<tr><td rowspan="2">1</td><td rowspan="2">路基面形状</td><td>有砟</td><td colspan="10">三角形，两侧横向排水坡不宜小于 4%</td></tr>
<tr><td>无砟</td><td colspan="10">支承层(或底座)底部范围内路基面可水平设置，支承层(或底座)外侧路基面应设置不小于 4% 的横向排水坡</td></tr>
<tr><td rowspan="2">2</td><td colspan="2" rowspan="2">路肩宽度(m)</td><td>双线</td><td>单线</td><td colspan="2" rowspan="2">≥0.8</td><td>区间</td><td>站场</td><td>路堤</td><td>路堑</td><td>200 km/h</td><td>200 km/h 以下</td></tr>
<tr><td>≥1.4</td><td>≥1.5</td><td>≥0.8</td><td>≥0.6</td><td>≥1.0</td><td>≥0.8</td><td>≥1.0</td><td>≥0.8</td></tr>
<tr><td>3</td><td colspan="2">路基面宽度</td><td colspan="10">根据设计速度、轨道类型、正线数目、线间距、曲线加宽、路肩宽度、养路形式、电缆槽、接触网支柱类型和基础类型等因素计算确定，必要时应考虑声屏障基础的设置</td></tr>
<tr><td rowspan="4">4</td><td rowspan="4">基床厚度(m)</td><td>类别</td><td>有砟</td><td>无砟</td><td>有砟</td><td>无砟</td><td>有砟</td><td>无砟</td><td>轴重 250 kN、270 kN</td><td>轴重 300 kN</td><td colspan="2">—</td></tr>
<tr><td>表层</td><td>0.7</td><td>0.4</td><td>0.5</td><td>0.3</td><td>0.3 ~ 0.5</td><td>0.3</td><td>0.6</td><td>0.7</td><td colspan="2">0.6</td></tr>
<tr><td>底层</td><td>2.3</td><td>2.3</td><td>1.5</td><td>1.5</td><td>0.9 ~ 1.5</td><td>1.4</td><td>1.9</td><td>2.3</td><td colspan="2">1.9</td></tr>
<tr><td>总厚</td><td>3.0</td><td>2.7</td><td>2.0</td><td>1.8</td><td>1.2 ~ 2.0</td><td>1.7</td><td>2.5</td><td>3.0</td><td colspan="2">2.5</td></tr>
<tr><td rowspan="5">5</td><td rowspan="5">设计使用年限(年)</td><td>路基支挡及承载结构</td><td colspan="10">100</td></tr>
<tr><td>路基防护结构</td><td colspan="4">60</td><td colspan="2">—</td><td colspan="4">60</td></tr>
<tr><td rowspan="2">路基排水结构</td><td colspan="2" rowspan="2">60</td><td>200 km/h</td><td>200 km/h 以下</td><td colspan="2">—</td><td colspan="2" rowspan="2">60</td><td>200 km/h</td><td>200 km/h 以下</td></tr>
<tr><td>60</td><td>30</td><td colspan="2">—</td><td>60</td><td>30</td></tr>
<tr><td>电缆槽、防护垫块、栏杆等可更换小型构件</td><td colspan="4">30</td><td colspan="2">—</td><td colspan="4">30</td></tr>
</table>

十三、《铁路桥涵设计规范》TB 10002—2017

(一)编制背景

为统一不同运输类型、不同速度目标值铁路桥涵设计要求及技术标准，进一步提高铁路桥涵设计水平，保障铁路桥涵质量与安全，根据构建铁路工程建设标准体系的要求，对《铁路桥涵设计基本规范》TB 10002.1—2005 进行全面修订，规范名称改为《铁路桥涵设计规范》TB 10002。

桥梁作为铁路工程的重要组成部分，结构复杂，一旦损坏，修复加固困难。结构设计要求在制造、运送、安装和运营过程中，应具有规定的强度、刚度、稳定性和耐久性，以保证建设运营安全。

中国铁路尤其高速铁路建设已经取得举世瞩目的伟大成就，经过不断探索和创新实践，中国铁路桥梁设计建造技术实现重大跨越，已跻身世界先进行列。南京大胜关长江大桥、武汉天兴洲长江大桥等一批深水、大跨、特殊地质条件、复杂结构形式桥梁的成功建设（图 2-18、图 2-19），自主研发的大吨位简支箱梁制运架成套技术的广泛应用，为进一步完善铁路桥梁技术标准积累了丰富经验，奠定了坚实基础。

图 2-18　南京大胜关长江大桥

图 2-19　武汉天兴洲长江大桥

吸纳中国铁路桥梁工程建设运营实践经验和科研成果，综合考虑铁路行业的发展和变化，统一铁路桥涵设计标准，充分体现安全可靠、先进成熟、经济适用、保护环境的设计理念，全面修订《铁路桥涵设计基本规范》，进一步提高铁路桥涵设计水平。

（二）编制目的

1. 统一不同运输类型、不同速度目标值铁路桥涵设计要求及技术标准，进一步提高铁路桥涵设计水平，保障铁路桥涵工程质量与安全。

2. 完善铁路工程建设标准体系，总结铁路工程桥涵建设研究成果和实践经验，积极应用“四新”技术，满足铁路桥涵设计要求。

3. 强化质量安全、资源节约、风险防范、防灾减灾等技术要求，合理确定铁路桥梁的主要设计标准，提升规范的科学性和技术经济性。

（三）编制原则

1. 目标导向、需求牵引。贯彻国家有关法律法规及铁路主要技术政策，保障铁路桥涵建设质量与安全。

2. 全面覆盖、统一规范。统一铁路桥涵设计标准，对现行高速铁路、城际铁路、客货共线Ⅰ级和Ⅱ级铁路、重载铁路等规范中的核心内容进行全面梳理整合，提炼列出桥涵设计中最为基本、通用的条文规定。

3. 技术先进、安全可靠。总结铁路桥涵建设和运营实践经验，积极应用“四新”技术，充分吸纳取得应用经验的铁路桥梁相关科研成果，提升标准的安全性。

4. 统筹协调、服务应用。与有关技术标准相协调，避免矛盾和重复，章节编排体现系统性和方便设计人员使用的原则。

（四）编制过程

《铁路桥涵设计规范》编制过程总体上分为五个阶段。

前期准备阶段。调查和分析高速、城际、客货共线以及重载铁路桥涵建设和运营管理方面积累的新经验、新技术和科研成果，借鉴有关国外成功经验和先进技术标准。

工作大纲阶段。确定标准编制原则、适用范围、内容框架、进度计划、工作分工等。组织相关单位专家完成技术审查。

征求意见稿阶段。编制完成征求意见稿条文和条文说明。向铁路建设管理、勘察设计、施工建造、运营管理、科研院所等单位广泛征求意见，共收到 9 家单位反馈意见 71 条。组织相关单位专家完成技术审查。

送审稿阶段。编制完成送审稿条文和条文说明,向铁路建设管理、勘察设计、工程监理、施工建造、运营管理、科研院所、政府部门等单位广泛征求意见,共收到10家单位反馈意见117条。组织相关单位专家完成技术审查。

报批稿阶段。编制完成报批稿条文和条文说明。经国家铁路局技术委员会2016年11月第4次会议审查通过,于2017年1月2日发布,自2017年5月1日起实施。

(五)主要内容

《铁路桥涵设计规范》是铁路工程建设标准体系中重要的设计类标准,全面总结中国铁路桥梁工程建设运营实践经验和科研成果,在《铁路桥涵设计基本规范》基础上全面修订而成。原规范条文共178条,新修订的规范条文共198条,其中原规范保留98条、修改41条、增加59条、删除39条,如图2-20所示。

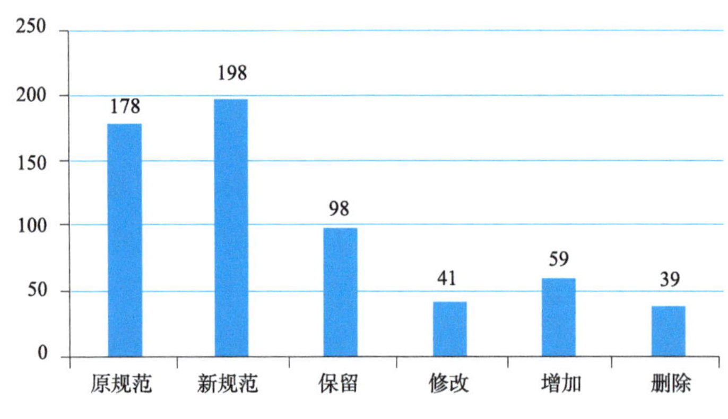

图2-20 规范条文修订情况统计

规范基本构架:

本规范共分5章,包括总则、术语和符号、桥涵布置、设计荷载、桥涵设计,另有5个附录。主要分为四大板块:

第一板块:总则。明确标准编制目的、适用范围、桥涵运营检查、维护和应急抢修的总体要求、设计使用年限、设计方案、结构形式、材料选择、建筑限界等内容。

第二板块:术语和符号。规定与铁路桥涵密切相关的术语和符号,包括高速铁路、城际铁路、铁路桥梁、断轨力、土压力系数等。

第三板块:布置要求。规定桥涵布置的基本原则、桥涵孔径设计和桥下净空高、桥涵构造、桥头引线及桥上线路、桥面布置及附属设施、维修养护设施、铁路线路交叉跨越桥梁结构设计与安全防护、高架车站桥梁结构的布置要求和系统接口设计要求。

第四板块：设计要求。包括桥涵设计荷载和桥涵设计两章。桥涵设计荷载规定桥涵设计荷载分类和组合，各类恒载、活载、附加力和施工临时荷载、船只或排筏的撞击力等特殊荷载的计算。桥涵设计规定梁桥、拱桥、墩台、涵洞、顶进桥涵等设计要求。

主要修订内容：

1. 修订规范适用范围，适用于高速铁路、城际铁路、客货共线Ⅰ级和Ⅱ级铁路、重载铁路桥涵结构设计。

2. 增加桥梁结构设计的角度要求和相邻桥涵间路堤长度的原则规定。

3. 删除了铁路桥和公路桥分、合建规定及温度跨度大于100 m的钢梁设置温度调节器的相关规定。

4. 增加桥梁同侧支座横向位移约束条件的相关规定。

5. 增加桥面外侧梁缝较大时梁端桥面板设置悬臂端等措施的要求。

6. 删除了铁路桥上设置反向曲线的规定。

7. 整合细化桥面布置、桥上护轮轨铺设、人行道及栏杆、避车台设置的相关规定。

8. "桥涵布置"一章新增"铁路线路交叉跨越桥梁结构设计与安全防护""高架车站桥梁结构""系统接口设计"三节，明确上跨或下穿公路、铁路的设计及安全防护要求，规定高架车站桥梁结构设计的主要原则，提出桥梁设计的接口工作要求。

9. 修订长钢轨纵向水平力（伸缩力和挠曲力），将其由主力活载调整为特殊力。

10. 修订桥涵结构设计采用的列车荷载图式，删除铁路标准荷载换算均布活载的相关内容，加载规定整合至第4章"设计荷载"中。

11. 补充高速铁路、城际铁路、重载铁路横向摇摆力的计算取值，增加气动力、支座摩阻力、波浪力、地震力计算的原则规定。

12. 修订客货共线Ⅰ级和Ⅱ级铁路、重载铁路钢筋混凝土桥跨结构动力系数计算所采用的相关参数 α 取值。

13. "桥涵设计"一章中新增"一般规定"一节，规定适用范围及高速铁路、城际铁路、客货共线Ⅰ级和Ⅱ级铁路车桥耦合动力响应指标及耐久性要求，修订桥梁适用跨度，增加桥梁适用高度。

14. 整合修订高速铁路、城际铁路、客货共线Ⅰ级和Ⅱ级、重载铁路梁式桥的竖向变形限值、墩台基础沉降限值、墩台顶纵向水平线刚度限值取值。

15. 明确涵洞基础工后沉降限值按是否在过渡段范围内作不同要求的规定。

16. 明确顶进桥涵的适用范围，即无砟轨道区段以及高速铁路有砟轨道区段有可能破坏地基加固效果的路基地段、各种过渡段路基不应顶进桥涵。

（六）解决的问题及预期效果

1. 解决的问题

（1）将高速铁路、城际铁路、客货共线铁路及重载铁路列车荷载图式的形式进行了统一。

（2）对高速铁路、城际铁路、客货共线铁路及重载铁路横向摇摆力取值进行区分。

（3）对高速铁路、城际铁路、客货共线铁路及重载铁路桥梁刚度限值及沉降限值进行了整合。

为了切实解决上述问题，保障铁路桥梁安全与质量，保障人民生命、财产安全和公共安全，促进新技术新方法、环保新要求应用，理顺标准架构，体现标准的先进性、协调性。规范中统一了各种等级铁路列车的荷载图式，对不同等级铁路横向摇摆力取值进行了区分，对不同等级不同设计速度目标值的桥梁刚度限值及沉降限值进行了优化整合。

2. 预期效果

通过系统的分析计算，统一了各种等级铁路列车的荷载图式，与国际标准相统一。同时对不同等级铁路横向摇摆力取值进行了区分，横向摇摆力取值更加合理。对不同等级不同设计速度目标值的桥梁刚度限值及沉降限值进行了优化整合，桥梁设计更准确、可靠，且有利于投资控制，符合国家发展的战略目标，社会效益巨大。本规范的发布实施，将会取得明显的经济效益而且这种效益是全面的而不是局部的，是长远的而不是暂时的。

（七）历史沿革

1. 新中国初期，我国缺乏统一的铁路桥涵设计规范，为了适应大规模铁路建设的需要，1950 年铁道部设计局翻译了苏联 1947 年出版的铁路桥涵设计规范，并在苏联吉赫诺夫专家指导下，参照苏联 HK 载重标准，以及我国当时铁路上所行驶的机车、车辆情况，制定了《中国铁路桥梁标准载重制》（1951 年 6 月 14 日发布施行），即中-z 载重标准，系新中国成立后我国铁路新的活载标准。在上述基础上编制的《铁路桥涵设计规程》，于 1951 年 12 月 17 日发布施行，习惯上称“51 年桥规”，是我国第一代桥规。

2. 1955 年苏联对其 1947 年桥规进行修订，其中主要是对钢铁结构章节进行了修订，我们也随之翻译，以替代 1951 年桥规中第三章钢铁结构部分。第二代《铁路桥涵设计规范》于 1959 年 1 月 1 日起施行，习惯称“59 年桥规”。其后，1961 年 10 月还发布试行过 1 本《预应力钢筋混凝土铁路桥梁结构设计暂行技术规范》。

3. 第三代桥规是 1975 年 7 月 1 日起试行的《铁路工程技术规范 · 第二篇　桥涵》。“75 年桥规”较“59 年桥规”增加了预应力混凝土结构和既有线顶进桥涵 2 章，取消了桥涵木结构，增加了管柱基础及特殊地基（湿陷性黄土、软土与多年冻土地基）的内容，同时，将“59 年桥规”的中-z 活载图式正式修订为“中—活载”。

4. 第四代桥规是铁道部于 1985 年 8 月 27 日批准，1986 年 7 月 1 日起施行的《铁路桥涵设计规范》（TBJ 2—1985）。该桥规是在 1975 年桥规基础上，将其中设计部分进行局部修订而成。

5. 第五代桥规是铁道部 1999 年批准发布，于 2000 年 2 月 1 日起施行的五本系列桥规，包括《铁路桥涵设计基本规范》《铁路桥梁钢结构设计规范》《铁路桥涵钢筋混凝土和预应力混凝土结构设计规范》《铁路桥涵混凝土和砌体结构设计规范》和《铁路桥涵地基和基础设计规范》（编号 TB 10002. 1 ~ TB 10002. 5—1999）。本系列规范是在“85 年桥规”基础上全面修订而成。鉴于原桥规内容较广，当需要对其局部条文修改时，往往需将整本规范重新排印，不利于及时修订和管理，故原铁道部建设司决定在本轮修订时，将原“85 桥规”的一本规范分解修编为五本。

6. 第六代桥规是铁道部 2005 年批准发布，2005 年 6 月 14 日起施行的五本桥涵设计系列规范：《铁路桥涵设计基本规范》《铁路桥梁钢结构设计规范》《铁路桥涵钢筋混凝土和预应力混凝土结构设计规范》《铁路桥涵混凝土和砌体结构设计规范》和《铁路桥涵地基和基础设计规范》（编号依次为 TB 10002. 1 ~ TB 10002. 5—2005），本系列规范是对“99 年桥规”的全面修订。

7. 第七代桥规是由国家铁路局于 2017 年 1 月 2 日发布，2017 年 5 月 1 日实施的四本铁路桥涵设计系列规范：《铁路桥涵设计规范》《铁路桥梁钢结构设计规范》《铁路桥涵混凝土结构设计规范》和《铁路桥涵地基和基础设计规范》，本系列规范是对“2005 版桥规”的全面修订。

（八）主要技术标准

2005 年版规范中桥涵结构设计采用的“中—活载”图式以涵盖各标准等级的《铁路列车荷载图式》替换，铁路列车荷载图式见表 2-10。

表 2-10　铁路列车荷载图式

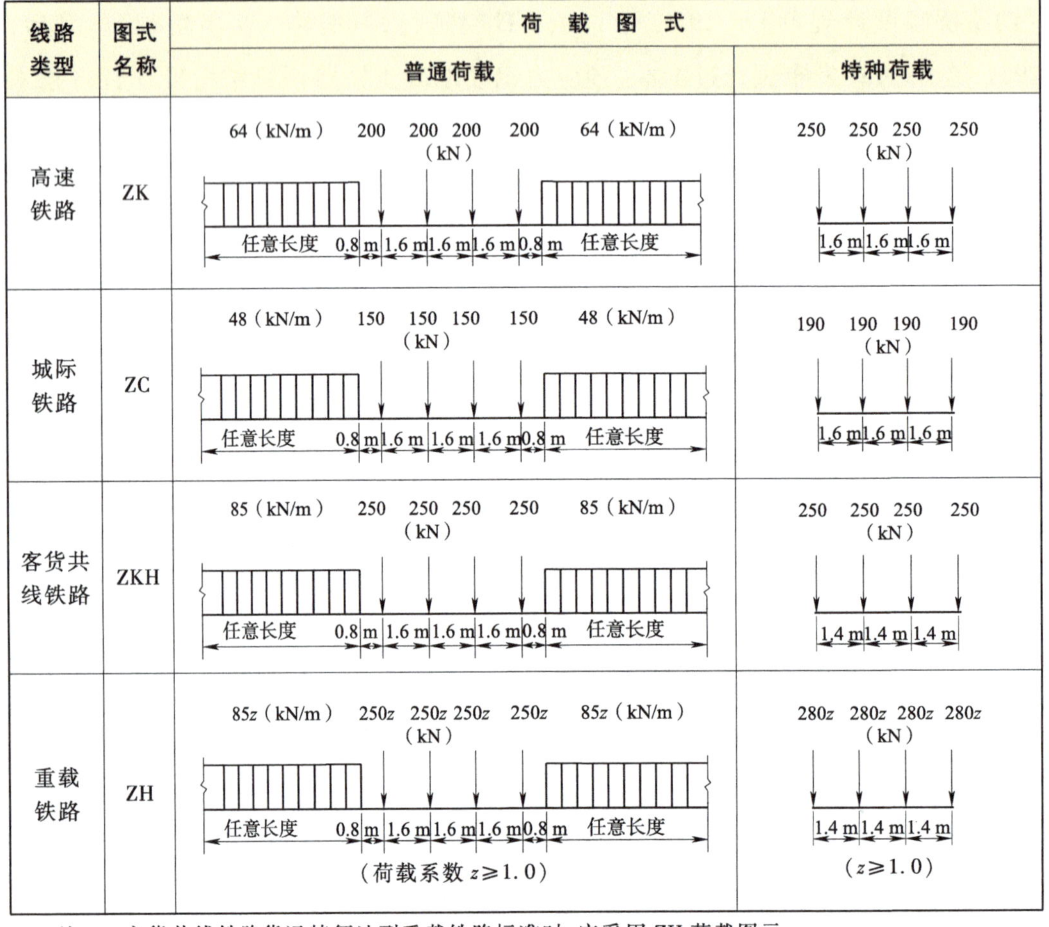

线路类型	图式名称	荷载图式	
		普通荷载	特种荷载
高速铁路	ZK	64（kN/m） 200 200 200 200 64（kN/m）（kN） 任意长度 0.8 m 1.6 m 1.6 m 1.6 m 0.8 m 任意长度	250 250 250 250（kN） 1.6 m 1.6 m 1.6 m
城际铁路	ZC	48（kN/m） 150 150 150 150 48（kN/m）（kN） 任意长度 0.8 m 1.6 m 1.6 m 1.6 m 0.8 m 任意长度	190 190 190 190（kN） 1.6 m 1.6 m 1.6 m
客货共线铁路	ZKH	85（kN/m） 250 250 250 250 85（kN/m）（kN） 任意长度 0.8 m 1.6 m 1.6 m 1.6 m 0.8 m 任意长度	250 250 250 250（kN） 1.4 m 1.4 m 1.4 m
重载铁路	ZH	85z（kN/m） 250z 250z 250z 250z 85z（kN/m）（kN） 任意长度 0.8 m 1.6 m 1.6 m 1.6 m 0.8 m 任意长度 （荷载系数 $z \geq 1.0$）	280z 280z 280z 280z（kN） 1.4 m 1.4 m 1.4 m （$z \geq 1.0$）

注：1. 客货共线铁路货运特征达到重载铁路标准时，应采用 ZH 荷载图示。

2. 设计轴重 30 t～35 t（不含）、货车载重 100 t 级的重载铁路，荷载系数 z 取 1.30；其他重载铁路荷载系数宜根据列车荷载发展系数平均值不低于 1.20、最小值不低于 1.10 的原则确定。

十四、《铁路隧道设计规范》TB 10003—2016

（一）编制背景

为全面贯彻以人为本、强化质量安全、保护生态环境、集约节约利用资源的理念，满足铁路隧道建设发展需要，统一铁路隧道设计标准，提高铁路隧道设计水平，保障铁路隧道设计质量。根据构建铁路工程建设标准体系的要求，组织开展《铁路隧道设计规范》TB 10003—2005 全面修订工作。

《铁路隧道设计规范》是铁路工程建设标准体系中重要行业标准。原规范自发布以来,有效规范引导铁路隧道工程的勘察设计、施工及运营安全。随着铁路大规模建设、各速度目标值设计技术标准的实施,铁路隧道设计、施工(图2-21),取得多项科研成果,积累大量成熟工程实践经验,为开展标准的修订工作奠定了坚实基础。全面总结中国铁路隧道建设中的设计施工科研成果及工程实践经验,认真分析2005年版规范执行过程中的反馈意见,科学统筹新发布的相关标准,合理确定满足不同运输性质类型、不同速度等级铁路隧道设计标准。

图2-21　铁路隧道TBM施工

依托高速、城际、客货共线和重载铁路隧道勘察设计、施工、运营的工程实践经验和科研成果,开展铁路隧道设计规范的全面修订。有效吸纳铁路隧道建设运营成功经验及科研成果,全面贯彻以人为本、强化质量安全、节能环保理念,科学确定铁路隧道设计标准,提升标准的技术先进性、经济可行性、可操作性。

(二)编制目的

1. 贯彻新发展理念。聚焦质量安全、生态环保、防灾救援,加强“四新”技术应用,统一铁路隧道技术标准,提高铁路隧道建造技术水平。保障铁路隧道建设质量与安全。

2. 解决突出问题。针对铁路隧道技术发展与标准内容不适应不匹配问题,吸纳隧道新技术、生态环保新要求、防灾减灾新成果。优化调整规范章节结构,进一步提升规范质量。

3. 满足创新发展需求。依托隧道领域先进科研成果和成熟运用经验,优化完善相关技术要求,提升规范的技术先进性和经济合理性,满足铁路隧道建设发展需要。

4. 保障隧道质量安全。全面落实安全优先原则,强化质量安全、风险防范、疏散救援等技术要求，确定适应不同运输类型、不同速度等级铁路隧道设计标准。

（三）编制原则

1. 创新引领、服务需求。引领铁路隧道技术发展，提高铁路隧道勘察、设计、施工、环保、防灾减灾水平，推进研究成果转化为技术标准，确保标准技术先进协调规范。

2. 全面优化、突出重点。着力解决铁路隧道设计规范理念、架构、条款无法满足新时代铁路隧道建设发展需要的问题，修改完善标准技术内容。

3. 依托成果、科学编制。系统总结国内外铁路隧道技术运用经验，利用成功经验特别是重点专项研究成果，将隧道领域新技术新方法纳入标准，合理编制标准内容。

4. 技术先进、协调配套。依托铁路工程隧道科研成果与成熟工程经验致力标准先进性，并做到与国家标准、相关行业标准协调统一。

（四）编制过程

《铁路隧道设计规范》编制过程总体上分为五个阶段。

前期准备阶段。开展铁路隧道技术基础研究，调研国内外铁路隧道技术特点，分析中国铁路工程隧道技术发展趋势，全面总结隧道技术在铁路工程中的运用成果，借鉴国内外相关行业研究成果。

工作大纲阶段。确定标准编制原则、适用范围、内容框架、进度计划、工作分工等，组织铁路建设管理、勘察设计、工程监理、施工建造、运营管理等单位多位权威专家完成技术审查。

征求意见稿阶段。编制完成征求意见稿条文和条文说明，向铁路建设管理、勘察设计、工程监理、施工建造、运营管理、科研院所等单位广泛征求意见，共收到9家单位反馈意见232条。组织相关单位多位权威专家完成技术审查。

送审稿阶段。编制完成送审稿条文和条文说明，向铁路建设管理、勘察设计、工程监理、施工建造、运营管理、科研院所、政府部门等单位广泛征求意见，共收到12家单位反馈意见123条，组织相关单位多位权威专家完成技术审查。

报批稿阶段。编制完成报批稿条文和条文说明，经审核通过，于2016年10月24日发布，自2017年1月25日起实施。

（五）主要内容

《铁路隧道设计规范》是铁路工程建设设计类重要的行业标准，是在系统总结铁路隧道勘察设计、施工建造、运营管理的实践经验和科研成果的基础上修订而成。原规范条文共309条，新修订的规范条文共463条，其中原规范保留72条、修改140条、增加251条、删除97条，规范条文修订情况统计如图2-22所示。

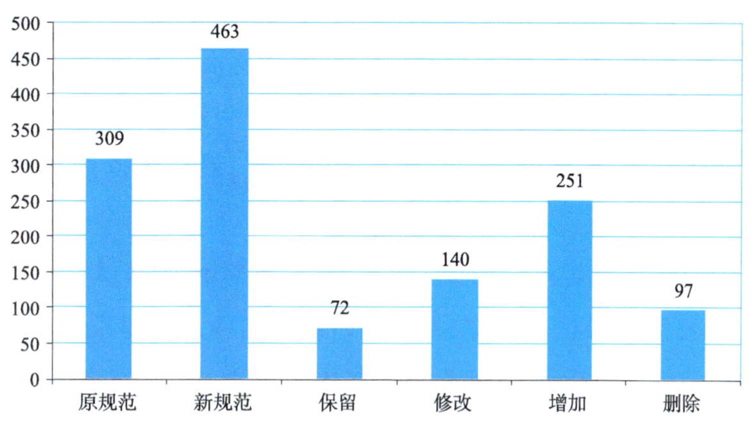

图 2-22　规范条文修订情况统计

规范基本构架：

本规范共分16章，包括总则、术语和符号、总体设计、隧道勘察、设计荷载、建筑材料、隧道洞口、隧道衬砌、洞内附属构筑物及轨道、防水与排水、通风与照明、特殊岩土和不良地质隧道、辅助坑道、施工方法及主要措施、隧道改建、环境保护等，另有10个附录。主要分为四大板块：

第一板块：总则。明确本规范适用范围，提出隧道设计理念，强调洞口位置选择原则，规定隧道结构可采用破损阶段法和容许应力法设计等内容。

第二板块：术语和符号。规定与铁路隧道密切相关的术语和符号，如破损阶段设计法、容许应力设计法、围岩、埋深、隧道仰拱、荷载—结构法、荷载、内外力和应力、材料指标、几何特征与计算系数等内容。

第三板块：隧道总体设计要求。规范隧道位置选择、线路平面及纵断面、隧道内轮廓、风险管理、防灾疏散救援工程设计、接口设计等内容。

第四板块：隧道具体技术规定。明确隧道勘察、设计荷载、建筑材料、隧道洞口、隧道衬砌、洞内附属构筑物及轨道、防水与排水、通风与照明、特殊岩土和不良地质隧道、辅助坑道、施工方法及主要措施、隧道改建、环境保护等的技术要求。

主要修订内容：

1. 适用范围涵盖高速、城际、客货共线和重载铁路隧道设计。

2. 增加“总体设计”一章，明确隧道位置选择、线路平面及纵断面、隧道内轮廊、风险管理、防灾疏散救援工程设计、接口设计等技术要求。

3. 增加隧道工程地质勘探、试验相关规定，引入围岩基本质量指标 BQ。修订了铁路隧道围岩分级方法，增加施工阶段围岩亚分级。

4. 修订设计荷载分类，增加预埋件附加荷载、盾构隧道荷载、高速列车气动荷载、风荷载、雪荷载、落石冲击荷载、人防荷载及水压力、冻胀力等荷载计算规定。

5. 调整建筑材料，根据国家产业政策调整要求，修订隧道建筑材料的强度等级及性能指标。

6. 明确洞门墙检算要求，增加斜切式洞门、桥隧相连洞口、洞口上方公路防护、洞口危岩落石防护等设计规定，补充洞口缓冲结构设计要求。

7. 增加掘进机法及盾构法隧道衬砌基本设计要求；补充高烈度地震区隧道防震、减震设计要求；明确二次衬砌按承载结构设计的条件；修订隧道及明洞衬砌受力钢筋最小配筋率及构造要求。

8. 整合隧道内大、小避车洞及专用洞室设置；提出位于高地应力软岩、强膨胀岩（土）等特殊地层隧道慎重选择轨道结构形式；增加无砟轨道隧道基底变形观测要求。

9. 规定铁路隧道防水等级分类标准及适用范围；增加防排水措施、隧底排水设置要求，补充无自流排水条件隧道设置机械排水的规定。

10. 修订隧道运营通风及照明设置规定，增加防灾通风设计原则。

11. 增加“特殊岩土和不良地质”一章，规定特殊岩土和不良地质地区隧道设计要求，修改瓦斯隧道分类标准，增加岩爆及软岩大变形分级标准。

12. 明确辅助坑道类型、运输方式等的设计原则，增加辅助坑道开挖、支护和衬砌相关设计要求。细化辅助坑道断面尺寸、支护结构、错车道间距、运营通风风道设计要求。

13. 增加“施工方法及主要措施”一章，提出预防隧道塌方、突水突泥、岩爆及瓦斯隧道揭煤防突等施工安全措施规定。明确矿山法、掘进机法、盾构法、明挖法和超前地质预报、监控量测、超前支护及围岩加固等施工方法及措施要求。

14. 修订电气化改造隧道拱部防水标准。

15. 增加“环境保护”一章，规定水源保护、自然环境及周边建（构）筑物保护、隧道弃渣等的设计要求。

16. 增加附录 A“铁路隧道建筑限界”、附录 C“铁路隧道围岩亚分级”、附录 D

“深埋隧道荷载计算方法”、附录J“盾构隧道荷载计算方法”、附录K“常用型钢特性参数表”。

(六)解决的问题及预期效果

1. 解决的问题

(1)富水的砂泥岩、岩溶地区铁路隧道,屡现渗漏水、隧底翻浆冒泥病害等问题。

(2)隧道初支变形、衬砌开裂、隧底隆起、轨道上升等问题。

(3)塌方、富水岩溶、岩爆、瓦斯隧道揭煤防突的施工安全措施等问题。

为了解决上述问题,保障铁路隧道安全与质量,保障人民生命、财产安全,促进新技术新方法、环保新要求应用,理顺标准架构,体现标准的先进性、协调性。规范中明确富水地层隧底应设置纵向排水沟(管)等规定,提出了特殊围岩地层特性、变形规律等隧道特殊围岩设计施工关键技术要求,明确了塌方、富水岩溶、岩爆、瓦斯隧道揭煤防突的施工安全措施要求。

2. 预期效果

通过国内外围岩分级广泛调研及近年隧道工程实践,将岩体基本质量指标BQ纳入围岩分级,与国标《工程岩体分级标准》相统一。同时,增加特殊围岩分级、施工阶段的围岩亚分级,隧道围岩分级更合理、实用。依据国家钢铁、水泥应用的产业政策,调整建筑材料应用技术要求。隧道设计更准确、可靠,且有利于投资控制。

(七)历史沿革

1. 1985年,为满足铁路隧道建设需要,在《铁路工程技术标准·第三篇 隧道(试行)》的基础上进行编制,铁道部((85)铁基字925号)发布《铁路隧道设计规范》TBJ 3—1985。适用于旅客列车最高运行速度120 km/h的标准轨距铁路山岭隧道的设计。其中围岩按类别划分为Ⅰ~Ⅵ类,洞门、衬砌等结构计算规定采用破损阶段法和容许应力法。

2. 1999年,铁道部(铁建设函〔1999〕157号)发布《铁路隧道设计规范》TB 10003—1999。主要修订内容有:适用范围调整为最高运行速度140 km/h的新建、改建标准轨距铁路隧道的设计,围岩分级采用国家标准的分级排序,隧道结构计算规定采用概率极限状态法,增加隧道运营养护的规定等。

3. 2001年,铁道部(铁建设函〔2001〕200号)发布《铁路隧道设计规范》TB 10003—2001。主要修订内容有:一般地区单线隧道整体式衬砌及洞门、单线隧道偏压衬砌及洞门、单线隧道拱形明洞及洞门可采用概率极限状态法设计，其他结构仍要求采用破损阶段法和容许应力法设计；调整按概率极限状态法设计所采用的分项系数；增补按破损阶段法设计所需的结构强度安全系数、材料极限强度及按容许应力设计所需的材料容许应力等。

4. 2005 年，铁道部（铁建设〔2005〕67 号）发布《铁路隧道设计规范》TB 10003—2005。主要修订内容有：适用范围调整为客货列车共线运行、旅客列车最高运行速度 160 km/h、货物列车最高运行速度 120 km/h 的Ⅰ、Ⅱ级标准轨距铁路隧道的设计；优化衬砌设计参数；删除原规范中隧道施工、运营管理设施内容。

5. 2016 年，国家铁路局（国铁科法〔2016〕43 号）发布《铁路隧道设计规范》TB 10003—2016，为现行版本。

十五、《铁路轨道设计规范》TB 10082—2017

（一）编制背景

全面贯彻以人为本、强化质量安全、保护生态环境、集约节约利用资源的理念，满足铁路轨道建设发展需要，统一铁路轨道设计标准，提高铁路轨道设计水平，保障铁路轨道设计质量。根据构建铁路工程建设标准体系的要求，组织开展《铁路轨道设计规范》TB 10082—2005 全面修订工作。

《铁路轨道设计规范》是铁路工程建设标准体系中重要行业标准。原规范自发布以来，有效规范引导铁路轨道工程的设计、施工。随着铁路大规模建设、各速度目标值设计技术标准的实施，铁路轨道设计、施工，取得多项科研成果，积累大量成熟工程实践经验，为开展标准的修订工作奠定了坚实基础。在全面总结我国铁路轨道建设中的设计施工科研成果及工程实践经验，认真分析 2005 年版规范执行过程中的反馈意见，科学统筹新发布的相关标准，合理确定满足不同运输性质类型、不同速度等级铁路轨道设计标准。

依托高速、城际、客货共线和重载铁路轨道设计、施工、运营的工程实践经验和科研成果，开展铁路轨道设计规范的全面修订。有效吸纳铁路轨道建设成功经验及科研成果，全面贯彻以人为本、强化质量安全、节能环保理念，科学确定铁路轨道设计标准，提升标准的科学性、可操作性及技术经济性。

（二）编制目的

1. 贯彻新发展理念。聚焦建设发展，加强“四新”技术应用，统一铁路轨道技术标准，提高铁路轨道建设技术水平。

2. 解决关键问题。针对铁路轨道技术发展与标准内容不适应不匹配问题，吸纳轨道新技术，开展系列专题研究。

3. 满足创新发展需求。依托轨道领域先进科研成果和成熟运用经验，优化完善相关技术要求，提升规范的技术先进性和经济合理性，满足铁路轨道建设发展需要。

4. 保障轨道质量安全。全面落实安全优先原则，强化轨道结构安全舒适耐久、部件选择标准化通用化等技术要求，明确适应不同运输类型、不同速度等级铁路轨道设计标准。

（三）编制原则

1. 创新引领、服务需求。引领铁路轨道技术发展，提高铁路轨道设计、施工水平，推进研究成果转化为技术标准，确保标准技术先进协调规范。

2. 全面优化、突出重点。着力解决铁路轨道设计规范理念、架构、条款无法满足新时代铁路轨道建设发展需要的问题，修改完善标准技术内容。

3. 依托成果、科学编制。系统总结国内外铁路轨道技术运用经验，利用成功经验特别是重点专项研究成果，将轨道领域新技术新方法纳入标准，合理编制标准内容。

4. 技术先进、协调配套。吸取铁路工程轨道科研先进成果与成熟工程经验，做到与国家标准、相关行业标准协调统一。

（四）编制过程

《铁路轨道设计规范》编制过程总体上分为五个阶段。

前期准备阶段。开展铁路轨道技术基础研究，调研国内外铁路轨道技术特点，分析中国铁路工程轨道技术发展趋势，全面总结轨道技术在铁路工程中的运用成果，借鉴国内外相关行业研究成果。

工作大纲阶段。确定标准编制原则、适用范围、内容框架、进度计划、工作分工等，组织铁路建设管理、勘察设计、施工建造、运营管理等单位多位权威专家完成技术审查。

征求意见稿阶段。编制完成征求意见稿条文和条文说明，向铁路建设管理、勘察设计、施工建造、运营管理、科研院所等单位广泛征求意见，共收到 9 家单位反馈意见 66 条。组织相关单位多位权威专家完成技术审查。

送审稿阶段。编制完成送审稿条文和条文说明，向铁路建设管理、勘察设计、

施工建造、运营管理、科研院所等单位广泛征求意见，共收到7家单位反馈意见35条，组织相关单位多位权威专家完成技术审查。

报批稿阶段。编制完成报批稿条文和条文说明，经审核通过，于2017年9月29日发布，自2017年12月20日起实施。

（五）主要内容

《铁路轨道设计规范》是铁路工程建设设计类重要的行业标准，是在系统总结铁路轨道设计、施工建造、运营管理的实践经验和科研成果的基础上修订而成。原规范条文共214条，新修订的规范条文共150条，其中原规范保留10条、修改84条、增加58条、删除120条，规范条文修订情况统计如图2-23所示。

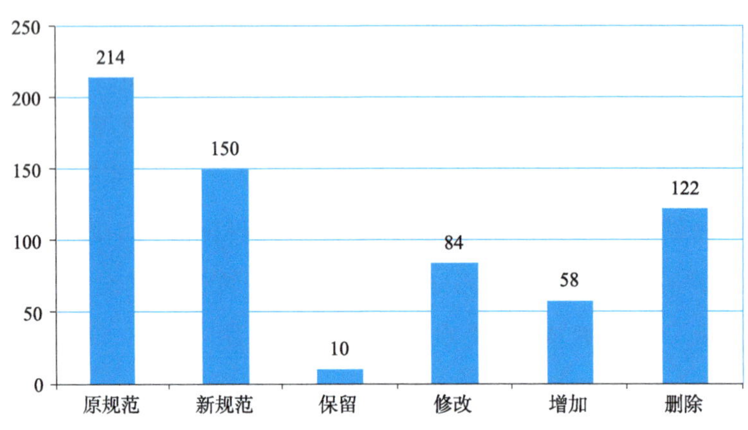

图2-23 规范条文修订情况统计

规范基本构架

规范共分10章，包括总则、术语、基本规定、钢轨及配件、正线有砟轨道、无砟轨道、站线轨道、无缝线路、有缝线路、轨道附属设施及常备材料。主要分为七大板块：

第一板块：总则。明确本规范适用范围，提出轨道设计理念，铁路轨道设计应遵循的技术原则和技术要求，本标准与相关标准的关系等。

第二板块：术语。规定与铁路轨道密切相关的术语，如轨距、曲线超高、轨底坡、CRTSⅠ型板式无砟轨道、CRTSⅢ型板式无砟轨道、CRTS双块式无砟轨道、道岔区轨枕埋入式无砟轨道等内容。

第三板块：基本规定。铁路轨道设计的一般规定，并明确轨道可靠度设计的基本方法、安全等级、设计使用年限和设计基准期等。规定曲线超高、轨距加宽、轨道静态铺设精度等内容。

第四板块:钢轨及配件。规定不同等级铁路的钢轨选用原则、钢轨材质、钢轨接头螺栓和螺母的强度等级及垫圈类型等内容。

第五板块:有砟轨道、无砟轨道及站线轨道的设计规定。明确有砟轨道设计标准、轨枕及扣件的选用和铺设要求、道床的标准等内容。提出不同等级铁路无砟轨道结构选型的一般规定,以及无砟轨道结构设计和轨道结构过渡段等内容。明确站线轨道设计标准、轨枕及扣件的选用和铺设要求、道床的标准、道岔选型等内容。

第六板块:线路设计规定。提出无缝线路一般规定、钢轨伸缩调节器的设置原则,以及有缝线路设计相关要求等。

第七板块:轨道附属设施及常备材料。规定轨距杆(或轨撑)、护轨、线路及信号标志、基桩、轨道常备材料等内容。

主要修订内容

1. 修订本规范适用范围。增加了高速铁路、城际铁路、重载铁路的轨道设计,客货共线铁路最高旅客列车设计速度由 160 km/h 修改为 200 km/h。

2. 增加有砟轨道、无砟轨道、轨距加宽等术语,删减无缝线路相关的术语,删除了符号。

3. 增加曲线超高设置原则,修订曲线超高设计标准、轨距加宽值,修订轨道铺设精度和曲线圆顺度标准。

4. 修订钢轨选用标准,增加钢轨采用 60N、75N 的技术要求,补充了不同铁路等级对钢轨材质的技术要求等。

5. 修订正线有砟轨道的设计标准及扣件、轨枕、道床等技术要求。

6. 增加无砟轨道设计原则、选型规定及设计参数,修订 CRTS Ⅰ 型板式无砟轨道、CRTS Ⅱ 型板式无砟轨道、CRTS Ⅲ 型板式无砟轨道、CRTS 双块式无砟轨道、长枕埋入式无砟轨道、弹性支承块式无砟轨道、道岔区无砟轨道等设计内容。

7. 修订站线有砟轨道设计标准及扣件、轨枕、道床等技术要求。删减道岔号数选择、道岔间插入钢轨长度等内容。

8. 修订无缝线路设计的基本规定,删减钢轨伸缩调节器、无缝道岔等设计内容。删除无缝线路稳定性、强度等检算内容。

9. 修订护轨设置规定,增加无砟轨道常备材料的要求等。

10. 删除 CA 砂浆试验方法,无缝线路纵向力计算、强度和稳定性检算等 8 个附录。

（六）解决的问题及预期效果

1. 解决的问题

（1）轨道部件产品技术更新变化大，钢轨、扣件、轨枕等轨道部件选型、技术参数（要求）等对铁路轨道结构质量安全和技术经济性指标有重要的影响。

（2）铁路轨道的钢轨平顺度直接影响列车运行的安全性和舒适性，尤其高速铁路无砟轨道平顺度要求更加严格。

（3）高速铁路大规模建设、既有线铁路六次大提速的成功经验，无砟轨道技术快速发展，无砟轨道结构设计标准有待统一。

为切实解决上述问题，保障铁路轨道安全与质量，促进新技术新方法应用，体现标准的先进性、协调性。对国内钢轨、扣件、轨枕等轨道部件的选型及主要技术参数和要求进行了总结分析，对我国无砟轨道类型、结构型式、应用情况、选型原则进行研究分析，并在规范中作出明确规定。规范补充高速铁路、城际铁路、客货共线铁路、重载铁路的有砟轨道、无砟轨道的静态平顺度标准。无砟轨道结构选型结合高速、城际、客货共线、重载铁路的实际情况，提出无砟轨道选型原则，明确无砟轨道结构设计技术要求。

2. 预期效果

规范吸取铁路设计、施工和运营以及近年来高速铁路客运专线大规模建设、既有线铁路六次大提速的成功经验和专题科研成果，全面调研分析钢轨配件类型、技术参数及要求，明确高速铁路、城际铁路、客货共线铁路、重载铁路各等级铁路轨道的设计技术标准，明确无砟轨道线路平顺度和道岔平顺度要求，进一步提升规范的科学性和技术经济合理性。符合国家发展的战略目标，社会效益巨大。本规范的发布实施，将会取得明显的经济效益而且这种效益是全面的而不是局部的，是长远的而不是暂时的。

（七）历史沿革

1. 2005 年，铁道部（铁建设〔2005〕66 号）发布《铁路轨道设计规范》TB 10082—2005。规范系首次编制，适用于客货列车共线运行、旅客列车设计行车速度等于或小于 160 km/h、货物列车设计行车速度等于或大于 120 km/h 的标准轨距铁路轨道的设计。

2. 2017 年，国家铁路局（国铁科法〔2017〕71 号）发布《铁路轨道设计规范》TB 10082—2017，为现行版本。

十六、《铁路电力设计规范》TB 10008—2015

（一）编制背景

为统一铁路电力工程设计标准，满足新需要，引导技术更新，根据构建铁路工程建设标准体系的要求，组织对《铁路电力设计规范》TB 10008—2006 全面修订工作。

《铁力电力设计规范》是铁路工程建设标准体系中的重要行业标准，是铁路电力工程设计的基础性、通用性、主导性标准。原标准自发布以来，有效规范、引导了铁路电力工程的勘察设计、施工及运营。随着铁路工程建设不断推进，特别是高铁建设飞速发展，设计理念已发生了重要转变。随着"四新"技术不断出现，通过工程实践积累的丰富经验和取得的多项科研成果，为标准的修订奠定了基础。因此，有必要对原设计规范补充、完善、修改、整合，满足铁路工程建设发展需要。

依托高速、城际、客货共线和重载等各类型铁路的建设及运营经验，吸纳相关科研成果，科学确定铁路电力工程设计标准，从而提升标准的科学性、可操作性及技术经济性。

（二）编制目的

1. 贯彻新发展理念。聚焦人身和设备安全、节能环保、技术升级、运维效益，使设计做到安全适用、供电可靠、技术先进、经济合理适用、维护方便。

2. 解决标准定位和适应性问题。做好本标准为行业性、通用性、基础性标准的定位，并与相关专用标准相协调。填补"四新"技术等方面的空白，适应新时期铁路建设需要。

3. 满足创新发展需求。吸纳相关科研成果和建设经验，优化完善相关技术要求，提升规范的技术先进性和经济合理性，满足新时期多样化铁路电力系统建设和运维的需求。

4. 引导采用适宜的技术满足不同的需求。全面落实安全、质量、节能、环保、创新等技术要求，确定适应不同运输类型、不同速度等级、不同工程情形的基础性铁路电力工程设计标准。

（三）编制原则

1. 创新引领、服务需求。引领铁路电力技术发展，提高铁路电力勘察、设计、施工、节能、环保水平，实现技术更新，推进建设经验与研究成果转化为技术标准，确保标准技术先进、内容适用。

2. 全面协调、吐故纳新。定位本规范为铁路行业基础性、通用性标准，优化内容架构、条款，对应有铁路专用标准的内容实施顶层化、原则化处理，删减已不适应新时代铁路建设和技术现状的内容，增补建设发展需要的“四新”技术内容，修改完善可以沿用的技术内容。

3. 节能环保、提质增效。补充、充实有关新能源、可再生能源内容，强化节能、节资、环保、人性化思想；规范“四新”技术应用，提高运维效益和社会效益。

4. 技术引领、需求推动。瞄准先进适宜技术，推动采用新技术手段提高铁路电力供配电系统技术水平，充分响应建设、运营期望，充实标准内容。

5. 依托成果、合理借鉴。系统总结、梳理铁路电力工程建设和运营经验，充分借鉴相关科研成果和国内、外相关标准，合理有据编制标准内容。

（四）编制过程

《铁路电力设计规范》编制过程总体上分为五个阶段。

前期准备阶段。开展铁路电力新技术研究，调研国内外铁路电力技术特点和需求，分析电力技术在中国铁路工程应用的发展趋势，全面总结电力技术在铁路工程中的运用成果。2012 年 12 月前，陆续收到各单位对现行《铁路电力设计规范》的意见，为开展规范修订奠定了基础。

工作大纲阶段。确定了标准编制原则、适用范围、内容框架、进度计划、工作分工等，2012 年 6 月组织铁路建设管理、勘察设计、运营管理等单位多位权威专家完成技术审查。

征求意见稿阶段。编制完成征求意见稿条文和条文说明，向铁路建设管理、勘察设计、工程监理、施工建造、运营管理、科研院所等单位广泛征求意见，共收到 4 家单位反馈意见 68 条。2013 年 7 月组织相关单位多位权威专家完成技术审查。

送审稿阶段。编制完成送审稿条文和条文说明，向铁路建设管理、勘察设计、工程监理、施工建造、运营管理、科研院所、政府部门等单位广泛征求意见，共收到 12 家单位反馈意见 149 条，2015 年 5 月组织相关单位多位权威专家完成技术审查。

报批稿阶段。编制完成报批稿条文和条文说明，经审核通过，于 2015 年 12 月 23 日发布，自 2016 年 4 月 1 日起实施。

（五）主要内容

《铁路电力设计规范》是铁路行业工程建设设计类通用性、基础性标准，是在系统总结铁路电力勘察设计、施工建造、运营管理的实践经验和科研成果的基础上修订而成。

规范基本构架：

规范共分15章，包括总则，术语，基本规定，供配电系统，变、配电所，电力远动系统，架空电力线路，电缆线路，低压配电，电气照明，铁路专用设施及特殊场所供电，机电设备监控系统，防雷及接地，电气节能与环保，接口设计等，另有5个附录。主要分为5大板块：

第一板块：总则。明确标准编制目的、适用范围、主要政策和设计理念，强调致灾因素和安全隐患、采取必要防护措施等内容。

第二板块：术语。规定本标准用到的、铁路工程基本术语标准未列入或有必要修订的、与铁路电力工程技术密切相关的术语，如后备电源、一级负荷电力贯通线路、变配电所等。

第三板块：基本规定。提出铁路电力工程设计分散与集中供电方案确定的总体原则、设计年度、管理界面、利用既有设施、变电所形式、运营管理机构设置、专业接口和新旧衔接等的基本要求。

第四板块：各专业技术要求。分别提出铁路电力供配电系统各环节（图2-24）、各细分专业技术的设计要求。

第五板块：接口设计。提出铁路电力工程接口设计的一般原则、与土建工程接口、与外部电源接口、与其他设备系统接口等要求。

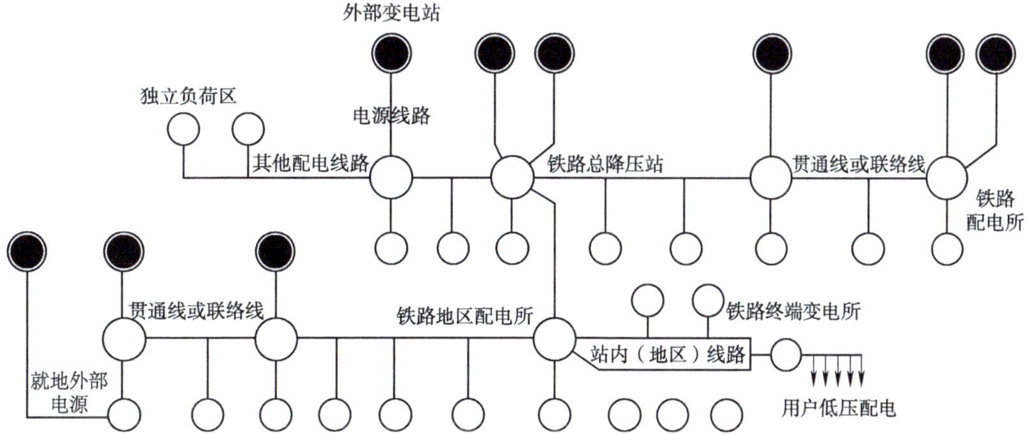

图2-24 典型铁路电力供配电系统示意图

主要修订内容：

1. 调整和补充适用于本规范的相关术语。

2. 增加 20 kV 电压等级的有关内容；取消各种铁路电力负荷等级划分内容。

3. 增加柴油发电机、光伏、风力发电等自备电源的原则性要求。增加“后备电源”有关内容，提出分布式能源系统的应用原则。

4. 增加铁路高压电力系统中性点接地、气体绝缘设备等内容。

5. 提出电力远动系统、机电设备监控系统的系统设计、功能组成，以及两个系统间的相互关系处理原则。完善电能计量内容，增加了机电设备监控系统配置能源管理功能的要求。

6. 修订架空电力线路与铁路交叉、接近的要求，增加绝缘导线的有关设计要求。

7. 完善长电缆线路接地和补偿的规定。紧密跟踪铝合金电缆国家标准和技术发展，增加铝合金电缆相关内容。

8. 细化对通信信号等与行车有关的重要负荷低压配电的要求，强化了计量方面的要求。

9. 与《铁路照明设计规范》相互协调，提出铁路照明宏观性、原则性规定，删除照明方式和种类、照明标准值、光源、灯具、供电和控制等具体内容。

10. 修订桥梁、隧道等的供电要求，增加动车地面电源、集中式 UPS 系统设计的原则性规定。

11. 与《铁路防雷及接地工程技术规范》相互协调，删除建筑物、电子信息系统防雷及接地的内容。

12. 增加“电气节能与环保”“接口设计”章。

（六）解决的问题及预期效果

1. 解决的问题

（1）协调处理与相关标准的关系。

在原版标准的基础上对低压配电、照明、防雷、节能环保等方面内容做了较大修改。低压配电设计主要执行国标《低压配电设计规范》，本规范主要提出符合铁路特点的要求；照明设计主要由《铁路照明设计规范》规定，本规范仅对铁路电气照明提出原则性要求；原版标准“防雷、接地及安全”章节中相关内容由《铁路防雷及接地工程技术规范》及相关专业设计规范规定，本规范仅保留对电力装置的防雷及接地要求；在原版标准基础上，增加“电气节能与环保”章节，并注重与

《铁路工程节能设计规范》界面划分，本规范侧重规定对电气设施的节能环保要求。

(2)协调处理了本行业标准的定位事项。

本规范是铁路电力工程设计的通用性、基础性标准，对铁路用电负荷等级仅作出划分原则规定，删除原版标准规定的具体划分方案，电力远动系统和机电设备监控系统只提出基本原则、系统设计等要求，具体方案和做法设计时根据相关设计规范及相关企业标准或运维管理要求确定。

(3)补充"等效双回路"的概念。

国家标准规定对二级负荷供电的系统宜由两回线路供电，其目的是一回线路损坏时，仍有另一条线路可以保持供电，为不中断供电完成抢修创造了条件。铁路存在大量的贯通线路(图 2-25)、环网线路等能够双端供电的线路，就等效电路而言，与双回线路的作用无异。本标准明确二级负荷"可由贯通线路、环网线路以及其他双端供电线路等能构成等效双回电源线路的变电所供电"，可消除工程实践中这类线路不能算作双回线路的异议。

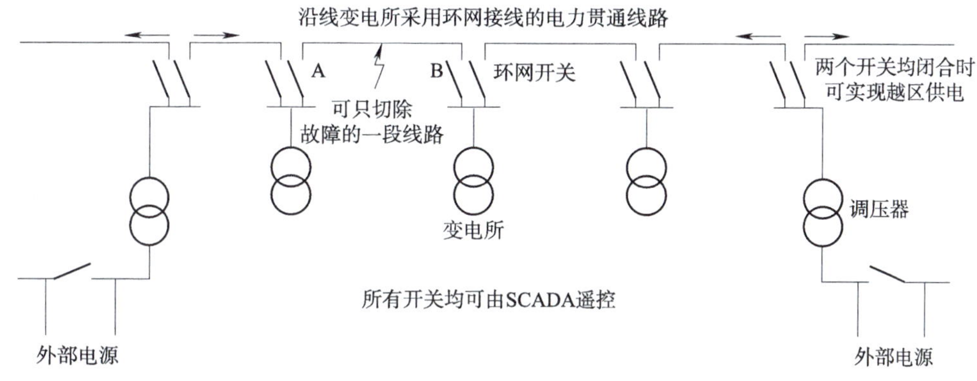

图 2-25　贯通线路可靠性解析图

(4)补充电缆材质的选型方案。

本规范补充了电力电缆铝合金导体的选型原则，在一定条件下可作为铜质电力电缆的备选方案。但考虑到铝合金电缆在铁路上尚未广泛使用，本规范只推荐有条件采用。

2. 预期效果

(1)本标与其他标准在编制内容和深度上做了大量协调工作，必将降低由于修订周期不一致导致标准之间规定不一致、相互牵制的发生率，同时也利于充分发挥专用标准在内容上、深度上、专业性方面的优势，减少无益的重复。

（2）本标准是铁路行业电力设计的基础性、通用性标准，缩减与企业运维管理模式、投资力度等因素关联较大的非安全性、可靠性内容，必将取得更有利于技术发展，满足不同铁路企业的差异化需求的效果。

（3）“等效双回路”概念的确定，使铁路电力二级负荷供电中占大多数的线路将能减少敷设一条高压电缆，减少一半造价，取得显著的经济效益。

（4）补充铝合金电缆材质的选型方案，可为电力工程投资占比较大的电力电缆投资创造了大幅度优化条件。

（七）历史沿革

1. 1959 年，铁道部颁布《铁路电力建设规程》，适用范围仅限于新建的铁路 3 kV、6 kV、10 kV 变配电所（变电所变压器容量为 2 ×1 000 kV 安及以下）及低压架空线路。

2. 1965 年，施行《铁路电力装置技术规范》，适用范围扩大为新建、扩建和改建的电压为 35 kV 及以下的铁路电力装置（电缆线路适用于 10 kV 及以下）。

3. 1975 年，施行《铁路工程技术规范》，其第九篇为电力，适用范围仍为 35 kV 及以下的铁路电力工程（电缆线路适用于 10 kV 及以下）。

4. 1986 年，施行《铁路电力设计规范》TBJ 8—1985，适用范围为 35 kV 及以下的铁路电力工程设计（包括电缆线路）。

5. 1999 年，施行《铁路电力设计规范》TB 10008—1999，适用范围为 35 kV 及以下的铁路电力工程设计。同时废止《铁路电力设计规范》TBJ 8—1985、《铁路电力施工规范》TBJ 207—1986。

6. 2007 年，施行《铁路电力设计规范》TB 10008—2006，适用范围为 110 kV 及以下的铁路电力工程设计（不含 35 kV 以上电力线路内容）。同时废止《铁路电力设计规范》TB 10008—1999、《电气化铁路电力设计规定》TBJ 23—1989、《铁路电力远动系统工程设计规范》TB 10064—2000、《铁路电力变、配电所设计规范》TB 10065—2000。

7. 2015 年，国家铁路局（国铁科法〔2015〕63 号）发布《铁路电力设计规范》TB 10008—2015，为现行版本。

十七、《铁路电力牵引供电设计规范》TB 10009—2016

(一)编制背景

近年来,随着铁路机构改革和生产力布局调整以及高速铁路、城际铁路和重载铁路的快速发展,国家铁路局先后发布了《高速铁路设计规范》TB 10621—2014、《城际铁路设计规范》TB 10623—2014 等综合性规范中电力牵引供电篇章主要根据各自特点编写相关重点条文,通用性条文仍按《铁路电力牵引供电设计规范》TB 10009—2005 执行。随着相关国家、电力、铁路等标准不断修订更新,铁路新型设备和材料如 27.5 kV(2×27.5 kV)气体绝缘金属封闭式开关柜和空气绝缘金属铠装式开关设备柜等新设备不断推广应用,以及铁路电力牵引供电工程(图 2-26、图 2-27)、运营的实践经验和科研成果不断积累,有必要对 2005 版规范进行全面修编。

图 2-26　牵引变电所

图 2-27　列车接触网

本次规范修订总结吸纳了近年来我国电气化铁路牵引供电在设计、施工、运营方面的实践经验和科研成果,借鉴了国内外相关设计标准,在补充完善通用性条文的同时,保持了与城际、高铁、重载设计规范相关条文的一致性,与速度相关的条文涵盖了时速 120 km～350 km 各个速度等级,修订后适用于高速铁路、城际铁路、客货共线铁路、重载铁路、市域(郊)铁路等类型铁路。

(二)编制目的

1. 为满足我国铁路建设和发展需要,统一铁路电力牵引供电工程设计标准,完善铁路工程建设技术标准体系,贯彻执行国家技术经济政策。

2. 为进一步贯彻执行国家的技术经济政策,统一铁路电力牵引供电设计的技术要求,使设计做到安全适用、技术先进、节约能源、经济合理和维修方便。

(三)编制原则

1. 贯彻国家有关方针、政策、法律、法规。对现行规范与当前政策法规不符的,予以修正。

2. 保障铁路工程建设的安全、质量、卫生、环境保护。对涉及铁路运输安全的内容,进一步梳理、强化,提高可操作性。

3. 有利于合理利用资源,推广科学技术成果。补充和加强涉及新技术、新工艺、新设备或材料方面的内容,充分吸收经评审确认可纳规并取得一定运行经验的科研成果。

4. 实现最佳社会效益、经济效益、环境效益。

5. 处理好与相关标准之间的关系。本规范修订,与相关的铁路行业标准进行协调,避免相互矛盾、大量重复。

(四)编制过程

《铁路电力牵引供电设计规范》编制过程总体上分为五个阶段。

前期准备阶段。开展铁路电力牵引供电技术基础研究,调研国内外铁路电力牵引供电技术特点,分析中国铁路工程电力牵引供电技术发展趋势,全面总结电力牵引供电技术在铁路工程中的运用成果,借鉴国内外相关行业研究成果。

工作大纲阶段。确定标准编制原则、适用范围、内容框架、进度计划、工作分工等,组织铁路建设管理、勘察设计、施工建造、运营管理、科研院所等单位权威专家完成技术审查。

征求意见稿阶段。编制完成征求意见稿条文和条文说明,向铁路内外有关单位和部门广泛征求意见,共收到7家单位意见262条,组织铁路建设管理、勘察设计、施工建造、运营管理、科研院所等单位权威专家完成技术审查。

送审稿阶段。编制完成送审稿条文和条文说明,向铁路建设管理、勘察设计、施工建造、运营管理、科研院所等单位征求意见,共收到11家单位意见422条,组织铁路建设管理、勘察设计、施工建造、运营管理、科研院所等单位权威专家完成技术审查。

报批稿阶段。编制完成报批稿条文和条文说明，经审核通过，于 2016 年 5 月 26 日发布，自 2016 年 9 月 1 日起实施。

（五）主要内容

《铁路电力牵引供电设计规范》是铁路工程建设设计类重要的行业标准，是在系统总结铁路电力牵引供电勘察设计、施工建造、运营管理的实践经验和科研成果的基础上修订而成。

规范基本构架：

规范共分 7 章，主要内容包括总则、术语、牵引供电、牵引变电所、接触网、牵引供电调度和远动系统、供电检修等，另有 2 个附录。主要分为三大板块：

第一板块：总则。明确标准编制目的、适用范围等内容。

第二板块：术语。规定与铁路电力牵引供电技术密切相关的术语，如分束供电、独立供电线等。

第三板块：铁路电力牵引供电具体技术规定。规定牵引供电、牵引变电所、接触网、牵引供电调度和远动系统、供电检修等的技术要求。

主要修订内容：

1. 将《供配电系统设计规范》GB 50052、《35 kV～110 kV 变电站设计规范》GB 50059、《3～110 kV 高压配电装置设计规范》GB 50060、《交流电气装置的接地设计规范》GB/T 50065 等现行国家及电力行业相关标准共性内容纳入本规范中。

2. 修改适用范围，增加了寒温和寒冷地区、节能和环境保护的设计要求等。

3. 优化术语内容。

4. 增加枢纽供电和供电臂分段供电有关规定，删除 BT 供电方式、并联电容补偿装置及其有关内容。

5. 修订吸上线、接轨连线的设计规定。

6. 增加 220 kV、330 kV 配电装置形式选择，GIS 装置，变电二次系统防雷及过电压防护措施，供电电缆接地的有关规定。

7. 增加分区所、自耦变压器所主接线的有关内容，完善所用交流电源的有关设计规定。

8. 完善牵引供电系统辅助保护的有关内容，修订继电保护和自动装置以及测量仪表装置的有关设计要求，增加 220 kV 及以上变压器双重化保护配置设计规定。

9. 完善接触网绝缘水平、防雷接地、防鸟等有关规定。

10. 补充双层集装箱区段、车站无柱雨棚区域、中性段（无电区）和隧道内等接触网设计以及接触网刚性悬挂设计内容。

11. 增加接触网—受电弓间相互作用的动态性能指标、正线接触线最小张力的有关规定。

12. 完善接触线的最大坡度及坡度变化、接触网最短吊弦长度、受电弓动态包络线摆动量及抬升量以及支柱、基础和腕臂支持装置的选型原则等有关规定。

13. 完善牵引供电远动系统的功能配置等要求和安全监控系统的有关规定。

14. 完善供电检修等相关内容。

（六）解决的问题及预期效果

1. 解决的问题

（1）坚持强制性行业标准“保底线”的原则

关于25 kV带电体距跨线建筑物底部的空气绝缘静态间隙，原中国铁路总公司《铁路技术管理规程》TG/01—2014规定为500 mm，欧洲标准《架空接触网》EN 50119:2009仅为270 mm。此间隙在具体项目中的实际值与跨线桥距轨面高度正相关。鉴于既有线电化的大量跨线建筑物距轨面小于6.65 m，新建跨线桥设计一般距轨面仅6.65 m，本次规范修订仍维持原规定的正常值500 mm、困难时300 mm不变，以明显减少跨线建筑物建造和迁改投资。

（2）采用国际标准通用的性能/接口设计方法

本次规范修订采用通用性的理论方法、基本原理、计算公式，具体工程取值依照不同建设项目的工况而定，如接触网支柱间距离（跨距）由“不大于65 m”改为“根据悬挂类型、曲线半径、导线最大受风偏斜值和运营条件等综合确定”，既保障技术进步和节省建设投资，又有利于发挥设计人员创造性，促进中国铁路标准国际化。

（3）接触网设置避雷线由年均雷暴日≥60天改为≥40天地区，该地区增加投资1万~6万元/双正线公里。

本次规范修订参照《高速铁路设计规范》，将接触网设置避雷线由年均雷暴日≥60天改为≥40天地区，或将回流线（保护线）适当抬高兼起防雷功能，以满足接触网运行可靠性要求。支柱高度不变并架设避雷线时，增加投资约6万元/双正线公里；回流线（保护线）适当抬高兼起防雷功能时，增加投资约1万元/双正线公里。

(4)220 kV 及以上变压器保护由单套变为双套,每个牵引变电所增加投资约 20 万元。

国家电网公司在兰新高铁等多个项目要求 220 kV 及以上变压器保护采用双套。鉴于原中国铁路总公司已与国家电网就此达成协议,为提高供电可靠性,本次修订参照《继电保护和安全自动装置技术规程》GB/T 14285—2006 的规定,220 kV 及以上变压器保护由单套变为双套。每个牵引变电所增加投资约 20 万元。

(5)牵引变电所控制保护等低压回路增加雷电及过电压防护措施,每个牵引变电所增加投资约 10 万元。

2. 预期效果

本次修订吸取国家电网和有的牵引变电所"瘫痪"的经验教训,增加综合自动化系统、交直流辅助电源回路、时钟同步天线、通信总线等采取防雷及过电压防护措施,防止雷电和其他内部过电压侵入变电所控制保护等低压回路所造成的干扰和破坏,每个牵引变电所增加投资约 10 万元。上述措施已在多项工程中应用,效果良好。

(七)历史沿革

1. 1985 年,铁道部发布《铁路电力牵引供电设计规范》TBJ 9—1985。

2. 1998 年,铁道部(铁建函〔1998〕253 号)发布《铁路电力牵引供电设计规范》TB 10009—1998。主要修订内容有:将行车速度从 120 km/h 提高到等于或小于 140 km/h,新增枢纽牵引系统设施布点方案,修改牵引变压器容量计算的条件和要求,提高接触网绝缘水平,修改供电段对电气设备的检修方式,增加"牵引供电调度所和远动系统"章节等。

3. 2005 年,铁道部(铁建设〔2005〕66 号)发布《铁路电力牵引供电设计规范》TB 10009—2005。主要修订内容有:旅客列车设计行车速度从等于或小于 140 km/h 提高到等于或小于 160 km/h,增加牵引变电所的外部电源供电电压可采用 220 kV 电压等级和牵引变压器可采用容量利用率较高的单相结线的规定,规定接触线宜采用抗拉强度高、耐高温性能好的铜合金接触线,完善了安全监控系统的有关规定等。

4. 2016 年,国家铁路局(国铁科法〔2016〕22 号)发布《铁路电力牵引供电设计规范》TB 10009—2016,为现行版本。

十八、《铁路通信设计规范》TB 10006—2016

（一）编制背景

随着铁路通信新技术、新设备大量应用及高速铁路、城际铁路、重载铁路、客货共线铁路等大量建设，为确保铁路通信设计标准的先进性、时效性，根据构建铁路工程建设标准体系的要求，对《铁路运输通信设计规范》TB 10006—2005 进行全面修订，修订后名称改为《铁路通信设计规范》。

《铁路通信设计规范》规定铁路通信设计的共性要求，属于专业主体设计规范。随着铁路工程建设技术水平不断提高，原有规范已不能满足铁路通信工程设计需要，有必要进行修订。在新的建设、运营、管理模式下，铁路通信工程涌现一批创新成果，取得大量实践经验，为修编标准奠定良好基础。

为保障运输安全、提高运营效率、提升服务质量，对铁路通信线路、传输及接入网、数据通信网、有线调度通信、移动通信、会议电视、综合视频监控、专用应急通信、综合布线等设计内容进行全面修订。

（二）编制目的

1. 贯彻新发展理念。立足铁路通信网络布局顶层设计，做好新建、既有通信网的衔接，保障行车安全、提高运输效率。

2. 解决突出问题。总结铁路通信工程设计和运行管理经验，依靠先进标准引领铁路通信工程质量水平提升，满足铁路运输对通信系统安全性、可靠性的需求。

3. 满足创新发展需求。解决原标准涵盖内容不全、适用范围不够，修订、补充新技术及子系统内容，使规范覆盖全面，适用于各类型铁路。

4. 保障通信质量安全。统一铁路通信工程设计标准，为通信专业专用标准和施工验收标准编制或修订提供依据。

（三）编制原则

1. 规划引导、需求牵引。遵循全程全网、互联互通，紧跟通信发展需要，满足数字化、宽带化、智能化、综合化要求。

2. 科技支撑、全面覆盖。汲取国内外的先进科技成果，涵盖通信设计的全部内容，适应不同速度、不同等级、不同运输性质、不同运营管理模式要求。

3. 突出重点、系统集成。充分吸纳建设工程项目在“四电系统集成”方面重要的技术成果，认真总结最新工程建设、运用管理以及设备维护经验。

4. 条理清晰、防止交叉。梳理基础标准、通用标准、专业标准及施工、验收标准等行业标准之间的关系，避免矛盾，减少重复。

（四）编制过程

《铁路通信设计规范》编制过程总体上分为五个阶段。

前期准备阶段。开展铁路通信技术基础研究，调查铁路既有网络结构、设备配置运用、维修机构设置、维修仪器仪表、房屋、定员等现状，分析铁路通信技术发展趋势，收集高速铁路、城际铁路通信工程设计的成功经验。

工作大纲阶段。确定标准编制原则、适用范围、内容框架、进度计划、工作分工等。组织铁路建设管理、勘察设计、施工建造、运营管理等专家完成技术审查。

征求意见稿阶段。编制完成征求意见稿条文和条文说明。向铁路建设管理、勘察设计、施工建造、运营管理等单位广泛征求意见，共收到 17 家单位反馈意见 445 条。组织相关专家完成技术审查。

送审稿阶段。编制完成送审稿条文和条文说明。向铁路建设管理、勘察设计、施工建造、运营管理、科研院所等单位广泛征求意见，共收到 12 家单位反馈意见 266 条。组织相关专家完成技术审查。

报批稿阶段。编制完成报批稿条文和条文说明。经审核通过，于 2016 年 11 月 17 日发布，自 2017 年 3 月 1 日起实施。

（五）主要内容

《铁路通信设计规范》是铁路通信设计领域的基础性行业标准，与《铁路数字移动通信系统（GSM-R）设计规范》TB 10088—2015 共同构成铁路通信专业设计规范，在系统总结铁路通信技术研究成果和建设运营实践经验基础上修编而成。

原规范条文共 254 条，新修订的规范条文共 468 条，其中原规范保留 1 条、修改 176 条、增加 291 条、删除 77 条，规范条文修订情况统计如图 2-28 所示。

规范基本构架：

本规范共分 21 章，包括总则，术语和缩略语，通信线路，传输，接入网，电话交换，数据通信网，有线调度通信，移动通信，会议电视、电报，综合视频监控，专用应急通信，时钟同步，时间同步，综合布线，电源设备，电源及设备房屋环境监控，综合网络管理，设备防雷及接地、运行环境等。主要分为四大板块：

第一板块：总则。明确标准编制目的、适用范围，提出通信设计应符合铁路通信网规划，遵循全程全网、互联互通、布局合理、经济适用等设计原则和总体要求。

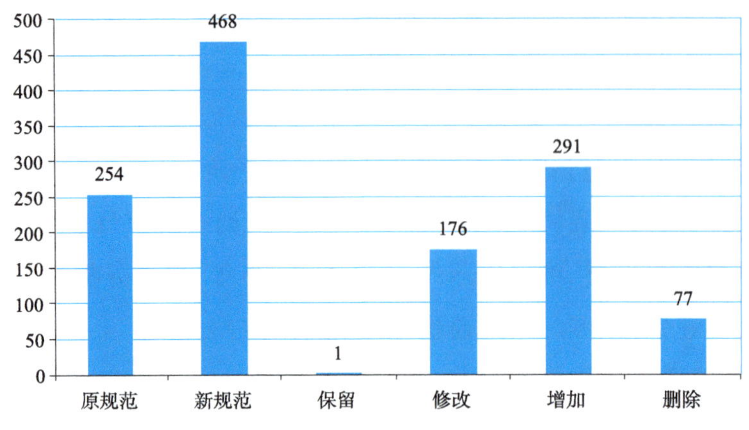

图 2-28 规范条文修订情况统计

第二板块:术语和缩略词。规定与通信技术密切相关的术语和缩略词,如AON—有源光网络、EPON—以太网无源光网络、OTN—光传送网等内容。

第三板块:系统设计要求。规定通信线路,传输与接入网,电话交换,数据通信网,移动通信、有线调度通信,会议电视、电报,综合视频监控,专用应急通信,时钟、时间同步,综合布线等设计内容。

第四板块:管理及环境外部要求。明确电源设备、电源及设备房屋环境监控、综合网络管理、设备防雷及接地、运行环境等技术要求。

主要修订内容:

1. 增加长途光缆纤芯预留、重要节点双径路引入,以及光电缆雷电防护、光缆监测等内容。

2. 增加 SDH 中继距离计算、以太网业务组网、网管及 OTN 系统设计等内容。

3. 增加无源光网络(PON),修改接入网提供的业务类型及接口。

4. 补充基于 IP 技术的电话交换网内容。

5. 增加与 GSM-R 系统联网以及调度交换机容灾备份内容,修改调度交换机、调度分机的设置要求。

6. 补充 GSM-R 系统设计原则,具体内容引用《铁路数字移动通信系统 GSM-R)设计规范》TB 10088。

7. 补充按骨干网络和区域网络分层组网的内容,规定路由协议及路由策略、自治域号及 IP 地址分配、网络管理、网络安全、服务质量等要求。

8. 规定 IP 制式电报系统的设计要求。

9. 增加 MCU 容灾备份、会场设备设置等内容。

10. 规定应急通信现场设备的分类配置要求,增加隧道应急电话等内容。

11. 提出重要节点电源设备冗余设置的要求,补充不间断电源(UPS)设计内容,增加电源设备容量计算方法、导线规格选择原则以及二次下电等要求。

12. 增加信号传输线浪涌保护器(SPD)设置、等电位连接以及通信设备接入综合接地系统等内容。

13. 规定监控对象、监控内容以及传感器设置等要求。

14. 增加外供电源、通信设备房屋技术要求等内容,并提出通信设备房屋的分类原则。

(六)解决的问题及预期效果

1. 解决的问题

(1)本规范强调行业共性要求,根据不同类型、不同等级、不同运输企业的业务需求,综合考虑技术经济性,合理规定通信系统设置标准和设备配置要求。

(2)把通信系统的通用性与铁路的专业性相结合,把建设铁路专用通信网与充分利用公共通信网资源相结合。提出充分利用公众移动通信、因特网等通信手段,做到"互为备份、平战结合",在满足铁路应急通信需求的同时,避免重复建设,提高了经济合理性。

(3)通过规定根据防雷等级分类、分区及分级设计的内容,优化了防雷设备的设置要求,节约了工程投资,杜绝了浪涌保护器滥用。

(4)根据设备维修管界、应急通信响应时间及交通条件等因素,提出分类配置 A、B、C 类应急通信现场设备的原则,优化应急通信现场设备的配置要求。

(5)优化了车站调度交换机的设置,提出"当用户数量较少时,可不设置车站调度交换机,值班台、调度分机等可接入邻近的车站调度交换机",减少了工程投资,为既有线 GSM-R 系统改造提供了有力指导。

(6)合理确定接地电阻值。防雷接地最重要的是"等电位连接",盲目降低接地电阻代价高而无意义。本规范对原规范的接地电阻阻值要求进行了优化,做到因地制宜,注重实效,强调了等电位连接的重要性。

(7)提出通信机房分级原则,针对不同等级的机房,差异化规定设备布置、供电方式、电源设备配置等要求,做到"安全可靠、经济合理"。

(8)积极采用综合网管、光缆监测、电源环监、综合视频监控等手段,强调系统间的互联互通,资源共享,提高运输管理效率,降低维护成本。

2. 预期效果

（1）本标准统一了不同类型铁路的通信工程设计标准，吸纳了大量新技术应用成果，规范和引导了行业技术发展应用，对于指导铁路通信工程设计，提高工程质量和铁路通信装备水平，促进技术创新进步具有重要意义。

（2）该项标准的编制和应用，为铁路运输提供更高效、可靠的通信服务，为铁路的运营安全提供了安全保障，有力推进了我国铁路工程建设的健康发展，满足铁路建设的需求，为我国经济发展做出更大的贡献。

（3）本标准中通信系统关键指标的定义与 ITU-T、UIC 等相关国际标准保持一致，为推动"一带一路"倡议的实施和中国铁路"走出去"的发展战略提供了强大的技术支撑。

（七）历史沿革

1. 1999 年，铁道部（铁建设函〔1999〕69 号）发布《铁路通信设计规范》TB 10006—1999。主要修订内容有：删除了架空明线、模拟载波通信和纵横制交换机等内容，增加了光纤通信、数字交换、数字载波通信、卫星通信等内容，并对交换中心的级别作了调整。

2. 2005 年，铁道部（铁建设〔2005〕66 号）发布《铁路运输通信设计规范》TB 10003—2001。主要修订内容有：增加了传输及接入网、通信线路等传输通道，铁路电话交换网的网路结构、编号规定及中继方式，数字调度通信的构成，采用自动电话或专线方式解决区段专用通信，站场通信、铁路数据通信、电报，应急通信的网络结构和设备配置，会议电视（电话）的构成及传送方式、铁路运输通信电源及通信设备接地，交流电气化铁路对通信电缆线路的影响及防护，通信房屋、引入配套设备等内容。

3. 2016 年，国家铁路局（国铁科法〔2016〕46 号）发布《铁路通信设计规范》TB 10006—2016，为现行版本。

十九、《铁路信号设计规范》TB 10007—2017

（一）编制背景

随着铁路信号技术的快速发展，既有线提速以及高速铁路、城际铁路、重载铁路、客货共线铁路等各等级铁路的大量建设，联锁、闭塞、列车运行控制、调度指挥以及信号集中监测采用的新技术在铁路建设中广泛运用。为总结铁路信号工程建设实践经验，确保设计标准的科学性、时效性，正确指导铁路信号工程设计

(图 2-29),根据构建铁路工程建设标准体系的要求,组织开展《铁路信号设计规范》TB 10007—2006 全面修订工作。

图 2-29　四显示高柱信号机

2006 年版规范仅适用于时速 160 km 及以下铁路信号工程的设计,有必要对其进行修订,扩大适用范围,以适应新形势下的设计需求。十几年来,我国高速铁路建设取得了举世瞩目的成就,信号工程设计取得一系列科研成果、积累了大量实践经验,为修编工作提供了技术支撑。

《铁路信号设计规范》是铁路工程建设标准体系的重要组成部分。统一高速铁路、城际铁路、重载铁路、客货共线铁路等不同速度等级、不同运输性质铁路的信号设计要求,吸纳相关科研成果和国内外技术标准,补充已有明确结论及普遍意义的内容,可更好地适应铁路建设形势,满足铁路发展需要。

(二)编制目的

1. 贯彻新发展理念,强化铁路信号工程安全设计要求,提升整体安全性能,统一设计标准、保证设计质量。

2. 总结最新信号工程建设、运营实践经验,为信号专业专用标准和施工验收标准的编制或修订提供依据,保证规范的时效性、完整性,满足设计需要。

3. 调整不适应信号工程设计的内容,满足高速铁路、城际铁路、重载铁路、客货共线铁路等不同速度等级、不同运输性质铁路设计需要。

4. 把握先进性与成熟性的关系,将成熟且广泛应用的信号新技术以及新设备、新材料等内容纳入规范。

(三)编制原则

1. 安全可靠、经济适用。贯彻铁路信号"故障—安全"原则,准确把握先进性与成熟性的关系,将成熟且广泛应用的信号技术纳入编制内容。

2. 技术先进、全面覆盖。借鉴国际相关标准,补充新设备、新材料等内容,涵盖信号设计全部内容，适用于不同设计速度、不同等级、不同运输性质、不同运营管理模式。

3. 完善体系、系统集成。补充信号标志、轨道电路、计算机联锁、列车运行控制、信号集中监测、无线调车机车信号和监控、道岔融雪装置等设计内容，充分吸纳建设工程项目在“四电系统集成”方面成熟的技术成果。

4. 界面清晰、减少重复。处理好与相关标准之间的关系，纳入产品标准中工程设计有关内容，其他工程建设标准中已有的内容不再重复描述，仅作指向处理。

（四）编制过程

《铁路信号设计规范》编制过程总体上分为五个阶段。

前期准备阶段。主编单位开展铁路信号技术基础研究，调研国内外铁路信号技术特点，研究铁路信号“故障—安全”理论及相关基础理论，分析中国铁路信号技术发展趋势，全面总结铁路信号工程建设运营实践及工程设计经验，充分借鉴国内外信号技术研究成果。

工作大纲阶段。初步确定标准的编制原则、适用范围、内容框架、进度计划、工作分工等，形成工作大纲。2012 年 7 月，组织铁路建设管理、勘察设计、运营管理等专家完成技术审查。

征求意见稿阶段。编制完成征求意见稿和条文说明。向铁路建设管理、勘察设计、运营管理等单位广泛征求意见，共收到 13 家单位反馈意见 342 条。组织相关专家完成技术审查。

送审稿阶段。编制完成送审稿条文和条文说明。向铁路建设管理、勘察设计、运营管理等单位广泛征求意见，共收到 15 家单位反馈意见 57 条。组织相关专家完成技术审查。

报批稿阶段。编制完成报批稿条文和条文说明。经审核通过，于 2017 年 1 月 19 日发布，自 2017 年 5 月 1 日起实施。

（五）主要内容

《铁路信号设计规范》是铁路工程建设标准体系中的信号工程设计基础性标准，与《铁路驼峰信号及编组站自动化系统设计规范》TB 10069—2017 共同构成现阶段铁路信号专业主体设计规范，在系统总结最新铁路信号技术研究成果和建设运营实践经验基础上修编而成，在铁路信号工程设计方面起到了重要的指导作用。

原标准条文共 307 条，新修订的标准条文共 372 条，增加了 15 个术语、15 个代号和17个缩略语，并增设了4个附录。文件结构、篇幅和条文内容均有较大变化。

规范基本构架：

本规范共分19章，包括总则，术语和符号，地面固定信号，轨道占用检查装置，道岔转辙装置，联锁，闭塞，列车运行控制，电码化，列车调度指挥及调度集中，信号集中监测，驼峰信号及编组站自动化，道口信号，无线调车机车信号和监控，道岔融雪装置，电源设备，光电缆线路，运行环境，接口设计等，另有4个附录。主要分为五大板块：

第一板块：总则。明确标准编制目的、适用范围，提出涉及行车安全的铁路信号系统及电路设计，必须符合铁路信号“故障—安全”原则和总体要求等内容。

第二板块：术语和符号。规定与信号技术密切相关的术语、代号和缩略词，如轨道区段单元、预先锁闭、接近锁闭、JC码、ATO—列车自动运行系统等。

第三板块：系统设计要求。规定地面固定信号，轨道占用检查装置，道岔转辙装置，联锁，闭塞，列车运行控制，电码化，列车调度指挥及调度集中，信号集中监测，驼峰信号及编组站综合自动化，道口信号，无线调车机车信号和监控，道岔融雪装置等设计内容。

第四板块：外部环境及设计接口要求。明确电源设备，光电缆线路，运行环境，设计接口等技术要求。

第五版块：附录。规定了信号机、表示器及闭塞分区信号标志牌命名规则，轨道区段及轨道区段单元命名规则，应答器命名及编号规则，以及信号机机构及灯光配置表。

主要修订内容：

1. 新增“术语和符号”章节，规定本规范使用的术语、代号和缩略语。

2. 修改信号机构及灯光配置等内容，补充信号标志。

3. 增加轨道区段长度要求，补充ZPW-2000系列轨道电路、不对称高压脉冲轨道电路的内容，修改计轴轨道占用检查装置的内容。

4. 补充计算机联锁设计要求，修改闭塞设计的相关内容。

5. 规定CTCS-2级、CTCS-3级的工程设计要求，补充CTCS-2级、CTCS-3级的发码设计要求。

6. 补充了信号集中监测的内容。

7. 补充站内道口信号的设计内容，规定道口信号的设计原则以及铁路方向、道路方向的信号设计要求。

8. 规定无线调车机车信号和监控系统的设计内容。

9. 规定道岔融雪装置的设计内容。

10. 规定信号系统电源设备的设计原则，提出信号电源屏、UPS、蓄电池、断路器等方面的设计要求。

11. 规定信号系统设备光电缆线路的基本设计原则，提出光缆的选型、敷设、防护、引入、成端以及芯线设计等方面的要求。

12. 规定外部电源，信号生产房屋，干扰防护、雷电防护及接地等相关内容。

13. 规定信号专业与其他相关专业接口设计要求。

14. 规定各种信号机、表示器以及闭塞分区信号标志牌的命名规则。

15. 规定轨道区段和轨道区段单元的命名规则，规定应答器的命名及编号规则。

（六）解决的问题及预期效果

1. 解决的问题

（1）引入国际通用的风险控制“ALARP 原则”（*As Low As Reasonably Practicable*）和“风险矩阵”理论，对铁路信号“风险→事件→事故”逻辑链进行论述，提出了铁路信号“故障—安全”原则的理论原理、设计原则和工程实践指南。

（2）成体系建立了全面适用于高速铁路、城际铁路、重载铁路以及客货共线铁路的色灯信号机系列及信号显示关系。

（3）从理论上优化了 CTCS-3 级线路无线闭塞中心（RBC）的计算方法。

2. 预期效果

（1）本规范发布实施后，在我国新建、改建铁路工程建设项目中的信号工程设计领域得到全面应用，普及程度基本覆盖全部的信号工程设计项目。

（2）本规范的发布实施，对《高速铁路设计规范》《城际铁路设计规范》《重载铁路设计规范》《市域（郊）铁路设计规范》《铁路专用线设计规范（试行）》等综合性规范起到了有力的支撑，对信号专业相关的设备、施工及验收标准具有重要的参考意义。

（3）2017 年 9 月 29 日，国家铁路局发布了本规范的英文译本，为中国铁路“走出去”发展战略起到积极的作用。

（七）历史沿革

1. 1955 年，为满足铁路信号工程建设需要，铁道部发布中华人民共和国《铁路信号规则》，规定了信号、固定信号、移动信号、手信号、信号表示器及信号标志、调车信号、列车信号、听觉信号、警报信号机特殊表示器等内容；对信号从业人员包括信号工程设计人员提出了相关要求。

2. 1965 年，铁道部发布《铁路信号维修规则》（（65）铁工电技字第 1486 号），规定了设备维修，检查、鉴定，信号故障，管理，维修技术标准等内容；1971 年，交通部发布《铁路信号维护规则（草案）》（（71）交电字 1520 号），规定了整治、检修，大修，安全，管理，技术标准等内容。上述文件对信号工程设计有很好的指导意义。

3. 1974 年，铁道部发布《铁路工程技术规范　第八篇：信号》[（1974）交铁基字 2960 号]，规定了地面固定信号、轨道电路、转辙装置、闭塞设备、站内联锁设备、驼峰信号设备、调度集中及车站遥控设备、机车自动信号、道口自动信号、电线路、供电等容。该规范是首次直接面向铁路信号工程设计人员的标准性文件。

4. 1985 年，铁道部在《铁路工程技术规范　第八篇：信号》的基础上，组织编制并发布《铁路信号设计规范》TBJ 7—1985[（85）铁基字 925 号]，规定了地面固定信号、轨道电路、转辙装置、闭塞设备、站内联锁、驼峰信号、遥控与遥信设备、机车信号、道口信号、电线路、供电、交流电力牵引区段对信号设备的影响与防护等内容。

5. 1999 年，铁道部（铁建设函〔1999〕69 号）发布《铁路信号设计规范》TB 10007—1999，规定了地面固定信号、轨道检查装置、转辙装置、区间闭塞、站内联锁、驼峰信号、遥控与遥信、机车信号与列车超速防护、区间道口信号、电线路、供电、交流电力牵引区段对信号设备的影响与防护等内容。

6. 2006 年，铁道部（铁建设〔2006〕48 号）发布《铁路信号设计规范》TB 10007—2006，规定了地面固定信号、轨道检查装置、转辙装置、区间闭塞、站内联锁、驼峰信号、运输调度指挥、机车信号与列车超速防护、区间道口信号、传输线路、供电、交流电力牵引区段对信号设备的影响与防护、防雷与接地、房屋及其他等内容。

7. 2017 年，国家铁路局（国铁科法〔2017〕11 号）发布《铁路信号设计规范》TB 10007—2017，为现行版本。

二十、《铁路客运服务信息系统设计规范》TB 10074—2016

（一）编制背景

《铁路旅客车站客运信息系统设计规范》TB 10074—2007 立足客运服务系统以人为本设计理念，查找标准与国家法律法规相关规定矛盾或不一致内容，分析与高速铁路、客运专线集中管控需求及“互联网售票”“新一代客票系统”等相关要求不适应条款，删除标准中已经不能指导铁路客运服务系统工程设计部分。积极适应客运服务系统运营管理需求、相关总体规划及政策法规，紧密结合新技术发展、新业务应用等具体情况，加快修订《铁路旅客车站客运信息系统设计规范》。通过深入分析旅客服务信息系统、客票系统需求，研究确定旅客服务信息系统及客票系统的信息安全、系统架构、集成方案、接口标准等，梳理优化各子系统设置标准、终端配置等内容，规范统一客服系统工程设计标准，更好地服务于铁路智慧车站建设。

（二）编制目的

1. 总结经验适应需求。全面总结铁路客运服务信息系统科研成果和实践经验，及时响应新技术发展、新业务应用各种需求。

2. 统一要求优化体系。统一铁路客运服务信息系统工程设计标准，规范明确信息服务系统各项要求，优化完善铁路客运服务信息系统标准体系。

3. 服务智慧车站建设。梳理优化旅客服务系统架构及接口系统，保障信息安全，更好服务旅客出行，体现智慧车站以人为本的核心理念。

（三）编制原则

1. 符合规定、规范统一。认真贯彻国家有关方针政策、法律法规，符合相关规定，积极借鉴其他行业标准，认真修正现行规范与当前政策法规相统一。

2. 以人为本、安全舒适。加强客票系统、旅客服务信息系统的信息安全设计，充分体现“以人为本”的核心理念，为旅客提供安全、方便、快捷、舒适的人性化服务。

3. 技术先进、经济合理。吸纳有关科研成果和成功运用经验，既体现技术前瞻性、先进性，并充分考虑经济合理性，实现最佳社会效益、经济效益、环境效益。

4. 协调统一、合理衔接。协调好与相关标准之间的关系。《铁路通信设计规范》已规定的综合布线、电源及环境监控等系统相关标准，原则上直接引用，避免互相矛盾和重复。

(四)编制过程

《铁路客运服务信息系统设计规范》编制过程总体上分为五个阶段。

前期准备阶段。开展前期基础研究,调研各铁路局客运服务信息系统建设项目情况,全面分析系统建设、运营过程中存在问题,系统总结现有需求与目前版本不一致的地方,取得了初步成果。

工作大纲阶段。确定标准编制原则、适用范围、内容框架、进度计划、工作分工等,组织建设管理、勘察设计、施工建造、运营管理、科研院所等单位权威专家完成技术审查。

征求意见稿阶段。编制完成征求意见稿条文和条文说明,向建设管理、勘察设计、施工建造、运营管理、科研院所等 22 家单位征求意见,共收到 18 家单位反馈意见 252 条,组织建设管理、勘察设计、施工建造、运营管理、科研院所等单位权威专家完成技术审查。

送审稿阶段。编制完成送审稿条文和条文说明,向建设管理、勘察设计、施工建造、运营管理、科研院所等单位征求意见,共收到 16 家单位反馈意见 21 条,组织建设管理、勘察设计、施工建造、运营管理、科研院所等单位权威专家完成技术审查。

报批稿阶段。编制完成报批稿条文和条文说明,经审核通过,于 2016 年 8 月 4 日发布,自 2016 年 11 月 15 日起实施。

(五)主要内容

《铁路客运服务信息系统设计规范》是旅客服务信息系统及客票系统的信息安全、系统架构、集成方案、接口标准等系统设置标准,在全面总结铁路客运服务信息系统科研成果和实践经验基础上修编而成。原规范条文共 189 条,新修订的规范条文共 187 条,其中原规范保留 40 条、修改 109 条、增加 38 条、删除 40 条,规范条文修订情况统计如图 2-30 所示。

规范基本构架:

本规范共分 8 章,包括总则、缩略语、旅客服务信息系统、客票系统、行包信息系统、车站门禁系统、系统布线、运行环境。分为三大板块:

第一板块:总则。明确规范编制目的、适用范围,增加铁路客运服务信息系统以人为本,保障信息安全的基本要求。

第二板块:缩略语。规定与铁路客运服务信息系统密切相关的缩略语。

第三板块:具体规定。提出旅客服务信息系统、客票系统、行包信息系统、车

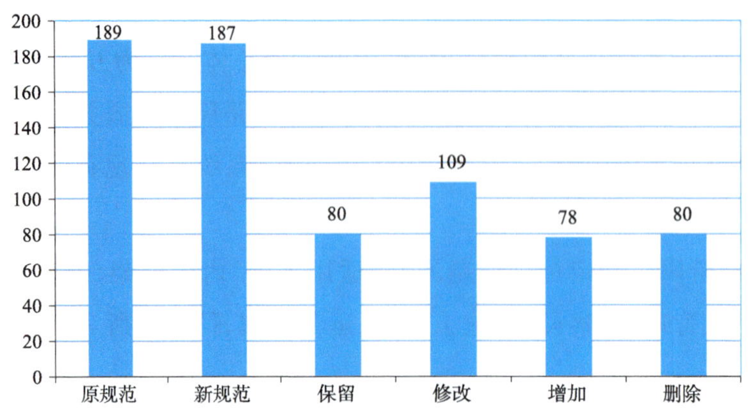

图 2-30 规范条文修订情况统计

站门禁系统、系统布线、运行环境的技术要求。

主要修订内容：

1. 名称改为《铁路客运服务信息系统设计规范》。

2. 修改了适用范围，规范中各系统加强了网络信息安全设计要求。

3. 旅客服务信息系统架构修改为“可采用中心、区域、车站三级架构，或采用中心、车站两级架构，也可采用车站单级架构”，补充各级集成管理平台和子系统设计要求，增加车站客运作业管理系统。

4. 客票系统架构修改为“可采用中心、区域、车站三级架构，或中心、车站两级架构”，补充各级系统功能、设备配置和接口要求，增加多种票制、多种支付方式以及实名制售票要求，取消站台票自动发售系统。

5. 车站视频监控系统前端采集设备规定宜采用高清摄像机，并增加告警图像及告警信息存储时间不小于30天的规定。

6. 增加“车站门禁系统”，取消“公安管理信息系统”“办公管理信息系统”“机电设备监控系统”“有线电视”“火灾自动报警系统”“静态标志”等系统。

7. 运行环境中增加信息机房环境级别标准、设备布置、电源及环境监控等有关规定。

（六）解决的问题及预期效果

1. 解决问题

（1）本规范确定了旅客服务信息系统和票务系统的系统架构，统一了设计标准，为后续各子系统技术条件编制奠定了基础。

（2）本规范梳理了客服系统的涵盖范围增加“车站门禁系统”，取消了公安管理信息系统”“办公管理信息系统”“机电设备监控系统”“有线电视”“火灾自动报警系统”“静态标志”等系统，明确了设计范围。

（3）对高清摄像机、爆炸物探测器、液体探测器等新技术的应用进行了规定，为推广新技术、提高铁路服务水平起到了良好作用。

2. 预期效果

（1）规范发布实施后，在我国新建、改建铁路工程建设项目中的客服系统工程设计领域得到全面应用，为各工程客服系统建设提供了支撑依据。

（2）规范的发布实施，对《高速铁路设计规范》《城际铁路设计规范》等综合性规范起到了有力的支撑，对信息专业相关的设备、施工及验收标准具有重要的参考意义。

（七）历史沿革

1. 2004 年，铁道部（铁建设函〔2004〕45 号）发布《铁路车站客运信息设计规范》TB 10074—2000，作为首次编制的规范，对旅客通告显示、车站安全监控、售票及检票、旅客行包管理、车站综合信息管理、车站应用服务设施等进行了相关规定，其中旅客通告显示包括列车到发通告、客运广播、旅客引导显示、旅客查询及综合显示屏系统。车站综合信息管理实现车站计划统计等功能；车站应用服务设施主要包括时钟、小件寄存等。各系统采用独立架构，各系统之间设置互联接口实现信息交互。

2. 2008 年，铁道部（铁建设〔2008〕44 号）发布《铁路旅客车站客运信息系统设计规范》TB 10074—2007，新增对车站级旅客服务信息系统集成管理平台的有关规范及要求；修改客货共线铁路旅客服务信息系统的设置内容，增加客运专线铁路旅客服务信息系统的设置原则；修改综合显示系统的有关规定；进一步明确视频监视系统的有关内容；增加行包服务信息系统、办公信息系统、公安管理信息系统及投诉设施、求助设施等设置要求。为统一铁路车站客运信息系统工程设计、规范铁路客运站信息系统的工程建设提供了设计依据。该规范结合铁路电子客票系统区域中心的特点，并考虑到客运专线铁路建设采用自动售检票系统的特点，增补有关计算机客票发售与预订系统、自动售检票系统部分的内容。

3. 2016 年，国家铁路局（国铁科法〔2016〕32 号）发布《铁路客运服务信息系统设计规范》TB 10074—2016 为现行版本，确定旅客服务信息系统及客票系统的系统架构、集成方案、接口标准等，并对各子系统设置标准、终端配置等内容进行梳理及修编，进一步统一客服系统工程设计标准，以更好地服务于工程建设。

二十一、《高速铁路安全防护设计规范》TB 10671—2019

（一）编制背景

为贯彻落实党中央、国务院关于加强高速铁路安全的有关要求，保障高速铁路建设和运营安全，统一高速铁路安全防护工程设计标准，根据《国家铁路局2017年铁路工程建设标准编制计划》（国铁科法函〔2017〕185号）相关要求，组织开展《高速铁路安全防护设计规范》制定工作。

铁路安全，特别是高速铁路安全事关人民群众生命财产安全，事关经济社会发展成效。《中华人民共和国铁路法》《铁路安全管理条例》等法律法规对高速铁路安全作出基本规定，高速铁路安全防护管理相关法规正在制定中，组织开展高速铁路安全防护标准编制是推进高速铁路安全防护体系建设、落实行业监管职责使命的内在要求。现行高速铁路设计规范、各专业设计规范、验收标准以及防火、防雷接地等规范，从各自角度对铁路基础设施的安全性能参数、安全防护技术进行了规定，为制定综合性高速铁路防护设计标准奠定了基础。

根据安全第一、预防为主，以及技防、物防、人防相结合的原则，全面总结高速铁路安全防护工程建设、使用管理和设备维护经验，系统整合各标准对于高速铁路设施设备、沿线防护设施（图2-31）、防灾检测设备等方面的规定，从工程设计源头入手制定安全防护标准和措施，为高速铁路安全防护设计提供标准支撑。

图2-31　高速铁路防风设施

（二）编制目的

1. 保障高速铁路安全。贯彻党中央、国务院关于加强高速铁路安全的有关要求，保障高速铁路建设运营安全，做好高速铁路安全防护相关法规配套衔接。

2. 提高安全防护能力。综合考虑设计、施工、运营阶段各类问题，提升对于高速铁路安全防护风险隐患的应对能力，强化工程设计源头控制，统一规范现有高速铁路安全防护技术标准。

3. 协调“三防”要求。结合技防、物防、人防要求，合理确定高速铁路安全防护设计主要防范对象和相应防护设计所需工程措施、系统设备，做好接口设计。

4. 统筹安全监测新技术。综合运用安全监测技术，加强重大危险源和隐患监控预警，着力提高高速铁路安全监测工作信息化、数字化、智能化水平，加强高速铁路安全防护，保证高速铁路运输安全畅通。

（三）编制原则

1. 安全第一、综合防护。落实《中华人民共和国铁路法》《铁路安全管理条例》等法律法规相关规定，统筹推进相关法规标准建设，保障高速铁路建设和运营安全。

2. 定位明确、协调统一。服务全方位立体化高速铁路综合安全防护体系建设，注重与相关法律法规、标准规范的衔接统一，减少与既有标准的交叉重复。

3. 深度融合、系统优化。系统总结铁路工程建设、运营管理、设备维护经验及相关科研成果，综合考虑各专业安全防护要求，合理确定技术参数、统一技术标准。

4. 科学适用、高效便捷。突出规范科学合理性、技术经济性、成熟可靠性，充分体现高速铁路安全防护系统工程的可操作性、可扩展性、可维护性。

（四）编制过程

《高速铁路安全防护设计规范》编制过程总体上分为五个阶段。

前期准备阶段。开展《高速铁路安全防护技术标准》基础研究，梳理《中华人民共和国铁路法》《铁路安全管理条例》等法律法规相关内容，提出高速铁路安全防护设计主要防范对象，分析相应工程措施和系统设备选用影响因素，为规范编制提供基础支撑。

工作大纲阶段。确定标准编制原则、适用范围、内容框架、进度计划、工作分工等。组织铁路建设管理、勘察设计、运营维护、科研院所等专家完成技术审查。

征求意见稿阶段。编制完成征求意见稿条文和条文说明。向铁路建设管理、勘察设计、施工建造、运营维护等单位广泛征求意见，共收到 30 家单位意见 244 条。组织相关专家完成技术审查。

送审稿阶段。编制完成送审稿条文和条文说明，向铁路建设管理、勘察设计、施工建造、运营维护等单位广泛征求意见，共收到 19 家单位意见 130 条。组织相关专家完成技术审查。

报批稿阶段。编制完成报批稿条文和条文说明，经审核通过，于2019年11月5日发布，自2020年2月1日起实施。

（五）主要内容

《高速铁路安全防护设计规范》是首部高速铁路安全防护综合性标准，是在全面总结铁路工程建设、运营维护经验和相关科研成果基础上编制而成的，统一了高速铁路安全防护工程设计标准，提升了安全监测工作信息化、数字化、智能化水平。

规范基本构架：

本规范共分7章，包括总则、术语和缩略语、基本规定、工务工程、四电工程、房屋建筑及构筑物、安全防护监测等。主要分为五大板块：

第一板块：总则。明确标准编制目的、适用范围、高速铁路安全防护工程设计原则、相应工程措施和系统设备选用参考因素等内容。

第二板块：术语和缩略语。规定与高速铁路安全防护技术密切相关的术语和缩略语，如周界入侵监测系统、火灾自动报警系统等。

第三板块：总体设计要求。规定高速铁路安全防护设计主要防范对象，各专业抗震，工程防火，防雷接地等要求。

第四板块：具体设计要求。提出工务工程、四电工程、房屋建筑及构筑物安全防护设计具体要求。

第五板块：监测相关要求。提出高速铁路视频监控、异物侵限监测、周界入侵监测（图2-32）、自然灾害监测相关要求。

图2-32　北京朝阳站周界入侵监测系统

主要技术内容：

1. 明确规范的编制目的、适用范围、基本原则、与相关标准的关系等内容。

2. 统一规范适用的术语和缩略语。

3. 规定重点防范内容，以及抗震、防火、防雷、网络安全等安全防护共性要求。

4. 规定铁路选线、线路安全防护、立体交叉、接轨及安全线、站台、站场、消防通道等安全防护要求，以及路基边坡防排水、边坡防护，桥梁防撞、防洪、防排水、疏散救援通道、防火，隧道防灾救援疏散、隧道洞口和接长明洞等安全防护要求。

5. 规定电力牵引供电及电力专业所（亭）选址、应急照明等，通信信号专业容灾备份、应急通信、故障安全等，以及旅客安检设施、入侵报警、求助、门禁等安全要求。

6. 规定铁路建筑、结构的安全防护要求。

7. 规定视频监控、异物侵限监测、周界入侵监测、自然灾害监测等安全防护监测系统要求。

（六）解决的问题及预期效果

1. 解决的问题

（1）高速铁路线路、站场、路基、桥涵、隧道等基础设施关键部位安全防护问题。

（2）高速铁路电力牵引供电及电力专业所亭选址、应急照明等，通信信号专业容灾备份、应急通信等，以及旅客安检设施设置、入侵报警等问题。

（3）高速铁路房屋建筑及构筑物安全防护问题。

（4）高速铁路视频监控、异物侵限监测、周界入侵监测、自然灾害监测等问题。

2. 预期效果

《高速铁路安全防护设计规范》从高速铁路工程设计源头入手制定安全防护措施，规定了工务、四电和建筑等各专业的安防标准，综合运用安全监测技术，加强重大危险源和隐患监控预警，着力提高高速铁路安全监测工作信息化、数字化、智能化水平，加快构建全方位立体化综合安全防护体系。

（Ⅲ）验　收　类

二十二、铁路工程施工质量系列验收标准

铁路工程施工质量系列验收标准进一步完善了以高铁为代表的各类型铁路工程勘察、设计、施工等验收标准体系，为保障铁路工程建设质量和铁路运输安全提供重要依据。

（一）编制背景

为贯彻创新、协调、绿色、开放、共享的发展理念，推动铁路工程提质升级，进一步完善具有世界先进水平的高速铁路标准体系和具有中国特色的普速铁路标准体系，组织开展铁路工程施工质量系列验收标准修订工作。

验收标准是衡量铁路工程建设质量的标尺，是保障铁路运输安全的重要基础标准。既是建设各方质量控制工作中对标检查的镜子，也是政府质量监督执法工作的依据和准绳，对于推动铁路工程质量全面提升，努力打造精品工程，具有非常重要的作用，特别是在铁路建设任务十分繁重、建设条件更加复杂的情况下，具有重大的现实意义。

站在新的历史起点，科学总结铁路建设质量管理的经验，编制发布新验收标准，是加强铁路工程质量管理、推进高质量发展的重要举措。截至 2019 年底，发布实施的验收标准共 21 项（表 2-11）。

表 2-11　21 项验收标准

序号	标准名称	标准编号
1	铁路轨道工程施工质量验收标准	TB 10413—2018
2	铁路路基工程施工质量验收标准	TB 10414—2018
3	铁路桥涵工程施工质量验收标准	TB 10415—2018
4	铁路隧道工程施工质量验收标准	TB 10417—2018
5	铁路通信工程施工质量验收标准	TB 10418—2018
6	铁路信号工程施工质量验收标准	TB 10419—2018
7	铁路电力工程施工质量验收标准	TB 10420—2018
8	铁路电力牵引供电工程施工质量验收标准	TB 10421—2018
9	铁路混凝土工程施工质量验收标准	TB 10424—2018
10	铁路声屏障工程施工质量验收标准	TB 10428—2012
11	高速铁路路基工程施工质量验收标准	TB 10751—2018
12	高速铁路桥涵工程施工质量验收标准	TB 10752—2018
13	高速铁路隧道工程施工质量验收标准	TB 10753—2018
14	高速铁路轨道工程施工质量验收标准	TB 10754—2018
15	高速铁路通信工程施工质量验收标准	TB 10755—2018
16	高速铁路信号工程施工质量验收标准	TB 10756—2018
17	高速铁路电力工程施工质量验收标准	TB 10757—2018
18	高速铁路电力牵引供电工程施工质量验收标准	TB 10758—2018

续上表

序号	标准名称	标准编号
19	客货共线铁路工程动态验收技术规范	TB 10461—2019
20	高速铁路工程静态验收技术规范	TB 10760—2013
21	高速铁路工程动态验收技术规范	TB 10761—2013

(二)编制目的

1. 体现新发展理念,进一步完善各类型铁路验收标准体系,为保障铁路工程建设质量和铁路运输安全提供重要依据,划出铁路工程建设的“质量红线”。

2. 科学总结铁路建设质量管理的经验,形成先进完备的铁路工程验收标准体系,推动铁路工程质量全面提升,使铁路工程质量基础更加坚实。

3. 明确建设各方验收工作要求,提高标准针对性和可操作性,吸纳最新科技手段,提高标准的科学性。覆盖各类型铁路、主要铁路工程专业以及工程施工全过程。

(三)编制原则

1. 目标导向、适应发展。全面贯彻创新、协调、绿色、开放、共享的发展理念,适应铁路发展新要求,完善铁路工程施工验收质量标准体系。

2. 吸纳成果、突出重点。突出行业标准特点,吸纳最新质量检测先进技术和手段,淘汰落后工艺和验收项目,提高标准科学性。

3. 规定明确、便于操作。突出工程质量控制关键环节,调整检验单元划分原则及验收要求,优化验收程序和验收表格填写内容,进一步提高标准可操作性。

4. 成果支撑、技术先进。系统总结铁路工程施工质量验收实践经验,借鉴国内外有关标准,积极应用“四新”技术,提升隐蔽工程质量,体现标准先进性。

(四)编制过程

铁路工程施工质量系列验收标准编制过程总体上分为五个阶段。

前期准备阶段。对现场质量安全监督和调研发现的突出问题以及建设项目竣工验收中暴露出来的有关缺陷等进行认真梳理研究,明确标准编制中应重视的主要问题,并对部分铁路项目、水电项目、市政项目和国外同类项目进行了函询和现场调研。

工作大纲阶段。确定系列验收标准的编制原则、主要修订内容和进度安排等,组织勘察、设计、施工、运营各方权威专家开展工作大纲技术审查。

征求意见稿阶段。开展现场调研,在广泛听取铁路建设各方对现行验收标准的意见及修改建议的基础上，编制完成征求意见稿条文和条文说明。广泛征求铁路勘察设计、施工建造、运营管理、科研高校等单位意见，组织各领域权威专家对征求意见稿开展技术审查。

送审稿阶段。编制完成送审稿条文和条文说明，广泛征求铁路勘察设计、施工建造、运营管理、科研高校等单位意见，组织各领域权威专家开展送审稿技术审查。

报批稿阶段。编制完成报批稿条文和条文说明，经审核通过后发布实施。

（五）主要内容

截至 2019 年底发布的铁路工程施工质量系列验收标准共 21 项，包括路基、桥梁、隧道、轨道、混凝土、通信、信号、电力、电力牵引供电等铁路主要工程施工质量和静态动态验收的内容。

1.《铁路轨道工程施工质量验收标准》TB 10413—2018

标准基本构架：

本标准共分 16 章，包括总则、术语、基本规定、原材料及轨道主要部件进场检验、CRTS 双块式无砟道床、弹性支承块式无砟道床、长枕埋入式无砟道床、有砟轨道铺轨前铺砟、无缝线路、有缝线路、有砟道岔、钢轨伸缩调节器、轨道结构过渡段、钢轨预打磨、轨道附属设施、单位工程综合质量评定等，另有 4 个附录。主要分为四大板块：

第一板块：总则。明确标准编制目的、适用范围、铁路轨道工程施工应执行国家法律法规及相关技术标准、建立健全质量保证体系等内容。

第二板块：术语。规定与铁路轨道工程施工质量验收密切相关的术语，如工程施工质量、验收、进场检验、见证检验等。

第三板块：基本规定。明确轨道工程施工质量控制、轨道工程施工质量验收、工程施工质量验收单元划分、工程施工质量验收程序等内容。

第四板块：具体要求。提出原材料进场检验、无砟道床、有砟轨道、有缝线路、无缝线路、有砟道岔、钢轨预打磨等验收要求。

主要修订内容：

（1）调整单位工程划分，与运营管理单位管理单元协调一致。

（2）调整和优化验收单元数量，兼顾不同工程验收单元划分的灵活性。

（3）明确轨道主要材料和部件进场检验方法，建立工厂（场）化制品视同合格品使用的通用性原则。

(4)提出隐蔽工程、关键工序及重要工艺的验收要求。

(5)优化有砟轨道精调整理后道床状态参数检验内容。

(6)优化无缝线路应力放散及锁定作业质量控制内容。

(7)优化道岔铺设检验指标。

(8)明确单位工程综合质量评定内容。

2.《铁路路基工程施工质量验收标准》TB 10414—2018

标准基本构架：

本标准共分15章，包括总则、术语和符号、基本规定、工程材料、地基处理、基床以下路堤、基床表层以下过渡段、路堑、基床、路基支挡工程、路基防护、路基防排水、路基相关工程及设施、变形观测与评估、路基单位工程综合质量等，另有9个附录。主要分为四大板块：

第一板块：总则。明确标准编制目的、适用范围、路基工程施工应执行国家法律法规及相关技术标准、建立健全质量保证体系等内容。

第二板块：术语。规定与路基工程施工质量验收密切相关的术语，如进场检验、见证检验、物理改良土、级配碎石等。

第三板块：基本规定。明确路基工程施工质量控制、质量验收、验收单元划分、质量验收程序等内容。

第四板块：具体要求。明确原材料进场检验，地基处理、基床以下路堤、基床表层以下过渡段、路堑、基床、路基支挡工程、路基防护、路基防排水、路基相关工程及设施等验收要求。明确路基单位工程实体质量和主要功能核查、质量评定，路基工程变形观测与评估一般规定和主控项目要求。

主要修订内容：

(1)补充路基隐蔽工程的检查验收要求，规定路基工程隐蔽工程和重要工序施工影像资料的留存要求。

(2)调整施工质量验收单元划分，并规定施工前施工单位结合工程特点制定分项工程和检验批的划分方案。

(3)明确路基工程施工质量控制、验收内容和要求。

(4)新增强夯置换、钢筋混凝土灌注桩、素混凝土桩、混凝土预制桩、桩帽、托梁(承载板)、筏板结构等内容。

(5)补充岩溶及采空区注浆整治段落处理效果的验收要求。

(6)明确在填筑施工前通过填筑压实工艺性试验确定路基填筑施工控制参

数的要求。

(7)完善基床表层以下过渡段质量控制验收内容和要求。

(8)明确过渡段基坑回填、过渡段填筑、混凝土填层、路堤与路堑过渡段填层等验收要求。

(9)新增槽型挡土墙、站场路基的验收要求。

(10)完善锚杆、锚杆注浆的质量检验要求。

(11)补充干砌片石、固沙工程的施工质量检验内容。

(12)补充仰斜排水孔等相关验收内容。

(13)明确路基单位工程综合质量评定、资料核查内容。

3.《铁路桥涵工程施工质量验收标准》TB 10415—2018

标准基本构架：

本标准共分 19 章，包括总则、术语、基本规定、明挖基础、桩基础、沉井基础、墩台、预应力混凝土简支 T 梁、预应力混凝土简支箱梁、预应力混凝土连续梁和连续刚构、结合梁、钢桁梁、拱桥、斜拉桥、钢筋混凝土刚构(架)和框架桥、支座、桥梁附属设施、涵洞、桥涵单位工程综合质量评定等，另有 5 个附录。主要分为四大板块：

第一板块：总则。明确标准编制目的、适用范围、铁路桥涵工程施工应执行国家法律法规及相关技术标准、建立健全质量保证体系等内容。

第二板块：术语。规定与铁路桥涵工程施工质量验收密切相关的术语，如工程施工质量、验收、进场检验、见证检验等。

第三板块：基本规定。明确桥涵工程施工质量控制、桥涵工程施工质量验收、工程施工质量验收单元划分、工程施工质量验收程序等内容。

第四板块：具体要求。提出桥涵基础、墩台、预应力混凝土梁、结合梁、钢桁梁、拱桥、斜拉桥、支座、桥梁附属设施、涵洞等验收要求。

主要修订内容：

(1)突出工程结构安全性、可靠性、耐久性和系统使用功能等方面的质量目标要求，保证铁路安全平稳运营。

(2)优化工程施工质量验收的单元划分、组织程序、实施方法和工作内容。

(3)调整检验项目、质量指标和检验方法，质量检测工作更趋科学、合理、先进、有效。

(4)梳理分析高速铁路桥涵工程施工中的易发质量通病，制定针对性控制措施。

(5)标准进一步突出施工质量验收要求,精简施工操作具体内容。

(6)突出工程施工质量全过程控制,明确了进场检验、隐蔽工程和关键工序质量验收的原则要求。

(7)优化原材料、拌和物等质量验收程序。明确了原材料(构配件)进场后、混凝土拌和物出场前、混凝土试件龄期满足要求后可统一进行验收。

(8)取消管柱基础、砌体承台、砌体墩台、钢筋混凝土简支梁、斜腿刚构、明桥面等结构的相关内容。

(9)增加单位工程验收时进行质量控制资料核查和工程实体质量和主要功能核查的内容。

(10)补充预应力钢筋混凝土简支箱梁验收内容,按照后张法预制、先张法预制、架桥机架设、支架现浇施工、移动模架现浇施工、移动支架拼装分别进行施工质量验收。

(11)增加支架法现浇混凝土连续梁施工质量验收内容,完善转体法施工混凝土连续梁的验收要求。

(12)补充钢管混凝土拱、劲性骨架拱、钢拱等施工质量验收内容。

(13)增加对柱桩和复杂地质条件下桩基地质条件进行逐桩确认的要求。统一桩身顶端处理工艺,明确混凝土超灌部分采用机械切除。

(14)优化桥梁锥体填筑质量验收要求,明确锥体填筑与路基过渡段填筑同步施工、一并验收。

(15)增加支承垫石分项工程,明确支承垫石顶面高程、中心位置及锚栓孔验收要求。

(16)完善摩阻测试结果使用的规定,明确设计单位根据施工单位提供的现场实测结果对张拉控制力进行确认和调整。

(17)完善钢桁梁验收内容,补充混凝土桥面板和钢桥面板施工质量验收要求。

(18)细化高强度螺栓连接副进场复验内容,明确扭矩系数、螺栓楔负载、螺母保证荷载、螺母硬度、垫圈硬度等项目进场复验的要求。

(19)混凝土刚构(架)分部工程中增加了预应力分项工程,明确预应力原材料、张拉、压浆和封锚等验收要求。

(20)纳入支座砂浆原材料、配合比设计、施工、养护等验收内容。

(21)增加遮板、挡砟墙(防护墙)、电缆槽竖墙、桥梁梁端防水装置、桥梁防落梁挡块、桥面排水设施、防抛网、防异物侵限设施、综合接地等桥梁附属设施验收的内容。

4.《铁路隧道工程施工质量验收标准》TB 10417—2018

标准基本构架：

本标准共分15章，包括总则，术语，基本规定，原材料、构配件和半成品，加固处理，洞口及明洞（棚洞）工程，洞身开挖，支护，衬砌，防水和排水，辅助坑道，附属设施，明挖隧道，盾构（TBM）隧道，隧道单位工程质量综合验收等，另有6个附录。主要分为四大板块：

第一板块：总则。明确标准编制目的、适用范围、铁路隧道工程施工应执行国家法律法规及相关技术标准、建立健全质量保证体系等内容。

第二板块：术语。规定与铁路隧道工程施工质量验收密切相关的术语，如工程施工质量、验收、进场检验、见证检验等。

第三板块：基本规定。明确隧道工程施工质量控制、隧道工程施工质量验收、工程施工质量验收单元划分、工程施工质量验收程序等内容。

第四板块：具体要求。提出原材料和半成品、加固处理、明洞工程、支护、衬砌、防水排水、隧道等验收要求。

主要修订内容：

（1）明确铁路隧道施工应用新工艺、新技术、新材料、新设备的验收要求，增加环保、水保工程与主体工程同时设计、同时施工和同时验收的要求。

（2）调整检验批、分项、分部、单位工程的划分原则和规模，增加明挖隧道、盾构（TBM）隧道按单位工程进行验收，原材料、构配件和半成品的检验不纳入检验批；增加隐蔽工程及重要工序检查留存影像资料要求；明确检验批中一般项目的检验合格条件。

（3）新增“原材料、构配件和半成品”章节，对原材料和构配件的进场验收统一管理，提出了验收频次要求。明确工厂化生产的半成品和构配件质量验收要求，规定信息化追踪管理相关内容。

（4）新增“加固处理”章节，包括地表注浆、隧底加固桩验收内容。

（5）强调洞口加固防护措施的验收要求，突出了对洞门结构、洞口防排水等工程实体的验收。

（6）调整洞身开挖验收内容，突出开挖成形断面的验收要求，强调对隧道洞周岩溶等不良地质情况探测的验收要求。

(7)增加水平旋喷桩验收内容,规定支护结构实体的验收要求,优化了锚杆、钢筋网、钢架等的验收内容,调整喷射混凝土的检验数量和方法。

(8)调整“衬砌”章节验收单元,按衬砌部位进行划分,强调衬砌实体工程的断面、强度、耐久性、密实度的质量验收。

(9)增加检查井、保温排水沟、泄水洞、隧底排水沟等相关内容的验收要求,强调防水板搭接、焊接等环节的检验内容。

(10)强调辅助坑道口封闭和与正洞交叉口的验收,调整辅助坑道开挖验收频次。

(11)增加疏散救援设施、附属洞室、综合接地验收内容,规定综合接地体及弃渣场容量、防污染、绿化和复垦的验收内容。

(12)增加“明挖隧道”章节,包括地下连续墙、钻孔灌注桩、钢筋混凝土支撑、钢支撑、基坑开挖、桩间网喷混凝土、土钉墙、锚杆(索)、地基处理、混凝土垫层、衬砌结构、防排水和基坑回填等验收内容。

(13)增加“盾构(TBM)隧道”章节,包括始发、接收洞(井)、管片预制、管片安装、同步注浆、二次注浆、豆砾石填充及注浆、管片防水等验收内容。

(14)调整单位工程质量综合验收内容,优化核查方法和数量。

5.《铁路通信工程施工质量验收标准》TB 10418—2018

标准基本构架:

本标准共分为21章,包括总则、术语和缩略语、基本规定、室内设备、通信线路、传输、接入网、电话交换、数据通信网、有线调度通信、移动通信、会议电视、电报、综合视频监控、专用应急通信、时钟同步、时间同步、综合布线、电源设备、电源及设备房屋环境监控、综合网络管理等,另有5个附录。主要分为四大板块:

第一板块:总则。明确标准编制目的、适用范围、工程设计文件和合同文件的施工质量要求、室外设备安装位置和方式要求、验收手段、检测方法、检测数据等基本要求。

第二板块:术语和缩略语。将原标准缩略语收入《铁路工程基本术语标准》GB/T 50262,及其他相关术语指向相关标准。规定与铁路通信工程施工质量验收密切相关的缩略语,如鉴权中心缩写为AuC、基站收发信机缩写为BTS、域名服务器缩写为DNS等。

第三板块:基本规定。明确通信工程开工前质量管理检查,施工所需材料,构配件和设备施工质量验收,施工质量验收单元划分,施工质量验收内容、要求、程序和组织等基本内容。

第四板块：具体要求。以单位工程进行章节划分，提出包括室内设备、通信线路、传输、接入网、电话交换、数据通信网、有线调度通信、移动通信、会议电视、电报、综合视频监控等验收要求。

主要修订内容：

(1)规定通信各子系统室内设备进场检验、安装、布线及配线、管槽安装、防雷及接地的通用要求。

(2)提出光电缆进场检测的项目及性能、敷设方式、防护间距、埋深、接地等要求，增加光缆监测系统验收要求。

(3)规定传输设备安装和配线、单机检验、系统检验和网管检验的要求。

(4)规定接入网设备安装和配线、单机检验、系统检验和网管检验的要求，增加无源光网络(PON)的验收内容。

(5)增加数字程控交换和基于 IP 的电话交换的呼叫保持率、呼叫接通率、检验数量、检验方法相关验收要求。

(6)增加路由器、交换机等数据网络设备，以及数据网系统和网管的验收要求。

(7)增加跨交换机调度业务功能、与 GSM-R 系统间互联互通功能等验收要求。

(8)规定 GSM-R 数字移动通信设备安装、无线通信杆塔、核心网、无线子系统、无线终端、系统服务质量等的验收要求。

(9)规定会议电视设备安装和配线、单机检验、系统检验和网管检验等。

(10)规定电报设备安装和配线、单机检验、系统检验有关性能、功能等检验要求。

(11)规定综合视频监控设备安装和配线、单机检验、系统检验和网管检验的要求。

(12)规定应急通信中心设备检验、应急现场接入设备检验、专用应急通信系统检验，以及隧道应急电话检验的要求。

(13)规定时钟同步设备安装和配线、单机检验、系统检验和网管检验的要求。

(14)规定时间同步设备安装和配线、单机检验、系统检验和网管检验的要求。

(15)规定综合布线设备安装、管槽安装、缆线布放，以及布线系统检验的要求。

(16)规定电源设备安装和配线、电源设备检验的主要检测内容、功能性能及检测方法等要求。

(17)规定电源及设备房屋环境监控设备安装和配线、单机检验、系统检验和网管检验的要求。

(18)规定综合网络管理设备安装和配线、单机检验和系统检验的检测内容、功能性能及检测方法等要求。

6.《铁路信号工程施工质量验收标准》TB 10419—2018

标准基本构架:

本标准共分为21章,包括总则,术语和缩略语,基本规定,室内设备,光电缆线路,地面固定信号,轨道占用检查装置,道岔转辙装置,道岔融雪装置,应答器及室外地面电子单元,车载信号的地面检测设备,道口信号设备,无线调车机车信号和监控系统,驼峰信号,电源设备检验,计算机联锁(CBI)系统检验,列车运行控制系统检验,列车调度指挥系统(TDCS)/调度集中(CTC)系统检验,信号监测系统检验,动车段(所)控制集中系统检验,闭塞检验等,另有6个附录。主要分为四大板块:

第一板块:总则。明确标准编制目的、适用范围、工程设计文件和合同文件的施工质量要求、室外设备安装位置和方式要求、验收手段、检测方法、检测数据等基本要求。

第二板块:术语和缩略语。将原标准缩略语收入《铁路工程基本术语标准》GB/T 50262,及其他相关术语指向相关标准。规定与铁路信号工程施工质量验收密切相关的缩略语,如计算机联锁缩写为CBI、调度集中缩写为CTC、中国列车运行控制系统缩写为CTCS等。

第三板块:基本规定。明确信号工程开工前质量管理检查,施工所需材料,构配件和设备施工质量验收,施工质量验收单元划分,施工质量验收内容、要求、程序和组织等基本内容。

第四板块:具体要求。以铁路信号工程分部工程及单位工程进行章节划分,提出光电缆线路、地面固定信号、轨道占用检查装置、道岔转辙装置、计算机联锁(CBI)系统检验等验收要求。

主要修订内容:

(1)细化室内电缆引入接地、电源防雷接地、传输通道防雷接地、安全保护接地的验收内容。

(2)增加光缆敷设及防护验收内容，细化不同地形下的箱盒安装检验、接续及引入等内容。

(3)增加发车线路表示器及进路表示器的验收内容，细化不同地形下的信号机、信号标志牌安装检验的内容。

(4)补充轨道占用检查装置的施工质量验收关于轨道电路室外设备的扼流变压器的验收标准。

(5)增加外锁闭装置、密贴检查器、道岔缺口监测装置的安装及验收相关内容。

(6)明确道岔融雪装置进场检验，道岔融雪设备安装及配线等的验收标准及道岔融雪装置单项检验内容。

(7)增加应答器及室外地面电子单元进场检验，应答器、室外地面电子单元等的验收标准及应答器单项检验内容。

(8)补充车载信号的地面测试设备进场检验，车载信号的地面测试设备箱及测试环线等的验收标准。

(9)增加道口信号设备进场检验，道口信号设备安装的验收标准及道口信号设备检验要求。

(10)明确无线调车机车信号和监控系统进场、监控系统设备安装及监控系统设备检验要求。

7.《铁路电力工程施工质量验收标准》TB 10420—2018

标准基本构架：

本标准共分 14 章，包括总则，术语，基本规定，基础、构支架及遮栏、栅栏，电气装置，电缆电线，35 kV 及以下架空电力线路，低压配电，电气照明，电力远动系统，柴油发电机组，光伏发电系统，机电设备监控系统，防雷与接地等，另有 9 个附录。主要分为四大板块：

第一板块：总则。明确标准编制目的、适用范围。统一铁路电力工程施工质量验收标准、完善电力工程施工检测手段和方法、满足国家及行业现行有关标准的要求。

第二板块：术语。规定《铁路工程基本术语标准》GB/T 50262、《建筑工程施工质量验收统一标准》GB 50300、《铁路电力设计规范》TB 10008 等标准相关术语内容适用于本标准。

第三板块:基本规定。规定铁路电力工程施工现场应具备的条件,施工和监理单位在进行施工现场质量控制的内容要求和组织流程。

第四板块:具体分部验收要求。提出电力工程施工基础、电气装置、电缆电线、35 kV 及以下架空电力线路、低压配电、电力远动系统、柴油发电机组、防雷与接地等质量验收要求。

主要修订内容:

(1)调整范围适用于新建和改建设计速度为 200 km/h 及以下铁路电力工程施工质量的验收。

(2)强化隐蔽工程质量控制,增加影像资料留存要求。

(3)调整铁路电力工程施工质量验收的单位工程、分部工程、分项工程和检验批的划分。

(4)优化验收项目,简化内业资料填写要求;调整检验批要求。

(5)增加商品混凝土验收要求内容,现场搅拌混凝土基础原材料验收由原《铁路混凝土工程施工质量验收标准》TB 10424 改为采用《混凝土结构工程施工质量验收规范》GB 50204。

(6)增加电线电缆进场验收抽样进行 20 ℃导体直流电阻试验的内容;增加户外高压开关箱(柜)、安全监控系统、远动终端设备及通信管理机验收内容。

(7)增加电缆进场验收抽样进行 20 ℃导体直流电阻试验、主绝缘耐压试验、绝缘层平均厚度试验,无卤低烟类电缆应抽样进行绝缘燃烧腐蚀性及透光率试验,阻燃类电缆应抽样进行成束燃烧试验,耐火类电缆应抽样进行电缆在火焰条件下保持线缆完整性试验的内容。

(8)增加电缆检测及电缆敷设隐蔽前拍摄影像资料要求。

(9)增加基坑开挖深度、拉线底盘、卡盘埋设拍摄影像资料及钢管杆、预绞丝金具、绝缘线、护线条相关验收内容。

(10)增加 UPS 不间断电源装置及 EPS 应急电源装置验收内容。

(11)增加灯桥验收相关内容。

(12)增加并列或并网运行联锁功能验收要求。

(13)增加光伏应急电源与常用电源之间防止并列运行的验收要求。

(14)增加接地网制作、接地体焊接、综合地线连接拍摄影像资料要求。

8.《铁路电力牵引供电工程施工质量验收标准》TB 10421—2018

标准基本构架：

本标准共分6章，包括总则、术语、基本规定、牵引变电所、接触网、供电调度及远动系统等，另有6个附录。主要分为四大板块：

第一板块：总则。明确标准编制目的、适用范围，统一铁路电力牵引供电工程施工质量验收标准，满足国家现行有关标准的要求等内容。

第二板块：术语。规定《铁路工程基本术语标准》GB/T 50262、《建筑工程施工质量验收统一标准》GB 50300、《铁路电力牵引供电设计规范》TB 10009 等标准相关术语内容适用于本标准。

第三板块：基本规定。规定电力牵引供电工程施工现场应具备的条件，施工和监理单位在进行施工现场质量控制的内容要求和组织流程。

第四板块：具体分部验收要求。提出牵引变电所、接触网、供电调度及远动系统等质量验收要求。

主要修订内容：

(1)修订标准范围适用于设计时速200 km及以下铁路电力牵引供电工程施工质量的验收。

(2)强化隐蔽工程质量控制，增加影像资料留存要求。

(3)调整铁路电力牵引供电工程的单位工程、分部工程、分项工程和检验批的划分；优化验收项目，简化内业资料填写要求。

(5)调整检验批要求，增强标准科学性和可操作性。

(6)增加牵引变电所箱式分区所和箱式开闭所、信息采集系统、SF_6气体在线监测报警系统、电能质量监测系统、避雷器动作计数器的验收内容。

(7)补充化学锚栓、工厂化预配、隔离开关操作机构箱及避雷器动作计数器等验收内容。

(8)突出工程结构安全性、可靠性、系统使用功能和易发质量通病等方面的质量控制要求，制定针对性控制措施，保证铁路安全平稳运营。

(9)突出关键工序、隐蔽的控制，增加了基础制作、电缆敷设保护、电缆附件制作与安装、接地网等关键工序拍摄照片、录制影像的要求。

(10)规定接触网设备、配件及高压电力电缆进厂检验方法和抽检规定。

9.《铁路混凝土工程施工质量验收标准》TB 10424—2018

标准基本构架：

本标准共分10章，包括总则、术语和符号、基本规定、模板及支(拱)架分项工程、钢筋分项工程、混凝土分项工程、预应力分项工程、砌体分项工程、特殊混凝土、混凝土实体质量核查等，另有12个附录。主要分为四大板块：

第一板块：总则。明确标准编制目的、适用范围、混凝土工程施工应执行国家法律法规及相关技术标准、建立健全质量保证体系等内容。

第二板块：术语。规定与混凝土工程施工质量验收密切相关的术语，如胶凝材料、电通量、抗冻等级、碱活性骨料等。

第三板块：基本规定。明确混凝土工程施工质量控制验收一般规定、施工质量验收单元划分、验收内容和要求、验收程序和组织等内容。

第四板块：具体要求。提出模板及支（拱）架分项工程、钢筋分项工程、混凝土分项工程、预应力分项工程、砌体分项工程、特殊混凝土、混凝土实体质量核查等验收要求。

主要修订内容：

（1）优化工程施工质量验收的单元划分、组织程序、实施方法和工作内容。

（2）调整检验项目、质量指标和检验方法，质量检测工作更趋科学、合理、先进、有效。

（3）分析混凝土工程施工中的易发质量通病，制定针对性控制措施。

（4）突出施工质量全过程控制、质量验收要求，精简施工操作具体内容。

（5）明确进场检验、隐蔽工程和关键工序质量验收的原则要求。

（6）明确隐蔽工程验收检查应留存影像资料和完整的质量检验记录。

（7）明确抽样检验、试验数量调整的相关规定，对来源稳定的合格产品或同一抽样对象已有检验成果等情况可以减少抽样检验、试验数量。

（8）明确原材料（构配件）进场后、混凝土拌和物出场前、混凝土试件龄期满足要求后可统一进行验收。

（9）完善粉煤灰、硅灰、减水剂和引气剂的验收项目和技术要求。

（10）增加石灰石粉、降黏剂、增黏剂、膨胀剂和内养护剂的验收内容。

（11）增加小型预制构件验收的相关内容，明确小型预制构件尺寸允许偏差、外观质量等项目的检验数量和方法。

10.《铁路声屏障工程施工质量验收标准》TB 10428—2012

标准基本构架：

本标准共分9章，包括总则、术语、基本规定、路基声屏障基础、桥梁声屏障基础、插板式声屏障、整体式声屏障、砌体式声屏障、声屏障单位工程综合质量评定等。主要分为四大板块：

第一板块：总则。明确标准编制目的、适用范围。统一铁路声屏障工程施工质量控制要求、声屏障工程施工检测手段和方法，明确标准符合国家及行业现行有关标准的规定等要求。

第二板块：术语。规定与声屏障工程施工验收密切相关的术语，如铁路声屏障，插板式声屏障，整体式声屏障等内容。

第三板块：基本规定。规定铁路声屏障工程施工现场质量管理相应的施工技术标准、健全的质量管理体系和施工质量检验制度。

第四板块：具体分部验收要求。提出路基声屏障基础、桥梁声屏障基础、插板式声屏障、整体式声屏障、砌体式声屏障、声屏障单位工程综合质量评定等质量验收要求。

主要技术内容：

（1）规定建设各方建立健全全过程控制质量保证体系的要求，强调声屏障工程应采用专业化、工厂化、机械化施工等内容。

（2）提出声屏障结构安装质量、目标控制、验收程序和单位工程、分部工程、分项工程和检验批划分要求。

（3）强调路基声屏障桩基础应采用干法成孔、锚杆采用机械钻孔的要求。

（4）规定桥梁声屏障安装前对基础施工质量进行确认的要求，明确声屏障单位工程综合质量评定标准。

（5）统一声屏障原材料及成品半成品金属复合吸声板、非金属复合吸（隔）声板、通透板、吸声板等的进场验收要求和检验方法。

（6）明确声屏障基础预埋件安装检验及高强度螺栓预紧力检验要求。

（7）规定声屏障立柱、封闭式声屏障框架、整体式声屏障安装允许偏差和检验方法。

（8）统一金属复合吸声板、非金属复合吸（隔）声板、通透板、吸声板以及砌体式声屏障砌块的施工、安装检验方法。

11.《高速铁路路基工程施工质量验收标准》TB 10751—2018

标准基本构架：

本标准共分 15 章，包括总则、术语和符号、基本规定、工程材料、地基处理、基床以下路堤、基床表层以下过渡段、路堑、基床、路基支挡工程、路基边坡防护、路基防排水、路基相关工程及设施、变形观测、路基单位工程质量综合验收等，另有

3 个附录。主要分为四大板块：

第一板块：总则。明确标准编制目的、适用范围、高速铁路路基施工应执行国家法律法规及相关技术标准、建立健全质量保证体系等内容。

第二板块：术语。规定与高速铁路路基工程施工质量验收密切相关的术语，如站场路基、细粒含量、化学改良土等。

第三板块：基本规定。明确高速铁路路基工程施工质量控制验收一般规定、施工质量验收单元划分、验收内容、验收程序和组织等内容和要求。

第四板块：具体要求。明确地基处理、基床以下路堤、基床表层以下过渡段、路堑、基床、路基支挡工程、路基边坡防护、路基防排水、路基相关工程及设施等验收要求。明确路基工程变形观测与评估、单位工程综合质量验收一般规定和主控项目要求。

主要修订内容：

(1)统一高速铁路路基工程施工质量的控制、检验和验收等要求。

(2)规定路基工程隐蔽工程和重要工序施工影像资料的留存要求。

(3)补充站场路基填筑、工程材料、路堑坡体排水、防风沙设施、防雪害设施等验收单元技术内容。

(4)规定路基施工全部进场材料的质量验收要求。

(5)完善桩基施工的工艺性试验相关要求。

(6)完善真空预压、堆载预压的卸载技术条件。

(7)完善岩溶及采空区注浆整治段落处理效果的验收要求。

(8)增加按过渡段设计的短路基级配碎石填料和压实质量验收内容。

(9)完善化学改良土混合料的块料粒径控制技术条件。

(10)补充按过渡段设计的短路基、堤堑连接处、半挖半填路基的检验规定。

(11)补充槽型挡土墙的验收要求，完善锚杆、锚索注浆质量检验要求。

(12)补充空心砖内客土植生防护、喷混植生、植生袋、生态袋、植被毯的质量验收内容。

(13)补充孔窗式护墙(坡)和柔性防护网的质量验收要求。

(14)增加边坡支撑渗沟防护、路堑坡体排水的仰斜孔和引水管、排水管及防冻胀出水口保温防护等工程质量验收内容和规定。

(15)补充防风防沙设施和防雪害设施的验收要求等规定。

(16)明确变形观测实施前应制定线下工程沉降变形观测实施方案及评估

细则。

12.《高速铁路桥涵工程施工质量验收标准》TB 10752—2018

标准基本构架：

本标准共分 20 章，包括总则、术语、基本规定、明挖基础、桩基础、沉井基础、墩台、预应力混凝土简支箱梁、预应力混凝土简支 T 梁、预应力混凝土连续梁和连续刚构、结合梁、钢桁梁、拱桥、斜拉桥、钢筋混凝土刚构（架）和框架桥、支座、桥梁附属设施、涵洞、沉降变形观测、桥涵单位工程综合质量评定等，另有 5 个附录。主要分为四大板块：

第一板块：总则。明确标准编制目的、适用范围、高速铁路桥涵工程施工应执行国家法律法规及相关技术标准、建立健全质量保证体系等内容。

第二板块：术语。规定与高速铁路桥涵工程施工质量验收密切相关的术语，如工程施工质量、验收、进场检验、见证检验等。

第三板块：基本规定。明确高速铁路桥涵工程施工质量控制、高速铁路桥涵工程施工质量验收、工程施工质量验收单元划分、工程施工质量验收程序等内容。

第四板块：具体要求。提出高速铁路桥涵基础、墩台、预应力混凝土梁、结合梁、钢桁梁、拱桥、斜拉桥、支座、桥梁附属设施、涵洞、沉降变形监测等验收要求。

主要修订内容：

（1）突出工程结构安全性、可靠性、耐久性和系统使用功能等方面的质量目标要求，保证铁路安全平稳运营。

（2）优化工程施工质量验收的单元划分、组织程序、实施方法和工作内容。

（3）调整检验项目、质量指标和检验方法，质量检测工作更趋科学、合理、先进、有效。

（4）梳理分析高速铁路桥涵工程施工中的易发质量通病，制定针对性控制措施。

（5）进一步突出施工质量验收要求，精简施工操作具体内容。

（6）突出工程施工质量全过程控制，明确进场检验、隐蔽工程和关键工序质量验收的原则要求。

（7）优化原材料、拌和物等质量验收程序。明确原材料（构配件）进场后、混凝土拌和物出场前、混凝土试件龄期满足要求后可统一进行验收。

（8）增加浮式沉井、支承垫石、先张法预应力混凝土简支 T 梁预制、劲性骨架拱、钢筋混凝土拱桥、框架桥等分部工程，明确相关验收要求。

(9)增加对柱桩和复杂地质条件下桩基地质条件进行逐桩确认的要求。统一桩身顶端处理工艺,明确混凝土超灌部分采用机械切除。

(10)优化桥梁锥体填筑质量验收要求,明确锥体填筑与路基过渡段填筑同步施工、一并验收。

(11)完善摩阻测试结果使用的规定,明确设计单位根据施工单位提供的现场实测结果对张拉控制力进行确认和调整。

(12)增加转体系统分项工程。明确了球铰、转盘、滑道、牵引系统等项目的安装质量要求。

(13)细化高强度螺栓连接副进场复验内容,明确扭矩系数、螺栓楔负载、螺母保证荷载、螺母硬度、垫圈硬度等项目进场复验的要求。

(14)提出支座砂浆原材料、配合比设计、施工、养护等验收内容。

(15)增加人行步板、防抛网、防异物侵限设施、综合接地和桥下防护栅栏等验收要求。

13.《高速铁路隧道工程施工质量验收标准》TB 10753—2018

标准基本构架:

本标准共分 15 章,包括总则,术语,基本规定,原材料、构配件和半成品,加固处理,洞口、明洞(棚洞)及缓冲结构,洞身开挖,支护,衬砌,防水和排水,辅助坑道,附属设施,明挖工程,盾构(TBM)隧道工程,隧道单位工程质量综合验收等,另有 6 个附录。主要分为四大板块:

第一板块:总则。明确标准编制目的、适用范围、高速铁路隧道工程施工应执行国家法律法规及相关技术标准、建立健全质量保证体系等内容。

第二板块:术语。规定与高速铁路隧道工程施工质量验收密切相关的术语,如工程施工质量、验收、进场检验、见证检验等。

第三板块:基本规定。明确高速铁路隧道工程施工质量控制、高速铁路隧道工程施工质量验收、工程施工质量验收单元划分、工程施工质量验收程序等内容。

第四板块:具体要求。提出原材料和半成品、加固处理、明洞工程、支护、衬砌、防水排水、隧道等验收要求。

主要修订内容:

(1)明确高速铁路隧道施工应用新工艺、新技术、新材料、新设备的验收要求,增加环保、水保工程与主体工程同时设计、同时施工和同时验收的要求。

(2)调整检验批、分项、分部、单位工程的划分原则和规模,增加明挖工程、盾构（TBM）隧道工程按单位工程进行验收，增加隐蔽工程检查影像记录等要求，明确检验批一般项目的检验合格条件。

（3）提出对原材料和构配件进场检验统一管理，提出验收频次要求，明确工厂化生产的半成品和构配件质量验收要求，规定信息化追踪管理相关内容。

（4）优化调整地表注浆、洞内预注浆、井点降水及其他加固措施的施工质量验收要求。

（5）强调洞口加固防护措施的验收要求，突出对洞门结构、洞口防排水等工程实体的验收。

（6）调整洞身开挖验收内容，突出开挖成型断面的验收要求，强化对隧道周边岩溶、断层等不良地质情况探测要求。

（7）规定支护结构实体的验收要求，优化了锚杆、钢筋网、钢架等的验收内容，调整喷射混凝土的检验数量和方法。

（8）调整衬砌验收单元按衬砌部位进行划分，加强衬砌实体工程的断面、强度、耐久性、密实度的质量验收，吸纳先进的隧道结构尺寸验收检测手段。

（9）增加泄水洞功能的验收要求，规定注浆效果验收指标，加强易形成质量缺陷环节的检验方法和数量。

（10）调整辅助坑道验收频次，增加明挖工程验收要求。

（11）增加消防水池、防护门的验收要求，规定弃渣场的位置、容量、绿化、复垦及防污染的验收内容。

（12）增加明挖工程验收要求，包括地下连续墙、钻孔灌注桩、钢筋混凝土支撑、钢支撑、基坑开挖、桩间网喷混凝土、土钉墙、锚杆（索）、地基处理、混凝土垫层、衬砌结构、防排水和基坑回填等内容。

（13）合并盾构和 TBM 掘进机章节，将管片验收纳入半成品验收内容。

（14）调整单位工程综合质量验收内容，优化核查方法及数量。

14.《高速铁路轨道工程施工质量验收标准》TB 10754—2018

标准基本构架：

本标准共分 20 章，包括总则、术语、基本规定、原材料及轨道主要部件进场验收、CRTS Ⅰ 型板式无砟道床、CRTS Ⅱ 型板式无砟道床、CRTS Ⅲ 型板式无砟道床、CRTS 型双块式无砟道床、道岔区轨枕埋入式无砟轨道、道岔区板式无砟轨道、有砟道床、有砟道岔、钢轨伸缩调节器、轨道结构过渡段、线间及两侧封闭层、无缝线路、轨道精调整理、钢轨预打磨、线路标志及标记、单位工程综合质量评定等，另有

4个附录。主要分为四大板块：

第一板块：总则。明确标准编制目的、适用范围、高速铁路轨道工程施工应执行国家法律法规及相关技术标准、建立健全质量保证体系等内容。

第二板块：术语。规定与高速铁路轨道工程施工质量验收密切相关的术语，如工程施工质量、验收、进场验收、检验等。

第三板块：基本规定。明确高速铁路轨道工程施工质量控制、轨道工程施工质量验收、工程施工质量验收单元划分、工程施工质量验收程序等内容。

第四板块：具体要求。提出原材料及轨道主要部件进场验收，CRTSⅠ型、Ⅱ型、Ⅲ型板式无砟道床，CRTS型双块式无砟道床，道岔区轨枕埋入式无砟轨道，道岔区板式无砟轨道等验收要求。

主要修订内容：

(1)增加具有自主知识产权的CRTSⅢ型板式无砟轨道工程施工质量验收相关内容。

(2)补充CRTS型双块式无砟轨道轨排框架法施工工艺相关质量验收内容。

(3)调整优化验收单元，突出结构实体工程、隐蔽工程和关键工序施工质量的验收。

(4)调整检验项目、质量指标和检验方法。

(5)梳理分析轨道工程施工中的易发质量通病，制定针对性控制措施。

(6)补充轨道施工中防排水的技术要求。

(7)增加CRTSⅢ型板式无砟轨道等相关术语解释。

(8)补充轨道施工与信号系统及综合接地系统等接口的相关要求。

(9)增加底座伸缩缝宽度、底座两侧排水坡的技术要求和伸缩缝填缝的技术要求。

(10)补充支承层实体质量相关技术指标检验要求。

(11)增加“轨排框架法”组装及调整轨排工艺相关内容。

(12)明确底座及限位凹槽、隔离层及弹性缓冲垫层、道岔板铺设、自密实混凝土层、道岔钢轨件安装、道岔钢轨焊接等的质量标准、检验项目和检验方法。

(13)提出封闭层及伸缩缝外观质量及外形尺寸允许偏差等主控项目和一般项目的检验项目、检验数量、检验方法和标准要求。

(14)明确无砟轨道和有砟轨道精调整理、道岔精调整理的检验项目、检验数量、检验方法和标准要求。

15.《高速铁路通信工程施工质量验收标准》TB 10755—2018

标准基本构架：

本标准共分为 21 章，包括总则、术语和缩略语、基本规定、室内设备、通信线路、传输、接入网、电话交换、数据通信网、有线调度通信、移动通信、会议电视、电报、综合视频监控、专用应急通信、时钟同步、时间同步、综合布线、电源设备、电源及设备房屋环境监控、综合网络管理等，另有 5 个附录。主要分为四大板块：

第一板块：总则。明确标准编制目的、适用范围、工程设计文件和合同文件的施工质量要求、室外设备安装位置和方式要求、验收手段、检测方法、检测数据等基本要求。

第二板块：术语和缩略语。将原标准缩略语收入《铁路工程基本术语标准》GB/T 50262，及其他相关术语指向相关标准。规定与铁路通信工程施工质量验收密切相关的缩略语，如鉴权中心缩写为 AuC、基站收发信机缩写为 BTS、域名服务器缩写为 DNS 等。

第三板块：基本规定。明确通信工程开工前质量管理检查，施工所需材料，构配件和设备施工质量验收，施工质量验收单元划分，施工质量验收内容、要求、程序和组织等基本内容。

第四板块：具体要求。以单位工程进行章节划分，提出包括室内设备、通信线路、传输、接入网、电话交换、数据通信网、有线调度通信、移动通信、会议电视、电报、综合视频监控等验收要求。

主要修订内容：

(1)细化光电缆进场检验、敷设、间距、埋深、连续、引入及防护等验收要求。

(2)增加 OTN 光接口性能、设备抖动、合波分波器性能、光放大器性能等有关验收要求。

(3)补充以太网方式的无源光网络(EPON)、吉比特的无源光网络(GPON)等验收要求。

(4)增加基于 IP 的电话交换网功能、系统性能、冗余配置及倒换功能的验收要求。

(5)增加网络安全配置和功能应符合网络自身安全、入侵防范、网络管理安全、网络安全审计、安全运行管理等要求。

(6)增加有线调度通信系统的主备用调度交换机倒换时间等验收要求。

(7)增加多点控制单元、网守、会议电视终端等设备的单机验收要求。

(8)规定电报网设备安装和配线、单机检验、系统检验相关功能和性能等要求。

(9)增加综合视频监控云台设备的水平、垂直转动角度单机验收要求。

(10)增加隧道应急电话进场检验、安装、布线及配线、防雷及接地、安装位置及安装方式验收要求。

(11)增加时钟同步网设备安装和配线、设备单机检验、网系统、网管检验等要求。

(12)明确交、直流配电设备,高频开关电源设备功能性能验收要求。

(13)提出监控系统设备安装和配线、监控系统设备单机检验、监控系统检验等要求。

(14)明确综合网管设备安装和配线、综合网管单机检验和综合网管系统检验要求,增加服务器、存储设备等单机检验要求。

16.《高速铁路信号工程施工质量验收标准》TB 10756—2018

标准基本构架:

本标准共分为 17 章,包括总则、术语和缩略语,基本规定,室内设备,光电缆线路,地面固定信号,轨道占用检查装置,道岔转辙装置,道岔融雪装置,应答器及室外地面电子单元,车载信号的地面检测设备,电源设备检验,计算机联锁(CBI)系统检验,列车运行控制系统(CTCS)检验,调度集中(CTC)系统检验,信号监测系统检验,动车段(所)控制集中系统检验等,另有 6 个附录。主要分为四大板块:

第一板块:总则。明确标准编制目的、适用范围,提出施工质量应满足工程设计文件和合同文件的要求、室外设备安装位置和方式、验收手段、检测方法、检测数据等基本要求。

第二板块:术语和缩略语。将原标准缩略语收入《铁路工程基本术语标准》GB/T 50262,及其他相关术语指向相关标准。规定与铁路信号工程施工质量验收密切相关的缩略语,如计算机联锁缩写为 CBI、调度集中缩写为 CTC、中国列车运行控制系统缩写为 CTCS 等。

第三板块:基本规定。明确信号工程开工前质量管理检查,施工所需材料,构配件和设备施工质量验收,施工质量验收单元划分,施工质量验收内容、要求、程序和组织等基本内容。

第四板块:具体要求。以铁路信号工程分部工程及单位工程进行章节划分,提出室内设备、光电缆线路、地面固定信号、轨道占用检查装置、道岔转辙装置、计算机联锁（CBI）系统检验等验收要求。

主要修订内容：

（1）细化室内电缆引入接地、电源防雷接地、传输通道防雷接地、安全保护接地的验收内容。

（2）增加光缆敷设及防护验收内容，细化不同地形下的箱盒安装检验内容。

（3）增加进路表示器、信号机接地验收内容，细化不同地形下的信号机、信号标志牌安装检验的内容。

（4）细化不同地形下的 ZPW-2000 轨道电路、25 Hz、高压脉冲轨道电路的安装检验的内容。

（5）增加钢轨伸缩调节器处连接线、轮对踏面诊断处连接线、轨道电路防雷接地验收内容。

（6）增加道岔缺口监测装置进场检验、安装及配线要求，明确道岔转辙装置单项检验、道岔缺口监测设备的验收内容。

（7）细化道岔融雪设备室外电气控制柜、隔离变压器、电加热元件、轨温传感器、气象站等验收内容，增加电气控制柜配线、接地设备验收内容。

（8）增加电子单元设备箱配线、接地设备及应答器单项验收内容。细化了不同地形下的应答器、室外电子单元安装检验的内容。

（9）规定动车段（所）控制集中系统功能检验、动车段（所）控制集中系统接口检验内容。

17.《高速铁路电力工程施工质量验收标准》TB 10757—2018

标准基本构架：

本标准共分 14 章，主要内容包括总则、术语、基本规定、基础、构支架及遮栏、栅栏、电气装置、电缆线路、35 kV 及以下架空电力线路、低压配电、电气照明、电力远动系统、柴油发电机组、光伏发电系统、机电设备监控系统、防雷与接地等，另有 9 个附录。主要分为四大板块：

第一板块：总则。明确标准编制目的，适用范围，统一高速铁路电力工程施工质量验收标准，满足国家现行有关标准的规定等内容。

第二板块：术语。规定《铁路工程基本术语标准》GB/T 50262、《建筑工程施工质量验收统一标准》GB 50300、《铁路电力设计规范》TB 10008 等标准相关术语内容适用于本标准。

第三板块：基本规定。规定高速铁路电力工程施工现场应具备的条件，施工

工程""自然灾害及异物侵线监测系统工程"4 章。

(3)新增客服设施、站场客运建筑、建设用地、环境保护与水土保持、声屏障及屏蔽门/安全门、自然灾害及异物侵线监测系统、安全防护、应急疏散通道等静态验收内容。

(4)完善工程静态验收资料检查记录表,增加有关首件评估资料。

(5)增加线下工程沉降变形评估、轨道精调作业单等验收内容。

(6)增加桩基检测资料、地质情况复核资料、墩台沉降、徐变观测资料,实体质量抽查桥上救援疏散设施功能等验收内容。

(7)增加隧道风险评估报告、安全评估报告、防灾救援系统、第三方检测报告,实体质量抽查增加衬砌混凝土强度检测等验收内容。

(8)增加铁塔检测,通信线路、通信电源等通信工程内业资料验收内容。

(9)增加列车自动运行系统(ATO)相关验收内容。

(10)细化信息工程客服设施静态验收相关验收内容。

(11)增加绝缘子、供电电缆及绝缘试验,零部件连接与紧固,补偿装置,电气安全距离,电连接安装质量测试等实体质量抽查验收内容。

(12)增加站场客运建筑工程静态验收相关验收内容。

(13)增加接地电阻测试、贯通地线的位置及隔离措施等综合接地工程内业资料验收内容。

21.《高速铁路工程动态验收技术规范》TB 10761—2013

规范基本构架:

本规范共分 17 章,包括总则、术语、基本规定、轨道、路基、桥梁、隧道、电力牵引供电、通信、信号、信息、综合接地、噪声振动与电磁环境、声屏障和屏蔽门/安全门、自然灾害及异物侵限监测、运行试验、报告编制等。主要分为五大板块:

第一板块:总则。明确规范编制目的、适用范围,高速铁路工程动态验收过程必须制定运输管理规定、安全标准和设备操作规程,还应执行国家现行相关技术标准。

第二板块:术语。规定与高速铁路工程动态验收密切相关的术语,如联调联试、动态检测、运行试验、常规检测、专项监测、试验列车等内容。

第三板块:基本规定。明确高速铁路工程动态验收联调联试动态检测和运行试验的主要内容,以及动态验收过程通用要求。

第四板块:工程验收规定。提出高速铁路轨道、路基、桥梁、隧道、电力牵引供电、通信、信号、信息、综合接地、噪声振动与电磁环境、声屏障和屏蔽门/安全门、自然灾害及异物侵限监测等工程动态验收内容。

第五板块:报告编制要求。明确动态验收报告、动态检测报告、运行试验测试报告包括的主要技术内容。

主要修订内容:

(1)修改适用范围,由原“新建客运专线铁路工程动态验收”修改为“新建高速铁路工程动态验收,其他专门用于旅客运输的铁路工程按照执行”。

(2)增加“远动系统”“分相装置”“屏蔽门/安全门”相关内容。

(3)新增轨道状态、接触网、桥梁等动态检测指标,屏蔽门/安全门、远动系统列车自动运行系统、应急通信系统、综合视频监控系统客运服务网络性能和车站安全保障平台功能等内容。

(4)修改轨道、道岔结构数据处理方法要求,增加了连续式测力轮对检测方法和相应指标要求。

(5)明确路基相关参数评价指标,增强可操作性。

(6)增加桥梁采用 ZC 活载设计和 ZK 活载设计的铁路桥梁的检测指标限值。

(7)修改 220 kV、330 kV 供电电源电压偏差要求。

(8)明确通信 GSM-R 场强覆盖要求中的电路域话音最小可用接受电平由原“ -95 dBm”改为“ -98 dBm”。

(9)提出信号动态检测内容明确为列控系统功能试验,CTC 和联锁只对相关功能进行测试。

(10)明确临时限速测试设置条件要求,包括 CTC 台间、RBC 切换边界和 C2/C3 等级转换边界、有砟和无砟轨道区段边界等。

(11)增加集成测试、列车自动运行系统(ATO)测试的相关要求。细化了故障测试项目,调整了补偿电容、应答器、机车信号接收性能等检测指标。

(12)信息增加了网络安全自动取票、实名制验票相关功能测试内容。

(13)综合接地增加牵引变电所的测点要求和接触网短路试验时综合接地相关测试内容。

(14)增加 4b 类声环境功能区外边界噪声的相关规定。

(15)增加“CTC 系统设备故障,转非常站控”“因站内正线断轨,列车变更到发线通过”等项故障模拟场景。

(16)增加“列车运行中遇有旅客因伤病必须临时停车抢救”等应急演练要求。

(17)明确“高速铁路线路涉及 2 个及以上铁路局,应组织跨局应急场景演练项目"的规定。

（六）历史沿革

1.《铁路轨道工程施工质量验收标准》TB 10413—2018

（1）1987 年，铁道部发布《铁路轨道工程质量检验评定标准》TBJ 413—87。

（2）1998 年，铁道部发布《铁路轨道工程质量检验评定标准》TB 10413—98。

（3）2003 年，铁道部（铁建设〔2003〕127 号）发布《铁路轨道工程施工质量验收标准》TB 10413—2003。主要修订内容有：提出铁路轨道工程的施工要求、质量保证措施、验收方法、验收程序和质量标准，明确了建设各方在施工质量控制中的职责，严格了材料进场验收和施工质量检测的程序及方法，体现了科学性和可操作性，突出了验标对铁路轨道工程施工质量的控制和提高新线开通速度的要求。

（4）2018 年，国家铁路局（国铁科法〔2018〕91 号）发布《铁路轨道工程施工质量验收标准》TB 10413—2018，为现行版本。

2.《铁路路基工程施工质量验收标准》TB 10414—2018

（1）1998 年，为满足铁路路基质量检验需要，铁道部发布《铁路路基工程质量检验评定标准》TB 10414—1998。主要修订内容有：明确路基工程质量的检验评定管理方法；完善路基工程的质量验收标准。

（2）2003 年，铁道部（铁建设函〔2007〕123 号）发布《铁路路基工程施工质量验收标准》TB 10414—2003。主要修订内容有：修改标准的适用范围，旅客列车设计行车速度由 140 km/h 调高到 160 km/h，完善工程施工质量验收的方法、程序和质量标准；补充和完善地基处理验收内容和方法；采用双指标控制基床底层和基床表层施工质量验收；规定路堑施工质量控制要求；增加路堤与桥台间过渡段的检验方法与内容；增加取土场（坑）、弃土场（堆）的验收等内容。

（3）2018 年，国家铁路局（国铁科法〔2018〕91 号）发布《铁路路基工程施工质量验收标准》TB 10414—2018，为现行版本。

3.《铁路桥涵工程施工质量验收标准》TB 10415—2018

（1）2003 年，铁道部（铁建设〔2003〕127 号）发布《铁路桥涵工程施工质量验收标准》TB 10415—2003。主要修订内容有：修改标准的适用范围，将旅客列车设计行车速度由 140 km/h 提高到 160 km/h，取消优良等级评定，增加对结构实体质量进行检测的要求，补充换填地基、重锤夯实地基、强夯地基、挤密桩、砂桩、碎石桩、粉喷桩、旋喷桩、爬模、结合梁、造桥机、斜拉桥水平转体施工等方面的内容。

（2）2018 年，国家铁路局（国铁科法〔2018〕91 号）发布《铁路桥涵工程施工质量验收标准》TB 10415—2018，为现行版本。

4.《铁路隧道工程施工质量验收标准》TB 10417—2018

（1）2003 年，铁道部（铁建设〔2003〕127 号）发布《铁路隧道工程施工质量验收标准》TB 10417—2003。主要修订内容有：取消优良等级评定，补充模板、管棚、超前小导管、仰拱填充、施工缝和变形缝处理、盲管（沟）、辅助坑道坑道口及封闭、消防等内容。

（2）2018 年，国家铁路局（国铁科法〔2018〕91 号）发布《铁路隧道工程施工质量验收标准》TB 10417—2018，为现行版本。

5.《铁路通信工程施工质量验收标准》TB 10418—2018

（1）1987 年，铁道部发布《铁路通信工程质量评定验收标准》TBJ 418—1987。

（2）2000 年，铁道部（铁建设函〔2000〕172 号）发布《铁路通信工程质量检验评定标准》TB 10418—2000。主要修订内容有：将质量评定与验收分开；评定部分增加检验内容；验收部分纳入施工技术要求。

（3）2003 年，铁道部（铁建设〔2003〕127 号）发布《铁路运输通信工程施工质量验收标准》TB 10418—2003。主要修订内容有：明确标准适用范围，旅客列车最高行车速度小于等于 160 km/h，完善工程施工质量验收的方法、程序和质量标准；补充与铁路运输相关的光纤用户接入网、铁路运输调度通信、列车无线调度通信、区段通信、站场通信、车站客运信息系统、数据接入终端、中间站环境及电源监控；简化涉及公共通信网（传输、交换、微波等）内容。

（4）2018 年，国家铁路局（国铁科法〔2018〕91 号）发布《铁路通信工程施工质量验收标准》TB 10418—2018，为现行版本。

6.《铁路信号工程施工质量验收标准》TB 10419—2018

（1）1987 年，铁道部发布《铁路信号工程质量评定验收标准》TBJ 419—1987。

（2）2000 年，铁道部（铁建设函〔2000〕172 号）发布《铁路信号工程质量检验评定标准》TB 10419—1998。主要修订内容有：增加“建设单位或监理单位意见”的内容；分项工程检验项目由保证项目、基本项目、允许偏差项目（或其中两项）组成；取消新建或大修中逐渐淘汰的背板信号机。

（3）2003 年，铁道部（铁建设〔2003〕127 号）发布《铁路信号工程施工质量验收标准》TB 10419—2003。主要修订内容有：修改适用范围、将旅客列车最高行车速度由 140 km/h 提高到 160 km/h；完善工程施工质量验收的方法、程序和质量标准；增加信号设备、器材的监测内容及信号标志牌、光纤线路的验收标准；补充地面固定信号、轨道电路、电（光）缆线路、室内设备施工等技术内容。

(4)2018 年,国家铁路局(国铁科法〔2018〕91 号)发布《铁路信号工程施工质量验收标准》TB 10419—2018,为现行版本。

7.《铁路电力工程施工质量验收标准》TB 10420—2018

(1)2003 年,铁道部(铁建设〔2003〕41 号)发布《铁路电力工程施工质量验收标准》TB 10420—2003。主要修订内容有:将旅客列车设计行车速度由 140 km/h 提高到 160 km/h,完善工程质量验收方法、程序和质量标准,取消优良等级评定等内容。

(2)2018 年,国家铁路局(国铁科法〔2018〕91 号)发布《铁路电力工程施工质量验收标准》TB 10420—2018,为现行版本。

8.《铁路电力牵引供电工程施工质量验收标准》TB 10421—2018

(1)2003 年,铁道部(铁建设〔2003〕41 号)发布《铁路电力牵引供电工程施工质量验收标准》TB 10421—2003。主要修订内容有:将旅客列车设计行车速度由 140 km/h 提高到 160 km/h,完善工程质量验收方法、程序和质量标准,取消优良等级评定等内容。

(2)2018 年,国家铁路局(国铁科法〔2018〕91 号)发布《铁路电力牵引供电工程施工质量验收标准》TB 10421—2018,为现行版本。

9.《铁路混凝土工程施工质量验收标准》TB 10424—2018

(1)2005 年,为加强铁路混凝土工程施工质量管理,铁道部(铁建设函〔2005〕160 号)发布《铁路混凝土工程施工质量验收补充标准》。主要技术内容有:明确耐久性混凝土工程施工质量过程控制原则;提出耐久性混凝土工程施工质量过程控制原则等。

(2)2010 年,铁道部(铁建设函〔2010〕240 号)发布《铁路混凝土工程施工质量验收标准》TB 10424—2010。主要修订内容有:落实六位一体建设管理要求,对质量安全投资控制、环境保护和技术创新提出了针对性管理措施。

(3)2018 年,国家铁路局(国铁科法〔2018〕91 号)发布《铁路混凝土工程施工质量验收标准》TB 10424—2018,为现行版本。

10.《铁路声屏障工程施工质量验收标准》TB 10428—2012

2012 年,为满足铁路声屏障施工质量验收需要,铁道部(铁建设〔2012〕294 号)发布《铁路声屏障工程施工质量验收标准》TB 10428—2012,为现行版本。主要编制内容有:规定建设各方应建立健全质量保证体系,要求对工程施工质量进行全过程控制。强调声屏障工程应采用专业化、工厂化、机械化施工等。

11.《高速铁路路基工程施工质量验收标准》TB 10751—2018

（1）2005 年，为加强客运专线铁路工程施工质量管理，铁道部（铁建设〔2005〕160 号）发布《客运专线铁路路基工程施工质量验收暂行标准》。主要技术内容有：明确客运专线路基单位工程综合质量评定、实体工程质量及主要功能核查要求；规定建设各方在工程施工质量控制过程中的具体职责；规定质量检测的方法和手段；统一工程施工质量验收记录等资料管理与保存的要求；提出对客运专线铁路工程施工及验收的各方人员进行上岗培训的要求。

（2）2010 年，为满足高速铁路路基质量检验需要，铁道部（铁建设〔2010〕240 号）发布《高速铁路路基工程施工质量验收标准》TB 10751—2010。主要技术内容有：明确路基填料的选择和生产的要求；提出在进行大面积填筑前，不同填料应分别进行摊铺压实工艺试验；明确路基与桥台过渡段、路基与横向结构物过渡段、路堤与路堑过渡段、路基与隧道间过渡段、桥台与隧道间过渡段等质量控制内容；提出单位工程综合质量控制资料核查、实体工程质量及主要功能核查、观感质量评定的要求，规定观感质量评定标准。

（3）2018 年，国家铁路局（国铁科法〔2018〕91 号）发布《高速铁路路基工程施工质量验收标准》TB 10751—2018，为现行版本。

12.《高速铁路桥涵工程施工质量验收标准》TB 10752—2018

（1）2010 年，铁道部（铁建设〔2010〕240 号）发布《高速铁路桥涵工程施工质量验收标准》TB 10752—2010。主要技术内容有：落实“六位一体”建设管理要求，对质量、安全、工期、投资控制、环境保护和技术创新提出针对性管理措施；强调现代化施工管理手段应用，从积极推广机械化、工厂化、专业化、信息化施工角度，明确指导性原则要求；调整检验项目、质量指标和检验方法；提出对特殊环境条件结构复杂桥梁工程实施风险管理的规定。

（2）2018 年，国家铁路局（国铁科法〔2018〕91 号）发布《高速铁路桥涵工程施工质量验收标准》TB 10752—2018，为现行版本。

13.《高速铁路隧道工程施工质量验收标准》TB 10753—2018

（1）2010 年，铁道部（铁建设〔2010〕240 号）发布《高速铁路隧道工程施工质量验收标准》TB 10753—2010。主要技术内容有：落实“六位一体”建设管理要求，对质量、安全、工期、投资控制、环境保护和技术创新提出针对性管理措施；强调现代化施工管理手段应用，从积极推广机械化、工厂化、专业化、信息化施工角度，明确指导性原则要求；调整检验项目、质量指标和检验方法；加强对软弱围岩及不良地质铁路隧道施工安全的要求；增加综合接地、沉降观测与评估的验收内容等。

（2）2018 年，国家铁路局（国铁科法〔2018〕91 号）发布《铁路隧道工程施工质量验收标准》TB 10753—2018，为现行版本。

14.《高速铁路轨道工程施工质量验收标准》TB 10754—2018

（1）2010 年，铁道部（铁建设〔2010〕240 号）发布《铁路轨道工程施工质量验收标准》TB 10754—2010。主要修订内容有：落实“六位一体”建设管理要求，对质量、安全、工期、投资控制、环境保护和技术创新提出了针对性管理措施；突出工程结构安全性、可靠性、耐久性和系统使用功能等方面的质量目标要求，保证高速铁路安全平稳运营；对高速铁路轨道工程施工现场管理、施工质量控制、沉降评估、与线下工程的交接等进行了原则性规定。

（2）2018 年，国家铁路局（国铁科法〔2018〕91 号）发布《高速铁路轨道工程施工质量验收标准》TB 10754—2018，为现行版本。

15.《高速铁路通信工程施工质量验收标准》TB 10755—2018

（1）2007 年，铁道部发布《客运专线铁路通信工程施工质量验收暂行标准》（铁建设〔2007〕251 号）。主要修订内容有：突出单位工程综合质量检查、实体工程质量及主要功能核查要求；强调工程施工质量应达到设计要求的使用功能、结构安全和耐久性能，满足设计使用年限内正常运营的需要；明确建设各方在工程施工质量控制过程中的具体质量职责；规定工程施工应采用先进的技术、设备和工艺，保证质量，保障安全；提出质量检测应采用先进、成熟、科学的方法和手段，质量数据做到全面、真实、可靠的技术要求。

（2）2010 年，铁道部（铁建设〔2010〕240 号）发布《高速铁路通信工程施工质量验收标准》TB 10755—2010。主要修订内容有：规定施工质量应达到标准及设计要求的使用功能、安全及质量性能、设计使用年限等技术要求；明细建设各方工程施工质量控制过程中的职责和管理、技术、作业三个层面的控制内容，体现了质量终身负责制要求；规定工程施工应采用先进、成熟、科学的质量检验方法和手段，使数据全面、真实、可靠；规定工程施工质量验收记录等资料管理与保存的要求；提出工程施工及验收人员上岗培训的要求；提出工程施工质量、安全、环境保护、职业健康等方面的验收内容和要求；体现工程施工的源头控制、过程控制、细节控制的要求。

（3）2018 年，国家铁路局（国铁科法〔2018〕91 号）发布《高速铁路通信工程施工质量验收标准》TB 10755—2018，为现行版本。

16.《高速铁路信号工程施工质量验收标准》TB 10756—2018

（1）2007 年，铁道部发布《客运专线铁路信号工程施工质量验收暂行标准》（铁建设〔2007〕213 号）。主要修订内容有：突出单位工程综合质量检查、实体工程质量及主要功能核查要求；强调工程施工质量应达到设计要求的使用功能、结构安全和耐久性能，满足设计使用年限内正常运营的需要；明确建设各方在工程施工质量控制过程中的具体质量职责；规定工程施工应采用先进的技术、设备和工艺，保证质量，保障安全；提出质量检测应采用先进、成熟、科学的方法和手段，质量数据做到全面、真实、可靠的技术要求。

（2）2010 年，铁道部（铁建设〔2010〕240 号）发布《高速铁路信号工程施工质量验收标准》TB 10756—2010。主要修订内容有：增加工序操作责任人的记录要求，体现对管理层、技术层、作业层人员的质量责任追溯；优化工程施工质量验收的单元划分、组织程序、实施方法和工作内容；统一在无砟轨道地段的信号工程安装质量要求，突出了无砟轨道路基、桥梁及隧道地段信号设备安装的特殊验收要求，细化了在不同地段信号设备基础安装的形式；明确电缆敷设、电缆防护、电缆接续、电缆成端质量指标，规定信号电缆敷设前应进行单盘检测，并要求建立单位对电缆接续进行旁站监理；完善各种箱盒在路基地段、桥梁防护墙地段、隧道地段的安装质量要求，提出箱盒基础支架严禁跨桥梁伸缩缝安装；结合京津、武广、郑西高速铁路箱式机房的现场运输、吊装、拼接、安装及室内走线等提出了具体质量要求；增加道岔融雪装置验收内容，明确道岔融雪装置的电气控制柜、隔离变压器、电加热元件、气象站及室内控制终端的施工质量要求。

（3）2018 年，国家铁路局（国铁科法〔2018〕91 号）发布《高速铁路信号工程施工质量验收标准》TB 10756—2018，为现行版本。

17.《高速铁路电力工程施工质量验收标准》TB 10757—2018

（1）2003 年，铁道部（铁建设〔2003〕41 号）发布《铁路电力牵引供电工程施工质量验收标准》TB 10421—2003。主要修订内容有：将旅客列车设计行车速度由 140 km/h 提高到 160 km/h；完善工程质量验收方法、程序和质量标准；取消优良等级评定等内容。

（2）2010 年，铁道部（铁建设〔2010〕240 号）发布《高速铁路电力工程施工质量验收标准》TB 10757—2010。主要修订内容有：对质量、安全、工期、投资控制、环境保护和技术创新提出针对性管理措施；为管理制度、人员配备、现场管理、过程控制标准化提供配套性标准规定；强调现代化施工管理手段应用，从积极推广机械化、工厂化、专业化、信息化施工角度，明确指导性原则要求；体现全方位过程质量控制理念，在源头控制、过程控制、细节控制方面明确建设各方关键性工作等内容。

(3)2018 年，国家铁路局（国铁科法〔2018〕91 号）发布《高速铁路电力工程施工质量验收标准》TB 10757—2018，为现行版本。

18.《高速铁路电力牵引供电工程施工质量验收标准》TB 10758—2018

(1)2006 年，铁道部（铁建设函〔2006〕167 号）发布《客运专线铁路电力牵引供电工程施工质量验收暂行标准》。

(2)2010 年，铁道部（铁建设〔2010〕240 号）发布《高速铁路电力牵引供电工程施工质量验收标准》TB 10758—2010。主要修订内容有：对质量、安全、工期、投资控制、环境保护和技术创新提出针对性管理措施；为管理制度、人员配备、现场管理、过程控制标准化提供配套性标准规定；强调现代化施工管理手段应用，从积极推广机械化、工厂化、专业化、信息化施工角度，明确指导性原则要求；体现全方位过程质量控制理念，在源头控制、过程控制、细节控制方面明确建设各方关键性工作等内容。

(3)2018 年，国家铁路局（国铁科法〔2018〕91 号）发布《高速铁路电力牵引供电工程施工质量验收标准》TB 10758—2018，为现行版本。

19.《客货共线铁路工程动态验收技术规范》TB 10461—2019

(1)2008 年，铁道部（铁建设〔2008〕133 号）发布《客货共线铁路工程竣工验收动态检测指导意见》。适用于新建客货共线铁路工程竣工动态验收。

(2)2019 年，国家铁路局（国铁科法〔2019〕19 号）发布《客货共线铁路工程动态验收技术规范》TB 10461—2019，为现行版本。

20.《高速铁路工程静态验收技术规范》TB 10760—2013

(1)2009 年，为规范客运专线工程静态验收工作，铁道部（铁建设〔2009〕183 号）发布《客运专线铁路工程静态验收指导意见》。主要技术内容有：提出高速铁路静态验收各专业的主要任务和内容，明确高速铁路静态验收各专业主要功能和实体质量抽查规定。

(2)2013 年，铁道部（铁建设〔2013〕44 号）发布《高速铁路路基工程施工质量验收标准》TB 10760—2013，为现行版本。

21.《高速铁路工程动态验收技术规范》TB 10761—2013

(1)2010 年，为规范新建高速铁路工程静态验收工作，铁道部（铁建设〔2010〕

214 号)发布《高速铁路工程动态验收指导意见》。主要技术内容有:提出高速铁路动态验收的内容和质量要求,明确高速铁路运行试验的内容和相关规定,规定高速铁路验收评价的内容和条件。

(2)2013 年,铁道部(铁建设〔2013〕44 号)发布《高速铁路工程动态验收技术规范》TB 10761—2013,为现行版本。

第三节　管理标准

二十三、《铁路建设项目预可行性研究、可行性研究和设计文件编制办法》TB 10504—2018

(一)编制背景

贯彻创新、协调、绿色、开放、共享发展理念,有效提高设计文件编制质量和水平,突出各阶段文件组成与内容的特点和差异性,为铁路建设项目立项、决策、建设、实施、验收、安全运营、综合交通体系建设等提供依据,根据《国家铁路局 2014 年铁路工程建设标准编制计划》(国铁科法函〔2014〕175 号)要求,组织开展《铁路建设项目预可行性研究、可行性研究和设计文件编制办法》修订工作。

《铁路建设项目预可行性研究、可行性研究和设计文件编制办法》(铁建设〔2007〕152 号)发布以来,在规范铁路建设项目设计文件组成、统一编制深度等方面发挥了重要作用,为铁路大规模建设提供标准支撑。随着中国铁路建设特别是高速铁路建设大规模进行,有成功经验需要总结,同时也碰到许多新情况新问题,如与国家新颁布的法律法规、政策要求相适应问题,大型客站大规模建设带来的与城市总体规划、综合交通体系规划相协调问题,铁路运营安全问题等。结合国家关于铁路建设的环境保护、社会稳定风险分析、职业病防护等最新要求,对编制办法提出了新的要求和挑战。

《铁路建设项目预可行性研究、可行性研究和设计文件编制办法》是铁路行业勘察设计纲领性文件,为适应铁路建设发展需要,在全面总结近年来中国铁路特别是高速铁路建设实践经验和设计文件编制经验基础上,结合发展过程中面临的新情况新问题,对编制办法进行全面修订。

(二)编制目的

1. 贯彻新发展理念。规范铁路建设项目决策、实施各阶段设计文件组成与内容，提高铁路勘察设计质量和水平，防范运营安全风险，注重保护自然生态环境、节约土地和能源。

2. 满足新技术要求。总结近年来中国铁路特别是高速铁路建设实践经验和设计文件编制经验，编制突出各阶段文件组成与内容的特点和差异性的编制办法，规范各阶段设计文件的组成与内容，明确设计深度要求。

3. 适应新时期需要。解决2007年版编制办法已不适应新时期铁路发展新要求的问题，明确预可行性研究、可行性研究、初步设计、施工图等各阶段文件组成与内容的特点和差异性，纳入大型站房文件编制与组成内容，强调铁路线路安全保护要求。

（三）编制原则

1. 目标导向、适应发展。贯彻新发展理念，适应国家对铁路发展新要求，在铁路取得重大成就基础上，推动铁路向新时期发展新目标不断迈进，促进铁路高质量发展。

2. 补强短板、覆盖全面。着力加强自然生态环境保护、节约土地和能源，明确铁路建设各阶段文件组成与内容深细度要求，涵盖铁路全部建设项目、类型和阶段。

3. 系统分析，规范统一。总结近年来设计文件编制有益经验，吸纳“四新”技术、淘汰不适应的落后技术，加强各阶段目标要求的协调，突出各阶段特点和差异性。

4. 统筹兼顾，科学合理。强化铁路项目前期决策研究和后期质量安全、技术进步协调统一，确保实现铁路全生命周期健康运营，保障高铁安全与人民生命财产安全。

（四）编制过程

《铁路建设项目预可行性研究、可行性研究和设计文件编制办法》编制过程总体上分为五个阶段。

前期准备阶段。收集国家及行业对工程建设项目社会稳定风险评估、安全风险管理、绿色通道和消防设计等方面相关文件，梳理与国家法律法规、行业标准、技术政策不相适应的内容，分析现行设计文件编制存在的问题。

工作大纲阶段。在深入开展调查研究，全面掌握铁路工程建设各阶段设计文件实际需要的基础上，针对大型客站、土地综合开发、社会稳定风险分析、安全风险评估等问题进行专题研究和论证，确定办法编制原则、适用范围、内容框架、进度计划、工作分工等并组织专家进行技术审查。

征求意见稿阶段。编制完成征求意见稿条文和条文说明，向全路范围征求意见，共收到13家单位反馈意见287条，组织专家进行技术审查。

送审稿阶段。编制完成送审稿条文和条文说明，向国家发改委、铁路总公司、国家铁路局有关司局、北京华协咨询、部分设计施工等单位征求意见。共收到反馈意见266条，组织专家进行技术审查。

报批稿阶段。编制完成报批稿条文和条文说明，国家铁路局技术委员会2018年第十五次会议审查通过，2018年12月3日发布，自2019年1月1日起实施。

（五）主要内容

《铁路建设项目预可行性研究、可行性研究和设计文件编制办法》是铁路行业勘察设计纲领性文件，是在全面总结近年来中国铁路特别是高速铁路建设实践经验和设计文件编制经验基础上编制而成的。

标准基本构架：

本办法包括总则和新建（改建）铁路文件组成与内容、铁路枢纽（单独立项或单独编制文件）文件组成与内容、铁路及公铁合建特大桥（单独立项或单独编制文件）文件组成与内容、大型站房（单独立项或单独编制文件）文件组成与内容等四部分，另有两个附录。主要分为5大板块：

第一板块：总则。明确标准编制目的、适用范围、铁路建设项目勘察设计各阶段目标及文件组成与内容特点、铁路勘察设计基本规定等内容。

第二板块：新建（改建）铁路的文件组成与内容。明确预可行性研究、可行性研究、初步设计、施工图等各阶段开展的工作内容和深度要求。

第三板块：铁路枢纽的文件组成与内容。明确预可行性研究、可行性研究、初步设计、施工图等各阶段开展的工作内容和深度要求。

第四板块：铁路及公铁合建特大桥的文件组成与内容。明确预可行性研究、可行性研究、初步设计、施工图等各阶段开展的工作内容和深度要求。

第五板块：大型站房的文件组成与内容。明确概念方案设计、方案设计、初步设计、施工图设计等各阶段开展的工作内容和深度要求。

主要修订内容：

第一部分　新建（改建）铁路

1. 为预防和化解社会矛盾，规范铁路项目社会稳定风险评估，根据国家发改委文件要求，可研总说明书增加社会稳定风险分析内容。

2. 为促进铁路可持续发展,落实国家支持铁路建设实施土地综合开发的意见,预可、可研增加了土地综合开发研究结论,并进行两种情况的财务分析。

3. 为保障长大坡道运输安全和能力,可研、初设、施工图总说明书增加了区间闭塞分区划分及检算;可研、初设运输组织篇增加了区间闭塞分区分布说明及接触网电分相行车检算,对高速铁路通过20‰及以上长大坡道区段时运输能力进行检算,深化了运输组织设计文件相关内容。

4. 为加强铁路运营安全,从设计源头防范运营安全风险,初设总说明书增加铁路线路安全保护,说明安全保护区内外可能危及铁路运输安全的既有建筑物、构筑物统计调查和采取的安全防护措施。

5. 为贯彻落实绿色发展新理念,突出了绿色通道建设内容,路基与土地利用篇中,可研增加绿色通道设计原则,初设和施工图增加绿色通道,说明绿化工程内容和要求。

6. 为保障铁路隧道运营安全,将铁路隧道防灾疏散救援工程设计及运营通风设施单独成章,提高了防灾救援疏散工程设计的系统性和完整性,有利于工程建设和运维管理。

7. 初设、施工图阶段的安全施工章改为施工安全风险防范章,文件组成内容为风险识别与评估、风险防范;增加劳动安全卫生的措施意见节,突出职业病危害因素分析及防护等内容,落实了以人为本、安全发展的理念。

8. 初设、施工图阶段增加站房及其他工程章,增加附录B中小型站房方案设计文件组成与内容,与目前建设程序相匹配,提高了站房工程文件编制质量。

9. 初设、施工图阶段取消迁改与重点大型临时工程篇,初设迁改内容纳入相关专业,施工图单列迁改篇,重点大型临时工程纳入施工组织设计意见篇。调整后有利于概算偏差的控制,文件内容更加清晰简洁,便于迁改工程实施。

10. 初设增加了环境敏感区段线路方案的确定分析,可研、初设取消了环(水)保部门意见,施工图篇名改为环境工程,重点关注环境工程设计。增加了环评报告、水保方案及其审批意见的执行情况说明,解决了环评、水保方案及其批复与设计阶段不匹配的问题。

11. 预可取消区域铁路网概况章,相关内容分别纳入经济与运量和建设方案章,取消建设工期、预估算及资金筹措章中资金筹措内容,相关内容纳入经济评价章。

12. 可研对轨道与线路,土地利用与路基,牵引供电及电力等仅需要确定相关设计原则的篇章按专业相近的原则合并，有利于突出本阶段研究工作的重点，确定铁路主要技术标准，稳定建设方案。

13. 初设对线路与轨道，路基与土地利用，房屋建筑与基础设施维修合篇等关联性强的部分篇进行合并，有利于完善篇章组成内容。

14. 施工图阶段增加地质篇，有利于掌握区域工程地质条件，应对施工地质风险，及时制定预防措施，指导工程实施。增加消防设计篇，有利于消防工程建设实施，满足了消防审查要求。

15. 经济与运量专业增加既有铁路现状客运量分析、主要车站吸引范围、人口分布、旅游人数等内容。

16. 运输组织专业增加区间闭塞分区分布说明及接触网电分相行车检算（必要时）、区间闭塞分区及接触网电分相位置的初步检算（必要时）等章节，细化车流组织为旅客列车组织货物列车组织，突出旅客运输。

17. 地质专业增加弃土（渣）对环境地质条件的主要影响，地质专题研究的主要结论、地质灾害危险性评估报告，压覆矿产资源评估报告等内容。

18. 线路专业取消工务有关设施章，将工务机构设置、管辖范围和设计定员、机具设备配置纳入线路篇，满足了当前工务养修的需要。

19. 轨道专业可研取消无砟轨道的特点、其他新型轨下基础设计原则及选用意见等内容；初设、施工图取消铺设无缝线路地段表、单元轨节布置表等内容，补充了无缝线路等内容，细化无砟轨道结构设计内容。

20. 路基专业可研、初设总说明书和专篇一般设计原则中增加沉降控制标准，有利于控制路基变形、沉降。施工图增加与区间路基同步实施的站后配套工程数量表，细化路基工程设计等内容。

21. 桥涵专业优化了可研文件设计原则，初设、施工图阶段增加了安全施工风险防范文件组成内容。

22. 隧道专业精简了设计说明内容，强化了工点设计文件组成，突出了防灾疏散救援工程设计，细化和规范了隧道风险评估、超前地质预报等内容，补充了TBM、盾构、明挖等方法施工的隧道设计要求。

23. 站场专业可研增加可能接轨的专用线，综合管沟设计原则，初设增加站场排水、综合管沟节，施工图增加接口设计节。

24. 站后各专业内容紧密结合现行有关标准进行了修改完善，通信专业删除了电报、站间行车电话等落后淘汰技术，增加了综合视频监控、时钟和时间同步、综合网管等系统。信号专业增加了道岔融雪系统,细化了列车运行控制系统、驼峰信号及编组站综合自动化、电源设备及无线调车机车信号和监控系统。牵引供电专业增加了变电所基础处理标准和电分相设置相关内容。修改后的设计文件组成与内容更系统、清晰。

25. 与概预算编制、施组等现行标准相协调,调整了概预(估)算和施工组织设计的编制内容,梳理了说明的顺序和结构,使文件组成更加清晰和简洁;删除了施工图投资检算等不符合目前建设管理的内容。

第二部分　铁路枢纽(单独立项或单独编制文件)参照第一部分进行了相应修订。

第三部分　铁路及公铁合建特大桥(单独立项或单独编制文件)

1. 预可按第一部分总说明书进行了架构调整,细化了工程实施对环境的影响等方面的内容。

2. 可研调整了总说明书,细化了主要设计原则和主要桥式方案比选等方面的内容。增加了社会稳定风险分析及施工安全风险防范;单列总估算篇,并增加与预可投资预估算总额对照分析,提高了可研投资估算编制精度。

3. 初设、施工图细化了桥式方案比较、耐久性设计、桥梁总体设计、桥梁结构设计等内容,增加测量与勘察篇,强化了基础工作。

第四部分　大型站房(单独立项或单独编制文件)

1. 新增第四部分大型站房,包括概念方案设计、实施方案阶段、初步设计、施工图 4 个阶段,总结了近年来大型站房工程建设成功经验,突出了新时代铁路建设发展特点。

2. 增加概念方案设计主要内容包括站房、站区规划及建筑方案创意等,深度满足站房、站场设施及场站结合方案确定的需要。

3. 增加实施方案设计主要内容包括站区总平面及站场初步设计,建筑、结构设计初步方案等,深度满足站房、站场设施及场站结合方案审批或报批的需要。

4. 增加初设主要内容包括站区总平面及站场详细设计,建筑、结构设计,综合管线、室内装饰、电气照明等建筑专项设计,深度满足站房、站场设施及场站结合初步设计审批的需要。

5. 补充施工图主要内容包括:建筑、结构详细设计,综合管线、室内装饰、电气照明、暖通空调、消防等建筑专项详细设计;深度满足设备材料采购,站房、站场设施及非标准设备制作和施工的需要。

（六）解决的问题及预期效果

1. 解决的问题

（1）预防和化解社会矛盾，规范铁路项目社会稳定风险评估等问题。

（2）促进铁路可持续发展，落实国家支持铁路建设实施土地综合开发意见等问题。

（3）保障长大坡道运输安全和能力问题。

（4）大型客站大规模建设带来的与城市总体规划、综合交通体系规划相协调等问题。

（5）加强铁路运营安全和铁路隧道运营安全等问题。

为了切实解决上述问题，贯彻创新、协调、绿色、开放、共享发展理念，体现现代综合交通运输特征，强化质量安全，促进技术进步的同时，更加注重保护自然生态环境、节约土地和能源。编制办法中增加社会稳定风险分析内容和土地综合开发研究结论，深化运输组织设计文件相关内容，新增包括概念方案设计、实施方案阶段、初步设计、施工图等 4 个完整阶段的大型站房部分，纳入铁路线路安全保护新概念，提高隧道防灾救援疏散工程设计的系统性和完整性。

2. 预期效果

新修订的编制办法前期研究强化了客货运量预测分析和落实，重点突出了确定铁路主要技术标准和稳定建设方案的内容和深度要求；后期强化了涉及铁路工程质量安全和技术进步等关键设计方案和工程措施，突出了施工组织设计、施工安全风险防范，细化了对投资影响较大的工程设计内容，强调了运营维护措施及注意事项相关内容，为保证铁路工程建设质量，实现铁路全生命周期健康运营提供重要支撑。

（七）历史沿革

1. 1999 年，铁道部（铁建〔1999〕99 号）发布《铁路基本建设项目预可行性研究、可行性研究和设计文件编制办法》TB 10504—1999。适用于新建、改建铁路大中型建设项目（高速铁路及客运专线铁路应根据项目的具体情况，另行补充办法）。指出铁路大中型建设项目的决策阶段应进行预可行性研究和可行性研究，设计阶段按两阶段设计，即初步设计和施工图。明确预可行性研究文件是项目立项的依据，可行性研究文件是项目决策的依据，初步设计文件是项目建设的主要依据，施工图是工程实施的依据。办法包括新建铁路、改建铁路、铁路枢纽（单独立项或单独编制文件）、铁路枢纽（单独立项或单独编制文件）的预可行性研究、

可行性研究、初步设计、施工图的文件组成与内容。

2. 2007 年,铁道部(铁建〔2007〕152 号)发布《铁路建设项目预可行性研究、可行性研究和设计文件编制办法》TB 10504—2007。主要修订内容有:将《铁路基本建设项目预可行性研究、可行性研究和设计文件编制办法》改为《铁路建设项目预可行性研究、可行性研究和设计文件编制办法》,适用范围调整为适用于客货共线铁路、货运专线铁路、客运专线铁路、城际铁路、铁路枢纽、铁路特大桥等大、中型建设项目。修编后的办法共有新建(改建)铁路的文件组成与内容、铁路枢纽(单独立项或单独编制文件)的文件组成与内容、铁路特大桥(单独立项或单独编制文件)的文件组成与内容等三部分。将新建铁路、改建铁路两部分文件组成与内容合并为新建(改建)铁路的文件组成与内容。

3. 2018 年,国家铁路局(国铁科法〔2018〕93 号)发布《铁路建设项目预可行性研究、可行性研究和设计文件编制办法》TB 10504—2018,为现行版本。

二十四、《铁路建设工程监理规范》TB 10402—2019

(一)编制背景

为满足铁路建设和发展需要,规范铁路建设工程监理行为,提高监理工作水平,推动铁路建设工程监理事业健康发展,根据《国家铁路局 2014 年铁路工程建设标准编制计划》(国铁科法函〔2014〕175 号)要求,组织开展《铁路建设工程监理规范》全面修订工作。

铁路建设工程监理工作是建设管理的重要组成部分,监理规范是开展铁路建设工程监理活动的行动准则。《铁路建设工程监理规范》TB 10402—2007 自发布以来,对铁路建设工程监理工作起到积极推动作用,对实现铁路建设工程质量、进度控制和加强安全生产管理发挥了重要作用。随着大规模、高标准铁路建设的深入开展,新工艺、新技术、新材料、新设备的不断涌现,铁路建设工程监理面临新的机遇和挑战,迫切需要改进和加强。《建设工程监理规范》GB/T 50319—2013 在国务院行政审批制度不断深化改革的基础上,对建设工程监理工作提出了新要求,铁路行业的工程监理规范需进行相应调整。

综上所述,有必要根据国家法律法规和相关标准要求,结合铁路工程建设特点,充分吸纳工程监理的实践经验,对《铁路建设工程监理规范》进行全面修订,进一步提升规范可操作性,适应铁路建设和发展的需要。

（二）编制目的

1. 适应铁路发展新要求。贯彻新发展理念，落实保护生态环境、节约能源资源等要求，推行标准化和信息化管理，推动铁路建设工程监理事业健康发展。

2. 解决原规范不适应问题。开展广泛调查研究，完善现场监理的内容和方式，强化工程质量控制措施，优化监理人员数量配置标准，进一步提高监理质量和水平。

3. 确保铁路建设工程质量。系统总结铁路建设工程监理实践工作经验，及时转化为规范成果，进一步强化质量安全要求，更好地服务国家战略和经济社会发展。

（三）编制原则

1. 目标导向、优化管理。贯彻落实国家法律法规和相关标准要求，坚持“安全第一、预防为主、综合治理”的安全生产方针，优化工程监理体系，适应铁路发展新要求。

2. 技术先进、手段完善。吸纳质量检测先进技术和设备，突出监理方法、措施的先进性和科学性，增加巡视检查方法，以标准化管理为手段推进项目安全风险管理。

3. 结合现场、注重实用。注重与现场实际相结合，完善现场监理制度，明确监理日志填写要求，以信息化管理为手段推进项目过程管理，提高规范的可操作性和实用性。

4. 系统协调、规范统一。突出行业标准特点，总结铁路建设工程监理实践经验，借鉴国内外相关标准，与现行有关国家和行业标准相协调，体现规范的系统性和统一性。

（四）编制过程

《铁路建设工程监理规范》编制过程总体上分为五个阶段。

1. 前期准备阶段。收集工程建设监理相关法律法规和规范性文件，识别现行规范与之不相适应的内容，梳理存在的问题。开展广泛调研，全面总结铁路建设工程监理实践经验。

2. 工作大纲阶段。确定标准编制原则、适用范围、内容框架、进度计划、工作分工等。组织铁路建设管理、勘察设计、工程监理、施工建造、运营管理、科研高校等单位 13 位专家完成技术审查。

3. 征求意见稿阶段。编制完成征求意见稿条文和条文说明,向铁路建设管理、勘察设计、工程监理、施工建造、运营管理、科研院所等单位广泛征求意见,共收到 15 家单位反馈意见 297 条。组织相关单位 11 位专家完成技术审查。

4. 送审稿阶段。编制完成送审稿条文和条文说明,向铁路建设管理、勘察设计、工程监理、施工建造、科研院所、政府部门等单位广泛征求意见,共收到 11 家单位反馈意见 159 条。组织相关单位 17 位专家完成技术审查。

5. 报批稿阶段。编制完成报批稿条文和条文说明。经审核通过,于 2019 年 4 月 18 日发布,自 2019 年 8 月 1 日起实施。

(五)主要内容

《铁路建设工程监理规范》是铁路工程建设领域管理类标准,通过系统总结铁路建设工程监理实践经验,借鉴国内外相关标准,在 2007 年版规范基础上全面修订而成。

规范基本构架:

本规范共分 11 章,包括总则、术语、基本规定、工程质量控制、工程进度控制、工程造价控制、安全生产管理的监理工作、环境保护与水土保持监理工作、合同管理、监理资料管理、设备采购与设备监造,另有 3 个附录。主要分为四大板块:

第一板块:总则。明确标准编制目的、适用范围、监理单位权利、总监理工程师负责制、工程监理遵循主要依据等,提出铁路建设工程监理宜实施标准化和信息化管理。

第二板块:术语。规定与铁路建设工程监理密切相关的 22 条术语,增加了建设工程监理、注册监理工程师、单位工程清单、监理日记等 7 条术语,取消了监理工程师、变更设计 2 条术语。

第三板块:基本规定。规定项目监理机构设置、各级监理人员职责,提出监理工作及试验设施、监理规划、监理实施细则、工地会议内容等相关要求,明确了监理人员数量规定。

第四板块:具体规定。规定工程质量控制、工程进度控制、工程造价控制、安全生产管理的监理工作、环境保护与水土保持的监理工作、合同管理、监理资料管理、设备采购与设备监造等方面要求。

主要修订内容:

1. 参考国家标准《建设工程监理规范》,调整优化章节结构。原规范 13 章 2 个附录修改为 11 章 3 个附录。

2. 增加监理工作依据的相关内容，突出铁路建设工程监理宜实施标准化和信息化管理的要求。

3. 完善项目监理机构的相关规定，并规定项目监理机构应协调工程建设相关方关系的职责。

4. 明确项目监理机构应按监理合同约定建立监理试验室并配备充足的试验人员和合格的试验设备及检测仪器的要求。

5. 补充完善总监理工程师和专业监理工程师职责，要求总监理工程师履行审查分包单位的资质、组织首件同类分部工程验收等职责。

6. 强调对专业性较强、危险性较大的分部分项工程，项目监理机构应按专业编制监理实施细则的要求。

7. 细化项目监理机构对施工控制测量成果及保护措施的检查、复核所包括的内容。

8. 提出总监理工程师应安排监理人员对施工过程采用照相、录像等手段进行巡视检查和检测并予以记录的要求。

9. 规定对施工过程中出现质量问题或质量隐患、重要问题及时向建设单位或主管部门报告的要求。

10. 优化施工进度计划审核的主要内容，增加总监理工程师应向建设单位报告工期延误风险的要求。

11. 补充合同管理中承包合同争议及承包合同解除时的监理工作。调整总监理工程师签发工程暂停令的规定。

12. 完善承包单位恢复施工的相关规定。明确承包单位未提出复工申请的，总监理工程师可根据工程实际情况指令承包单位恢复施工。

13. 统一监理日志的格式，明确监理日志应按单位工程填写。

14. 明确工程完工后工程质量评估报告的编写和报送要求。规定监理文件资料的组成及归档要求。

15. 新增“设备采购与设备建造”章节，明确设备采购及设备监造时项目监理机构应做的工作。

（六）解决的问题及预期效果

1. 解决的问题

（1）与监理相关的法律法规、《建设工程监理规范》GB/T 50319—2013 和相关行业标准相协调的问题。

(2)监理现场实际工作状况与安全生产管理、环境保护与水土保持等相关法律法规相协调问题。

(3)监理机构设置与相关方职责不清的问题。

(4)铁路建设工程监理手段需不断创新的问题。

2. 预期效果

监理工作是工程建设管理的延伸,监理规范是开展监理活动的依据。《铁路建设工程监理规范》进一步完善项目监理机构的设置要求和监理人员的职责,明确工程质量、进度和投资控制的主要内容和方法措施,在现行规范基础上,优化了监理工作内容,加强对安全生产管理、环境保护与水土保持、合同管理、监理资料管理、设备采购与设备监造等监理工作要求,补充了巡视检查采用照相、录像等手段的有关内容规定,将有效规范铁路建设工程监理行为,提高监理工作水平,保证工程质量安全。

(七)历史沿革

1. 2003 年,为适应铁路跨越式发展,强化铁路工程监理企业自身建设,加强和规范监理管理工作,根据《建设工程监理规范》GB 50319—2000,铁道部(铁建设〔2003〕38 号)发布《铁路建设工程监理规范》TB 10402—2003,填补了铁路监理行业的空白。主要技术内容有:明确监理单位和各级监理人员在工程施工各阶段监理工作内容、监理工作程序、监理工作范围以及相应的责任、义务和权利。

2. 2007 年,铁道部(铁建设〔2007〕136 号)发布《铁路建设工程监理规范》TB 10402—2007。主要修订内容有:增加了安全生产监理、环境保护与水土保持监理工作规定,整合了工程质量缺陷责任期监理和竣工验收监理工作要求,删除了设备采购监理与设备监造相关内容。

3. 2019 年,国家铁路局(国铁科法〔2019〕19 号)发布《铁路建设工程监理规范》TB 10402—2019,为现行版本。

第三章 2020 年度铁路工程建设标准编制发布情况

内容导读

2020 年，围绕服务铁路高质量发展，统筹疫情防控和标准化任务，持续推动铁路行业标准化工作改革，发挥工程建设标准对铁路建设的基础支撑作用，大力推进治理体系和治理能力现代化建设，推进完善全方位支撑行业治理效能提升的标准体系。标准制修订工作迈出新步伐，标准的引领性、先进性、适用性、有效性持续提升，开展 43 项标准编制工作（附录 3），编制发布 15 项铁道行业标准。

设计类标准方面。促进科技创新成果转化应用，满足大跨度铁路桥梁建造技术发展需要，着眼铁路斜拉桥总体技术要求适应各种类型铁路建设，编制发布铁路斜拉桥设计规范，系统提炼车桥耦合分析、轨道形位控制、抗震抗风设计和新材料应用等科技创新成果。全面总结我国铁路钢管混凝土结构桥梁建设运营实践经验和科研成果，充分借鉴国内外相关标准，开展铁路桥梁钢管混凝土结构分析研究，编制发布铁路桥梁钢管混凝土结构设计规范，引领铁路桥梁钢管混凝土结构技术发展，满足铁路工程建设需要，促进铁路高质量发展。

施工类标准方面。体现以人为本、安全发展的理念，梳理铁路工程施工阶段的安全控制要点和关键环节，明确施工安全管理、施工安全技术和施工安全作业要求。总结近年来铁路工程施工安全事故教训，深入调研事故的基本情况、发生过程、问题根源，查找事故隐患、风险点和普遍存在的共性问题，提出有效的防范措施。发布全套 7 册铁路工程施工安全技术规程，首次引入铁路工程施工主要危险源、危险因素辨识评估，提出基础性、通用性和各专业施工安全技术要求，全面规范铁路工程施工安全管理和施工作业安全行为，有效保障施工人员、设备、设施及行车安全。

验收类标准方面。全面总结铁路工程建设的实践经验及有关科研成果，并借鉴国内外先进标准经验，选择成熟可靠的检验方法，注重标准的可操作性、技术先进性和经济合理性，体现施工过程质量和实体质量检查检验要求，总结铁路站场施工质量验收实践经验，规定混凝土的验收检验项目及质量指标、检验方法和检验数量，突出给水排水工程关键环节质量控制，统一铁路路基支挡结构的实体质量检测要求，发布铁路给水排水、站场、客服信息系统工程等质量验收标准，加强铁路站场、给水排水和路基支挡结构等工程技术管理，保障铁路工程质量，完善工程施工质量验收标准体系。

第一节　设计类标准

一、《铁路斜拉桥设计规范》TB 10095—2020

（一）编制背景

为落实《铁路标准化“十三五”发展规划》要求，满足铁路工程建设标准体系建设需要，适应铁路建设发展，根据《国家铁路局 2017 年铁路工程建设标准编制计划》（国铁科法函〔2017〕185 号）要求，国家铁路局规划与标准研究院组织中铁大桥勘测设计院集团有限公司等单位开展《铁路斜拉桥设计规范》的编制工作。

斜拉桥由塔、梁、索等构件组成，具有内力分布均匀、架设便捷、安全可靠的特性，已成为大跨度桥梁的主要形式。目前还没有针对铁路斜拉桥的设计规范和标准，使得设计者在荷载加载、疲劳计算、刚度选取、轨道变形控制等方面的差别很大，多年来在铁路斜拉桥建设中一直存在一桥一议、进行重复科研等问题。世界首座重载大跨三主桁三索面的天兴洲长江大桥，世界首座跨度千米级的公铁两用沪苏通长江大桥（图 3-1）等一批深水、大跨、特殊地质条件、复杂结构形式的铁路斜拉桥成功建设，标志着铁路斜拉桥建造技术取得历史突破，达到世界先进水平，为制定铁路斜拉桥技术标准积累了丰富经验，奠定了坚实基础。

图 3-1　公铁两用沪苏通长江大桥

依托近年来我国大跨度斜拉桥建设经验和科研成果,编制我国铁路斜拉桥设计规范,指导铁路斜拉桥设计,加速科技成果转换,进一步提高桥梁工程的建造质量和技术水平。

(二)编制目的

1. 加快技术推广。落实《铁路标准化“十三五”发展规划》要求,跟踪铁路斜拉桥技术发展动态,加快研究成果转化为技术标准,引领铁路斜拉桥技术发展方向。

2. 满足实际需求。体现新发展理念,满足铁路斜拉桥建设需求,结合已有工程实践经验和科研成果,编制覆盖全部速度等级和铁路类型的技术规范,满足铁路斜拉桥设计需求。

3. 统一技术标准。统一铁路斜拉桥设计荷载加载、疲劳计算、刚度选取、动力分析等基本设计参数和设计标准,规范铁路斜拉桥工程设计,提高桥梁设计水平。

(三)编制原则

1. 目标导向、需求牵引。贯彻新发展理念,落实新时代交通强国建设要求,满足铁路斜拉桥建设需要,推进科研成果转化应用,促进斜拉桥建设高质量发展。

2. 系统总结、规范统一。总结近年来完成的科研成果和设计经验,吸收建设运营中的反馈意见,同国家及行业内相关标准协调一致,避免矛盾和重复,方便设计人员使用。

3. 重点突破、覆盖全面。利用已有标准基础,着眼解决铁路斜拉桥主要技术要求,重点突破刚度、抗风、抗震标准,适用全部速度等级铁路斜拉桥工程建设。

4. 规定明确、特色鲜明。反映铁路斜拉桥技术发展最新动态,突出中国铁路斜拉桥技术应用特点,编制与斜拉桥特性密切相关的技术内容,重点突出,深细度适宜。

(四)编制过程

《铁路斜拉桥设计规范》编制过程总体上分为五个阶段。

前期准备阶段。开展铁路斜拉桥技术基础研究,全面总结铁路斜拉桥建设运营实践经验和科研成果,调研施工荷载加载情况,分析多片桁架梁风载阻力系数、横向刚度、断索工况和抗震等方面的影响,确定斜拉桥关键设计参数。

工作大纲阶段。确定规范编制原则、适用范围、内容框架等,组织铁路建设管理、勘察设计、施工建造、运营管理等单位权威专家完成技术审查。

征求意见稿阶段。编制完成征求意见稿条文和条文说明，向铁路建设管理、勘察设计、施工建造、运营维护等单位征求意见，共收到158条意见，组织相关单位各方权威专家完成技术审查。

送审稿阶段。编制完成送审稿条文和条文说明，广泛征求铁路建设管理、勘察设计、施工建造、运营管理、科研高校等单位意见，共收到169条意见，组织相关单位等各方权威专家完成技术审查。

报批稿阶段。编制完成报批稿条文和条文说明，经审核通过，于2020年12月2日发布，自2021年3月1日起实施。

（五）主要内容

《铁路斜拉桥设计规范》是铁路斜拉桥设计的专项标准，是在全面总结国内外铁路斜拉桥建设运营经验和科研成果基础上编制而成的，为铁路斜拉桥设计提供依据。

规范基本构架：

本规范共分9章，包括总则、术语和符号、基本规定、材料、设计荷载、结构计算、结构构造、施工控制、养护维修及防护等，主要分为四大板块：

第一板块：总则。明确标准编制目的、适用范围、铁路斜拉桥设计总体要求等内容。

第二板块：术语和符号。规定与铁路斜拉桥技术密切相关的术语和符号，如斜拉桥、斜拉索、索塔、支撑体系、计算塔高等。

第三板块：基本规定。规定斜拉桥总体结构布置、约束体系、刚度等要求。

第四板块：具体要求。明确斜拉桥材料和基本力学参数、设计荷载种类及荷载组合、结构计算基本要求和分析方法，规定了斜拉桥主梁、斜拉索、锁塔、支座等结构的构造要求和施工控制要求。

主要技术内容：

1. 明确编制目的、适用范围和铁路斜拉桥设计总体要求。

2. 提出铁路斜拉桥总体结构布置、约束体系、刚度要求。

3. 规定铁路斜拉桥所采用的材料要求和基本力学参数。

4. 明确铁路斜拉桥设计荷载种类及荷载组合。

5. 统一铁路斜拉桥结构计算的基本要求和分析方法。

6. 规定铁路斜拉桥主梁、斜拉索、索塔、支座及梁端伸缩装置、锚固系统及其他附属设施等结构的构造要求。

7. 提出铁路斜拉桥施工控制总体要求。

8. 规定铁路斜拉桥养护维修要求及防护措施。

(六)解决的问题及预期效果

1. 解决的问题

斜拉桥已成为大跨度铁路桥梁的主要结构形式,我国建成的铁路斜拉桥(含公铁两用)已经超过 40 多座,铁路斜拉桥最大跨度已达 1 092 m,尤其是突破了高速铁路桥梁一般不采用柔性结构的常规,是我国高速铁路建设的重大工程技术突破。目前还没有针对铁路斜拉桥的设计规范,使得设计者在荷载加载、疲劳计算、刚度选取、轨道变形控制等方面的使用上差别很大,多年来在铁路斜拉桥建设中一直存在一桥一议、进行重复科研等问题。

2. 预期效果

(1)统一铁路斜拉桥主要技术参数。明确斜拉桥总体竖向、横向刚度和宽跨比等指标,提出不同工况下斜拉索安全系数和疲劳容许应力幅等要求,解决了铁路斜拉桥刚度等指标一桥一议、重复科研的问题。

(2)规定铁路公路荷载的组合系数。根据不同加载长度,确定铁路公路(城市道路)两用斜拉桥公路活载的组合系数,与实际运行工况更吻合,荷载计算更科学合理。

(3)首次提出多片桁架梁风载阻力系数。规定斜拉桥索塔和斜拉索风荷载计算、多片桁架梁的风载阻力系数取值,明确了施工阶段风荷载及计算要求。提出斜拉桥构件温差计算方法,明确双层桥面斜拉桥不同构件的温差取值方法。填补了双层桥面斜拉桥构件温差计算的空白。

(4)明确斜拉桥断索工况的相关设计要求。规定断索工况下结构安全系数,保证铁路斜拉桥安全性,确保桥梁在断索工况下车辆的通行。

(5)明确斜拉桥两阶段抗震设防要求。提出大跨度铁路斜拉桥按 E1 地震、E2 地震两阶段抗震设防,更好地适应斜拉桥结构特点,抗震设计更加科学合理。

二、《铁路桥梁钢管混凝土结构设计规范》TB 10127—2020

(一)编制背景

为优化完善铁路工程建设标准体系,加强铁路工程质量管理,推进铁路高质量发展,按照《国家铁路局 2017 年铁路工程建设标准编制计划》(国铁科法函〔2017〕185 号)要求,国家铁路局规划与标准研究院组织中铁工程设计咨询集团有限公司等开展《铁路桥梁钢管混凝土结构设计规范》的编制工作。

钢管混凝土受压构件利用钢管和混凝土两种材料在受力过程中的相互作用，充分发挥两种材料的优点，提高承载能力，改善延性，在我国铁路工程建设中有较多应用。随着我国大规模铁路建设的持续推进，桥梁建造技术取得了举世瞩目的成就，钢管混凝土结构在铁路桥梁建设中得到大量应用，主要桥式为连续梁拱组合桥和简支组合拱桥。水柏铁路北盘江大桥（图 3-2）、莞惠城际铁路东莞水道桥、郑焦（京广）铁路跨黄河大堤组合拱桥等一批艰险山区及跨河钢管混凝土结构桥梁成功建成，标志着铁路钢管混凝土结构桥梁建造技术取得重大突破，达到世界先进水平，为制定铁路桥梁钢管混凝土结构技术标准积累了丰富经验，奠定了坚实基础。铁路桥梁具有运用环境复杂、活载比重大的特点，需要更高的安全性、可靠性，现行国内外铁路桥梁结构设计规范均缺少对钢管混凝土结构设计的详细规定，需要统一铁路桥梁钢管混凝土结构设计要求，为铁路桥梁钢管混凝土结构设计提供支撑。

全面总结我国铁路桥梁钢管混凝土结构桥梁建设运营实践经验和科研成果，开展相关标准基础研究，借鉴国外相关研究成果，积极推广新技术，进一步完善我国铁路建设技术标准体系，更好地服务于铁路工程建设。

图 3-2 水柏铁路北盘江大桥

（二）编制目的

1. 引领技术发展。吸收国内外钢管混凝土结构实践经验，将研究成果转化为技术标准，更好地指导工程设计，进一步完善铁路工程建设标准体系。

2. 满足桥梁安全。分析铁路桥梁运用环境和荷载特点，研究钢管混凝土结构强度计算方法，提出提高设计精度和可靠性方法，保障桥梁建设安全。

3. 统一技术标准。规定铁路桥梁钢管混凝土结构的材料要求、基本设计参数、结构体系的分析方法、构件强度计算、节点强度计算、疲劳计算，提出构造要求和施工要求，满足工程建设需要。

（三）编制原则

1. 目标导向、需求牵引。坚持新发展理念，推进研究成果转化应用，引领铁路桥梁钢管混凝土结构技术发展，完善铁路桥梁结构设计规范，满足铁路工程建设需要，促进铁路高质量发展。

2. 突出重点、覆盖全面。结合国内外技术发展，研究铁路钢管混凝土桥梁的结构分析方法，提出钢管混凝土轴心受力构件、压弯构件、板管节点、管管节点的强度计算方法，提出简化的管截面节点疲劳计算方法。

3. 技术先进、规定统一。总结吸收国内外钢管混凝土结构的实践经验，借鉴国内外相关研究成果，积极采用和推广新技术，与现行铁路桥梁设计规范统一、协调，规范编制采用容许应力法。

4. 特色鲜明、服务应用。充分体现钢管混凝土结构的受力特性，对管内混凝土的收缩徐变计算、局部脱粘对轴压强度的影响、节点疲劳计算等进行明确规定，科学严谨，可操作性强。

（四）编制过程

《铁路桥梁钢管混凝土结构设计规范》编制过程总体上分为五个阶段。

前期准备阶段。开展钢管混凝土结构相关理论计算和试验研究，调研国内外钢管混凝土结构技术现状，分析国内外已有规范和研究成果，全面总结国内外钢管混凝土结构的实践经验，取得铁路桥梁钢管混凝土结构设计方法、构造要求等成果。

工作大纲阶段。确定标准编制原则、适用范围、内容框架、进度计划、工作分工等。组织铁路建设管理、勘察设计、施工建造、运营管理、科研高校等单位 10 位专家完成技术审查。

征求意见稿阶段。编制完成征求意见稿条文和条文说明。向铁路建设管理、勘察设计、施工建造、运营管理、科研高校等单位广泛征求意见，共收到 4 家单位反馈意见 52 条。组织相关单位 12 位专家完成技术审查。

送审稿阶段。编制完成送审稿条文和条文说明，向铁路建设管理、勘察设计、施工建造、运营管理、科研高校等单位广泛征求意见，共收到 8 家单位反馈意见 35 条。组织相关单位 11 位专家完成技术审查。

报批稿阶段。编制完成报批稿条文和条文说明。经审核通过，于 2020 年 12 月 2 日发布，自 2021 年 3 月 1 日起实施。

（五）主要内容

《铁路桥梁钢管混凝土结构设计规范》是铁路工程建设桥梁专业标准，在全面总结我国铁路钢管混凝土结构桥梁建设、运营实践经验和科研成果，开展相关理论计算和试验研究的基础上编制而成的，为铁路桥梁钢管混凝土结构设计提供依据。

规范基本构架：

规范共分 10 章，包括总则、术语和符号、材料、基本设计参数、结构体系与分析、构件强度计算、节点连接设计、疲劳计算、构造要求、施工要求，另有 3 个附录。主要分为五大板块：

第一板块：总则。明确标准编制目的、适用范围、钢管混凝土结构设计总体性要求等内容。

第二板块：术语和符号。规定与铁路桥梁钢管混凝土结构设计密切相关的术语和符号，如钢管混凝土构件、管管对接、板管连接、管管连接、套箍系数等。

第三板块：材料。规定钢管混凝土结构的材料要求和基本力学参数。

第四板块：基本设计参数。规定钢管混凝土结构设计的基本设计参数等要求。

第五板块：具体要求。提出结构体系与分析、构件强度计算、节点连接设计、疲劳计算、构造及施工等要求。

主要技术内容：

1. 明确本规范的编制目的、适用范围和钢管混凝土结构设计总体性要求。
2. 列出与钢管混凝土结构相关的术语、符号。
3. 规定钢管混凝土结构的材料要求和基本力学参数。
4. 规定钢管混凝土结构设计的基本设计参数。
5. 明确钢管混凝土结构体系的基本要求和分析方法。
6. 规定钢管混凝土构件的强度计算方法。
7. 明确钢管混凝土结构常用连接节点的一般规定和强度计算方法。
8. 提出管管对接、板管节点、管管节点的疲劳计算方法。
9. 规定钢管混凝土结构的构造要求。
10. 规定钢管混凝土结构的施工要求。

（六）解决的问题及预期效果

1. 解决的问题

编制过程中结合实际需求开展了铁路桥梁钢管混凝土结构设计理论的深化研究工作，解决了现行国内外铁路桥梁结构设计规范均缺少对钢管混凝土结构设计的详细规定的问题。

2. 预期效果

（1）统一参数，提升工作效率。借鉴国内外有关研究成果，通过合成法计算公式导出叠加法公式的计算参数，便于工程师开展总体性桥梁结构分析。

（2）统一方法，提高设计精度。提出哑铃形截面的纯弯强度计算公式，建立中性轴位置特征高度及中性轴特征方程，可方便准确地计算哑铃形截面的纯弯强度。

（3）统一标准，增大设计可靠性。通过分析钢管混凝土截面脱空率对轴压强度的影响，以及脱空率与脱空高度的关系，提出脱空高度限值。

（4）统一结构，保障桥梁安全。综合国内外管节点疲劳试验情况，并借鉴有关设计规范，提出管管节点、板管节点统一疲劳强度计算公式，对于直接承受列车活载的钢管混凝土结构，比如斜拉桥主塔、主梁、拱桥的拱肋等，应采用板管节点构造，保证疲劳荷载作用下结构的安全可靠性。

第二节　施工类标准

三、《铁路工程基本作业施工安全技术规程》TB 10301—2020

（一）编制背景

为统一铁路工程施工安全技术要求，规范铁路工程施工安全管理和施工作业行为，保障施工过程中人身、设备、设施及行车安全，根据《国家铁路局 2016 年铁路工程建设标准编制计划》（国铁科法函〔2016〕29 号），组织开展《铁路工程基本作业施工安全技术规程》TB 10301—2009 全面修订工作。

《铁路工程基本作业施工安全技术规程》是服务铁路工程建设、强化施工安全管控的重要专业标准，自 2009 年颁布以来，部分内容与近年来发布或修订的法律法规、相关标准不能实现相应的匹配或衔接，同时内容与目前工程实际不同步、与其他专业安全技术规程要求不协调，为适应铁路技术标准发展面临的新形势新要求，强化安全基础和提供保障铁路工程建设安全的基本遵循，突出对工程施工基本作业的基础性和通用性安全技术要求，有必要对规程进行一次全面系统修订。

贯彻落实“安全第一，预防为主，综合治理”的安全生产方针，开展铁路工程基本作业施工安全技术规程的全面修订。明确建设、勘察设计、施工、监理等各方工作内容与职责，分析施工作业各步骤、各环节的安全要点，突出各阶段特点和差异性，有效提高标准的针对性和实用性。

（二）编制目的

1. 贯彻“安全第一，预防为主，综合治理”的安全生产方针，体现以人为本、安全发展理念，保障人身、设备、设施及行车安全，促进经济社会高质量发展。

2. 系统总结近年来铁路工程施工安全事故教训，深入分析事故的基本情况、发生过程、问题根源，查找事故隐患、风险点和普遍存在的共性问题，提出有效的防范措施。

3. 满足铁路建设发展和科技进步需要，完善与新工艺、新技术、新装备相关的安全技术要求。兼顾系统性和完整性，技术措施、作业要求等内容更加细化，严谨性和可操作性更强。

4. 有效规范施工安全管理和施工作业行为，按管理层、技术层、作业层三个层次，规定建设、勘察设计、监理、施工等建设各方工作内容与职责，统一铁路工程施工安全技术要求。

（三）编制原则

1. 政策引导、依法合规。贯彻落实国家有关法律、法规和规章对安全生产工作的要求，体现以人为本、安全发展的理念。

2. 抓住关键、明确要求。梳理铁路工程施工阶段的安全控制要点和关键环节，明确施工安全管理、施工安全技术和施工安全作业要求。

3. 问题导向、有效防范。总结近年来铁路工程施工安全事故教训，深入调研事故的基本情况、发生过程、问题根源，查找事故隐患、风险点和普遍存在的共性问题，提出有效的防范措施。

4. 突出重点、便于操作。重点提出铁路工程施工中的基础性和通用性安全技术要求，突出铁路工程各主要专业安全作业共性内容，体现了全面性、针对性和可操作性。

5. 适应发展、推陈出新。适应铁路工程技术发展和科技进步需要，完善与新工艺、新技术、新材料、新设备相关的安全技术要求，淘汰落后技术和工艺内容。

（四）编制过程

《铁路工程基本作业施工安全技术规程》编制过程总体上分为五个阶段。

前期准备阶段。为抓住关键问题，突出重点内容，提高编制质量，开展专题调研工作，了解建设项目现场存在问题，分析典型事故案例资料，总结铁路工程安全生产管理经验，借鉴发达国家在安全生产管理方面的先进理念和方法。

工作大纲阶段。确定标准编制原则、适用范围、内容框架、进度计划、工作分工等，组织铁路建设管理、勘察设计、工程监理、施工建造、运营管理等单位多位权威专家完成技术审查。

征求意见稿阶段。编制完成征求意见稿条文和条文说明，向铁路建设管理、勘察设计、工程监理、施工建造、运营管理、科研院所等 24 家单位广泛征求意见，共收到反馈意见 18 条。组织相关单位多位权威专家完成技术审查。

送审稿阶段。编制完成送审稿条文和条文说明，向铁路建设管理、勘察设计、工程监理、施工建造、运营管理、科研院所、政府部门等 34 家单位广泛征求意见，共收到反馈意见 24 条，组织相关单位多位权威专家完成技术审查。

报批稿阶段。编制完成报批稿条文和条文说明，经审核通过，于 2020 年 2 月 13 日发布，自 2020 年 5 月 1 日起实施。

（五）主要内容

《铁路工程基本作业施工安全技术规程》作为铁路工程建设施工类重要的行业标准，是在系统总结铁路工程安全生产管理经验，全面分析建设项目现场存在问题和典型事故案例，充分借鉴国内外先进理念和方法的基础上修订而成。原规程条文共 514 条，新修订的规程条文共 583 条，其中原规程保留 354 条、修改 72 条、增加 164 条、删除 90 条，规程条文修订情况统计如图 3-3 所示。

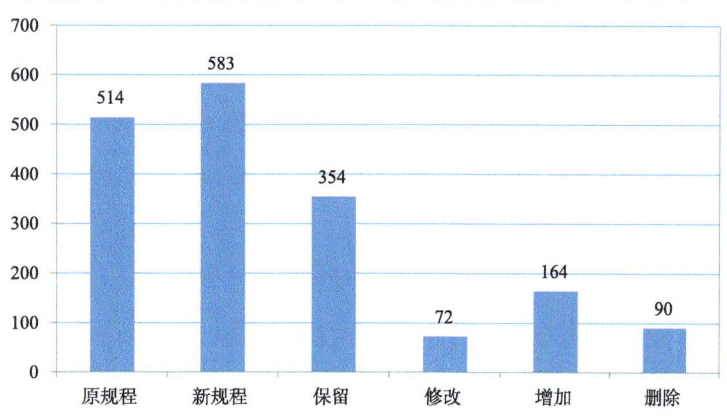

图 3-3　规程条文修订情况统计

规程基本构架：

本规程共分19章，包括总则，术语，基本规定，材料存储、运输与使用，施工机械，特种设备，施工用电，施工消防，混凝土与砌体工程，高处作业，起重吊装作业，爆破作业，拆除作业，特殊环境作业，季节性与特殊天气施工，高原、多年冻土地区施工，临时工程与过渡工程，营业线及邻近营业线施工，职业安全卫生等。主要分为四大板块：

第一板块：总则。明确本规程编制目的、适用范围，提出施工安全管理、施工安全技术、施工安全作业的管理与控制要求，规定建设各方设置安全管理机构，配备安全管理人员，制定安全生产规章制度，落实安全生产责任等内容。

第二板块：术语。规定与铁路工程施工作业密切相关的术语，如专项施工方案、营业线施工、邻近营业线施工、危险源、安全技术交底、安全防护设施、交叉作业、高处作业等内容。

第三板块：基本规定。明确建设各方应做好安全管理和安全技术工作，提出施工安全管理、施工安全技术、施工安全作业、施工安全培训等方面的共性要求。

第四板块：施工安全具体规定。明确施工机械、特种设备、施工用电、混凝土与砌体工程、高处作业、起重吊装作业、爆破作业、拆除作业、特殊环境作业、临时工程与过渡工程、营业线及邻近营业线施工、职业安全卫生等安全技术要求。

主要修订内容：

1. 贯彻近年来国家有关法律法规、规章和技术标准等对安全生产的新要求。

2. 规定铁路工程施工中安全管理、安全技术和现场安全作业的基本要求。

3. 明确安全技术交底、临边作业和悬空作业等术语的定义。

4. 增加各类施工作业关于危险源、危险因素辨识评估的内容。

5. 增加运输工具、加工机械、特种设备在管理和使用过程中的安全要求和应采取的技术措施。

6. 规定有关爆破器材储存库、爆破器材管理、爆破作业的安全要求。

7. 增加临时给排水设施、施工机具用电、电梯、夜间环境作业、有限空间作业、特殊天气施工的有关内容。

8. 增加营业线施工和邻近营业线施工的安全技术要求。

9. 删除房屋建筑及其他工程、静态验收和联调联试等章节。

（六）历史沿革

1. 1987年，铁道部（铁基〔1987〕240号）发布《铁路轨道施工技术安全规则》

TBJ 401—1987、《铁路路基施工技术安全规则》TBJ 402—1987、《铁路桥涵施工技术安全规则》TBJ 403—1987、《铁路隧道施工技术安全规则》TBJ 404—1987、《铁路通信施工技术安全规则》TBJ 405—1987、《铁路信号施工技术安全规则》TBJ 406—1987、《铁路电力施工技术安全规则》TBJ 407—1987、《铁路电力牵引供电施工技术安全规则》TBJ 408—1987、《铁路给水排水施工技术安全规则》TBJ 409—1987《铁路房屋建筑施工技术安全规则》TBJ 410—1987、《铁路临时工程附属辅助生产工程施工技术安全规则》TBJ 411—1987、《铁路行车线上施工技术安全规则》TBJ 412—1987 等安全规则。

2. 2003 年，铁道部（铁建设函〔2003〕99 号）发布《铁路工程施工安全技术规程（上册）》TB 10401. 1—2003、《铁路工程施工安全技术规程（下册）》TB 10401. 2—2003。

3. 2009 年，铁道部（铁建设〔2009〕181 号）发布《铁路工程基本作业施工安全技术规程》TB 10301—2009。

4. 2020 年，国家铁路局（国铁科法〔2020〕6 号）发布《铁路工程基本作业施工安全技术规程》TB 10301—2020，为现行版本。

四、《铁路路基工程施工安全技术规程》TB 10302—2020

（一）编制背景

为加强铁路行业安全生产意识，预防和减少生产安全事故，保障人民群众生命财产安全，发挥安全标准重要支撑作用，进一步统一铁路工程施工安全技术要求，根据《国家铁路局 2016 年铁路工程建设标准编制计划》（国铁科法函〔2016〕29 号）要求，组织开展《铁路路基工程施工安全技术规程》修订工作。

《铁路路基工程施工安全技术规程》是铁路工程施工安全系列技术规程之一，自 2009 年发布实施以来，对铁路路基工程施工中不安全行为和状态的控制，预防事故发生发挥了重要作用。随着铁路建设不断发展，铁路工程建设安全管理形势与需要发生重大变化，在执行过程中存在与相关法律法规不协调、一些安全防护要求不够具体或不便于实施等诸多问题亟须完善和解决。结合国家安全生产相关要求及变化情况，遵循现行安全生产法律法规和行业标准、技术规程，充分吸纳近年来铁路工程安全管理的实践经验。通过系统调研近年来我国铁路路基工程施工安全生产的建设成果和经验教训，借鉴国内外先进理念和方法，为启动《铁路路基工程施工安全技术规程》全面修订工作提供了必要条件。

作业通用安全要求和设备设施管理要求需要进一步明确，系统规定铁路路基工程危险性较大、重大的工程作业项目内容需要进一步加强规定，明确施工安全风险控制关键点，为保障铁路工程建设及铁路运输安全提供重要技术支撑。

（二）编制目的

1. 贯彻安全生产方针。贯彻“安全第一，预防为主，综合治理”的安全生产方针，体现以人为本、安全发展理念，统一铁路路基工程施工安全技术要求，规范铁路路基施工安全管理和施工作业安全行为，保障人身、设备、设施及行车安全。

2. 满足创新发展需要。系统分析铁路路基工程施工安全管理现状，全面总结铁路路基工程施工现场实践经验，满足铁路路基施工安全生产需要，提出路基作业覆盖全面的施工安全技术要求。

3. 保障路基施工安全。解决影响路基工程施工安全的突出问题，贯彻落实现行安全生产法律法规，与相关标准、规范协调统一，全面对接管理规章，进一步明确安全管理和施工作业行为。

（三）编制原则

1. 依法合规、安全第一。遵循安全生产法和铁路安全管理条例等安全生产法律法规，贯彻“安全第一，预防为主，综合治理”的安全生产方针，适应社会发展要求和科技进步水平。

2. 问题导向、全面优化。梳理路基工程施工阶段安全控制要点和关键环节，总结施工安全事故教训，着力解决规程与现行法律法规适应性问题，纳入路基工程“四新”安全技术要求。

3. 系统分析、统一标准。系统分析铁路路基工程施工安全管理现状，全面总结铁路路基工程施工现场实践经验，充分借鉴国内外相关标准，统一规范铁路路基工程施工安全技术要求。

4. 协调配套、覆盖全面。适应现行法律、法规和安全生产的新要求，与相关标准协调配套，覆盖路基工程“四新”技术发展和四化施工新内容，为保障铁路工程建设及铁路运输安全提供重要技术支撑。

（四）编制过程

《铁路路基工程施工安全技术规程》编制过程总体上分为五个阶段。

前期准备阶段。开展有关国家安全生产相关要求变化情况、相关行业标准的内容组成情况的调研，分析 2009 年版规程实施情况及存在问题，召开铁路工程施工安全技术规程编制工作研讨会，全面总结近年来施工安全事故教训、查找安全隐患、风险点和普遍存在的共性问题。

工作大纲阶段。确定编制原则、适用范围、内容框架、进度计划、工作分工等，组织勘察设计、施工建造、科研院所、运营维护、建设管理及科研单位等领域多位权威专家进行技术审查。

征求意见稿阶段。编制完成征求意见稿条文和条文说明，向勘察设计、施工建造、科研院所、运营维护、建设管理等单位征求意见，共收到 13 家单位反馈意见 203 条，组织相关单位多位权威专家完成技术审查。

送审稿阶段。编制完成送审稿条文和条文说明，向勘察设计、施工建造、科研院所、运营维护、建设管理、政府部门等单位征求意见，共收到 11 家单位反馈意见 142 条，组织相关单位多位权威专家完成技术审查。

报批稿阶段。编制完成报批稿条文和条文说明，经审核 2020 年 2 月 13 日发布，自 2020 年 5 月 1 日起实施。

（五）主要内容

《铁路路基工程施工安全技术规程》作为铁路工程建设施工安全类重要的行业标准，是在系统总结铁路路基工程施工安全管理现状和施工现场实践经验的基础上修订而成。2009 年版规程条文共 356 条，新修订的规程条文共 642 条，其中保留 65 条、修改 258 条、增加 345 条、删除 36 条，规程条文修订情况统计如图 3-4 所示。

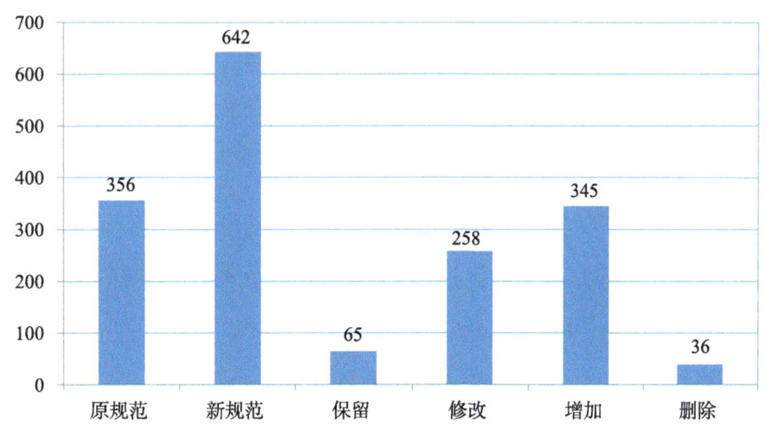

图 3-4　规程条文修订情况统计

规程基本构架：

本规程共分 13 章，包括总则、术语、基本规定、地基处理工程、填料制备、路基填筑工程、路堑开挖工程、特殊路基工程、支挡工程、边坡防护工程、防排水工程、相关工程、营业线及邻近营业线路基工程等，另有 1 个附录。主要分为四大板块：

第一板块:总则。明确本规程编制目的、适用范围,吸纳近年来国家安全生产法律、法规和相关行业技术标准等对铁路路基施工安全生产工作的新要求,强调以人为本、安全发展理念和施工安全技术要求的统一,并对专项施工方案的制定、应急救援预案的实施、联调联试的运行等作出规定。

第二板块:术语。规定与铁路路基工程施工安全技术密切相关的术语,如安全风险管理、专项施工方案、应急预案等内容。

第三板块:铁路路基工程施工安全基本规定。规定安全生产标准化建设和安全风险管理、专项施工方案编制和营业线及邻近营业线设计施工方案及施工计划管理,高风险工点建立安全监测及预警信息管理系统实施视频监控、设计安全技术交底和重大复杂及高风险工程安全技术交底程序、交叉工程施工会同设备管理单位共同现场调查和确认协调机制等内容。

第四板块:铁路路基工程施工安全具体规定。针对地基加固、填料制备、路基填筑工程、路堑开挖工程、特殊路基工程、支挡工程、预应力锚索、边坡防护工程、防排水工程、相关工程、营业线及邻近营业线路基工程等具体路基工程施工安全技术做出规定。

主要技术内容:

1. 贯彻近年来国家有关法律、法规、规章和技术标准等对安全生产工作的新要求。

2. 强调应急预案的培训、演练效果和衔接机制及地质核对工作的落实。

3. 明确安全风险管理要求、专项施工方案编制和审批及通用性安全技术要求。

4. 增加安全生产工作相关术语和路基工程专业术语。

5. 丰富了垫层,桩-网、桩-筏和桩板结构,注浆及充填,螺杆(纹)桩,布袋注浆桩,静力压桩,旋挖钻机作业等安全技术内容。

6. 增加填料生产加工、存储、装运和卸料安全技术内容。

7. 细化过渡段及锥体填筑、堆载预压、取土施工环境保护及水土保持内容。

8. 明确土方和石方机械开挖、爆破开挖安全技术要求。

9. 增加冻土地区、浸水地段及水库地段路基和特殊土、特殊环境路基的安全技术要求。

10. 补充路基支挡工程和边坡防护工程内容及相关安全技术要求。

11. 细化防排水工程和相关工程的施工安全技术要求。

12. 补充营业线及邻近营业线路基工程站场改造路基施工安全技术要求。

13. 取消作业示意图，优化调整施工作业安全检查表。

（六）解决的问题及预期效果

1. 解决的问题

（1）与现行法律、法规和安全生产的新要求不适应的问题。

（2）与其他规范、规程、管理办法不协调的问题。

（3）对“四新”技术发展和四化施工的新内容涵盖不足的问题。

（4）施工现场安全防护要求不具体，标准化施工建设有时无章可循的问题

（5）“施工作业安全检查表”的执行需要优化问题。

为了切实解决上述问题，保障铁路路基施工安全与质量，保障人民生命、财产安全和公共安全，适应国家法律、法规和安全生产的新要求，与相关标准保持协调一致，细化提出相应的施工安全作业要求，并引入铁路工程施工主要危险源、危险因素辨识评估，制定了施工作业安全检查表，针对铁路路基工程施工新工艺、新技术、新材料、新设备补充了相关的安全技术要求。

2. 预期效果

补充完善建设各方工作内容与技术要求，明确铁路路基施工的安全技术和管理要求，适应铁路建设发展、科技进步和行业管理需要。强调安全风险管理及施工现场危险源和危害因素辨识、专项施工方案编制、应急预案编制与演练、作业安全技术等要求；丰富了地基处理、路堤填筑、路堑开挖、特殊路基、支挡工程、邻近营业线路基施工等施工安全技术要求；增加了填料制备、边坡防护和防排水工程等施工安全技术内容；系统梳理了危险源、危害因素管理和施工作业安全要求，进一步突出施工安全管理、技术、作业的管理原则和技术要求；根据安全管理工作的特点和实际，优化提供便于操作的施工和检查项目各项记录表格，极大方便了现场使用。

（七）历史沿革

1. 1987 年，铁道部（铁基〔1987〕240 号）发布《铁路路基施工技术安全规则》TBJ 402—1987，自 1987 年 10 月 1 日起实施。

2. 2003 年，铁道部（铁建设函〔2003〕99 号）发布《铁路工程施工安全技术规程（上册）》TB 10401.1—2003、《铁路工程施工安全技术规程（下册）》TB 10401.2—2003，自 2003 年 6 月 1 日起实施。

3. 2009 年，铁道部（铁建设〔2009〕181 号）发布铁路路基工程施工安全技术

规程》TB 10302—2009，自 2009 年 9 月 24 日起实施。

4. 2020 年，国家铁路局（国铁科法〔2020〕6 号）发布《铁路工程基本作业施工安全技术规程》TB 10301—2020，自 2020 年 5 月 1 日起实施，为现行版本。

五、《铁路桥涵工程施工安全技术规程》TB 10303—2020

（一）编制背景

为贯彻落实“安全第一、预防为主、综合治理”的安全生产方针，体现以人为本、安全发展理念，统一铁路桥涵工程施工安全技术要求，规范施工安全管理和施工作业行为，保障人身、设备、设施及行车安全，国家铁路局规划与标准研究院组织中铁三局集团有限公司共同开展《铁路桥涵工程施工安全技术规程》TB 10303—2009 的全面修订工作。

2009 年版《铁路桥涵工程施工安全技术规程》自发布以来，在铁路桥涵工程施工的技术方案、专项方案编制审核、技术交底、教育培训等方面发挥了规范引领作用，对施工安全起到了十分重要的指导和约束作用。但仍存在危险源辨识及图表内容不够全面、术语解释欠缺、少部分内容叙述不够明了和严谨、特种设备特种作业人员要求指导性不强等方面的问题。2014 年修订的《安全生产法》把“推进安全生产标准化建设”与“建立、健全安全生产责任制和安全生产规章制度，改善安全生产条件”并列为“提高安全生产水平，确保安全生产”的重要保障。为落实新《安全生产法》的规定，迫切需要全面修订《铁路桥涵工程施工安全技术规程》。

贯彻国家、相关行业有关安全生产、安全标准化、特种设备、打非治违、绿色施工、重大危险源管理等方面的规定，面向作业一线技术人员和安全管理人员，体现桥涵工程特点，强化技术规范的完备性和指导性，修订《铁路桥涵工程施工安全技术规程》，为铁路桥涵工程施工安全提供保障。

（二）编制目的

1. 规范桥涵施工管理。贯彻国家有关法律、法规、规章和标准规范对安全生产工作的新要求，体现以人为本、安全发展的理念，规范桥涵施工安全管理和施工作业行为。

2. 提出防范措施。针对近年来铁路桥涵施工发生安全事故的工作内容开展调研，深入了解事故基本情况、发生过程、事故原因，提出有效防范措施。

3. 明确施工作业要求。针对铁路建设项目施工阶段的安全控制重要环节，按照强制性标准要求，明确施工安全管理、施工安全技术和施工安全作业要求。

（三）编制原则

1. 政策引导、依法合规。贯彻落实国家有关法律、法规和规章对安全生产工作的要求，明确安全管理、施工安全技术和施工安全作业要求。

2. 问题导向、推陈出新。针对铁路施工发生安全事故开展调研，深入了解事故基本情况、发生过程、事故原因，提出有效防范措施，推动新工艺、新技术、新材料、新装备的应用。

3. 抓住关键、有效防范。总结铁路桥涵工程施工安全管理经验，调研施工现场安全管理现状，借鉴相关行业安全施工经验，明确施工阶段安全控制要求。

4. 协调配套、便于操作。与全套施工安全技术规程协调配套，按照同步发布、同步实施、编制过程中与各标准之间协调一致。标准内容系统完整，针对性和可操作性强。

（四）编制过程

《铁路桥涵工程施工安全技术规程》编制过程总体上分为五个阶段。

前期准备阶段。开展铁路桥涵施工安全技术基础研究，调研施工安全事故，分析问题产生的根本原因，全面总结我国铁路桥涵建设运营实践经验，提出预防措施。

工作大纲阶段。确定标准编制原则、适用范围、内容框架、进度计划、工作分工等，组织建设管理、勘察设计、施工建造、运营管理、科研院所等单位权威专家完成技术审查。

征求意见稿阶段。编制完成征求意见稿条文和条文说明，向勘察设计、施工建造、科研院所、运营维护、建设管理等26家单位征求意见，共收到意见70条，组织建设管理、勘察设计、施工建造、运营管理、科研院所等单位权威专家完成技术审查。

送审稿阶段。编制完成送审稿条文和条文说明，向铁路总公司建设部、经规院、国家能源集团、中国中铁、中国铁建、中国通号、中交集团、中建总公司、中国电建办公厅（室）、各设计院及国家铁路局各部门单位征求意见，共收到意见40条，组织建设管理、勘察设计、施工建造、运营管理、科研院所等单位权威专家完成技术审查。

报批稿阶段。编制完成报批稿条文和条文说明，经审核通过，于2020年2月13日发布，自2020年5月1日起实施。

（五）主要内容

《铁路桥涵工程施工安全技术规程》是铁路桥涵工程建设施工类重要标准，是在系统总结铁路桥涵工程安全生产管理经验，全面分析建设项目现场存在问题和典型事故案例，充分借鉴国内外先进理念和方法基础上编制而成的。原规程条文共686条，新修订的规程条文共789条，其中保留285条、修改300条、增加204条、删除98条，规程条文修订情况统计如图3-5所示。

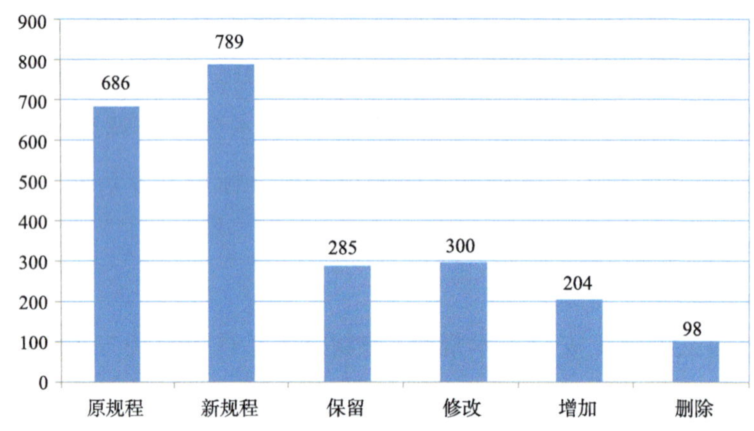

图3-5 规程条文修订情况统计

规程共分17章，包括总则、术语、基本规定、地基与基础、墩台、预应力混凝土简支箱梁预制及运架、预应力混凝土简支T梁预制及运架、预应力混凝土简支梁桥位制梁、预应力混凝土连续梁（刚构）、支座安装、钢梁架设、拱桥、斜拉桥、涵洞、桥面系及附属工程、水上及跨越道路施工、营业线桥涵施工等。主要分为四大板块：

第一板块：总则。明确规程编制目的、适用范围，提出施工安全管理、施工安全技术、施工安全作业管理与控制要求，明确制定安全生产规章制度，落实安全生产责任要求等内容。

第二板块：术语。规定与桥涵工程施工技术密切相关的术语和符号，如专项施工方案、营业线施工、临近营业线施工、自轮运转特种设备、混凝土连续梁顶推、高处作业爬梯等。

第三板块：基本规定。明确建设各方施工安全责任，制定施工安全措施、加强施工安全管理、规范现场作业，规定建设各方设置安全管理机构、危险源识别和管理、开工前安全讲话和安全管理检查内容等要求。

第四板块：具体要求。提出地基与基础、墩台、预应力混凝土简支箱梁预制及运架、预应力混凝土简支 T 梁预制及运架、预应力混凝土简支梁桥位制梁、预应力混凝土连续梁（刚构）、支座安装、钢梁架设、拱桥、斜拉桥、涵洞、桥面系及附属工程、水上及跨越道路施工、营业线桥涵施工等施工安全技术要求。

主要修订内容：

1. 吸纳近年来安全生产法律、法规、规章和标准对铁路桥涵工程施工安全的新要求。

2. 明确专项施工方案编制范围和要求。

3. 优化施工作业安全检查内容及相关表格。

4. 引入铁路桥涵工程施工重大危险源施工条件验收要求。

5. 补充完善预应力混凝土连续梁（刚构）施工安全管理和安全技术的相关内容。

6. 增加架桥机等大型起重吊装设备安全监控系统的安装使用要求。

7. 增加桥涵地基、预应力混凝土简支箱梁运架一体作业和节段梁制运安装的内容。

8. 增加施工爬梯、高处作业吊篮和工程线施工的内容。

9. 增加斜拉扣挂法悬拼钢管（箱）拱肋、劲性骨架拱桥施工安全的相关规定。

10. 细化悬臂拼装钢桁架拱桥过程中架梁吊机操作的安全要求。

11. 优化桥梁转体施工中混凝土连续梁有平衡重平转和拱桥竖转、无平衡重平转的有关内容。

12. 增加斜拉桥施工安全管理和安全技术的相关内容。

13. 细化水上及跨越道路施工内容。

14. 完善营业线桥涵施工内容，补充下穿铁路桥梁技术和管理要求。

（六）解决的问题及预期效果

1. 解决的问题

解决《铁路桥涵工程施工安全技术规程》TB 10303—2009 部分内容与近年来发布或修订的法律法规、相关标准的匹配、衔接问题，同时内容与目前工程实际不同步、与其他专业安全技术规程要求不协调等问题。

2. 预期效果

（1）贯彻落实《安全生产法》《铁路安全管理条例》和《建筑施工企业安全生产管理规范》GB 50656—2011 等要求。参照《职业健康安全管理体系 要求》GB/T 28001—2011、《企业安全生产标准化管理规范》GB/T 33000—2016，各章节增加关于主要危险源、危险因素辨识的内容，针对不同的施工内容制定了相应的安全检查表，提出了具体要求，提高了标准的针对性和可操作性。

(2)补充完善技术要求，提高规程指导性。坚持以人为本、安全发展理念，对安全生产工作提出新要求。增加基坑开挖、支护和降排水、人工挖孔桩（挖井）、脚手架、高处作业爬梯等专项施工方案管理、施工安全技术和现场安全作业的要求，补充门式起重机走行轨道基础、水下爆破作业的施工安全技术要求，补充立体交叉作业安全防护的要求。完善与新工艺、新技术、新材料、新设备相关的安全技术要求。

(3)与全套施工安全技术规程协调配套。全套施工安全技术规程按照同步发布、同步实施、配套使用原则编制，编制过程中注意本套标准之间、与相关标准之间的协调一致。

(七)历史沿革

1. 1987 年，铁道部（铁基〔1987〕240 号）发布《铁路桥涵施工技术安全规则》TBJ 403—1987，自 1987 年 10 月 1 日起实施。

2. 2003 年，铁道部（铁建设函〔2003〕99 号）发布《铁路工程施工安全技术规程（上册）》TB 10401. 1—2003 和《铁路工程施工安全技术规程（下册）》TB 10401. 2—2003，自 2003 年 6 月 1 日起实施。

3. 2009 年，铁道部（铁建设〔2009〕181 号）发布《铁路桥涵工程施工安全技术规程》TB 10303—2009，自 2009 年 9 月 24 日起实施。

4. 2020 年，国家铁路局（国铁科法〔2020〕6 号）发布《铁路桥涵工程施工安全技术规程》TB 10303—2020，自 2020 年 5 月 1 日起实施，为现行版本。

六、《铁路隧道工程施工安全技术规程》TB 10304—2020

(一)编制背景

为贯彻“安全第一、预防为主、综合治理”的安全生产方针，体现以人为本、安全发展理念，统一铁路隧道工程施工安全技术要求，规范施工安全管理和施工作业行为，保障人身、设备、设施安全，根据《国家铁路局 2016 年铁路工程建设标准编制计划》（国铁科法函〔2016〕29 号）要求，组织开展《铁路隧道工程施工安全技术规程》TB 10304—2009 全面修订工作。

铁路工程建设普遍存在工期紧、任务重、流动性强、临时设施多、施工和职业卫生条件较差、作业人员水平参差不齐等特点，安全事故时有发生。因此，如何通过技术规程约束铁路隧道工程建设中的不安全行为，为保障作业安全提供基本遵循显得尤为重要。《铁路隧道工程施工安全技术规程》自 2009 年颁布已历时多年，部分内容已不能与近年来发布或修订的法律法规、相关标准实现相应的匹配或衔接，并存在与目前工程实际要求不同步、与其他专业安全技术规程不协调等问题，有必要对规程进行一次全面系统修订。

贯彻国家安全生产有关法律法规，总结近年来工程建设经验，修订《铁路隧道工程施工安全技术规程》。规范铁路隧道专业安全管理和作业行为，明确施工现场危险源、危害因素辨识和应急预案编制与演练等方面的内容，对建设各方管理层、技术层和作业层的风险管理、安全管理及施工作业等提出具体要求（图 3-6、图 3-7）。

图 3-6　成兰铁路云屯堡隧道

图 3-7　隧道施工安全警示

（二）编制目的

1. 贯彻新发展理念。聚焦质量安全、防灾救援，加强“四新”技术应用，提高铁路隧道安全管理水平，保障铁路隧道建设安全。

2. 解决突出问题。吸纳隧道建造新技术、生态环保新要求、防灾减灾新成果，优化调整规范章节结构，进一步提升规范质量。

3. 满足创新发展需求。依托隧道领域先进科研成果和成熟运用经验，优化完善相关技术要求，提升规范的实用性和适用性，满足铁路隧道建设发展需要。

4. 促进行业施工质量安全体系建立。建立健全铁路隧道工程施工质量、环境、职业健康安全管理体系，对施工安全管理、施工安全技术、施工安全作业进行管理与控制。

（三）编制原则

1. 政策引导、依法合规。贯彻国家有关法律、法规、规章和标准规范等对安全生产的要求，树立安全发展理念，弘扬生命至上、安全第一的思想，健全安全生产保障体系。

2. 抓住关键、明确要求。注重标准间的统一协调，突出基本施工作业安全的基础性、通用性，不纳入某一专业特有的安全要求，明确技术措施必要前置条件，突出标准的系统性、完整性和可操作性。

3. 覆盖全面、创新驱动。全面总结铁路工程施工安全生产经验，广泛调研工程建设项目现场存在的突出问题，系统分析典型事故案例资料，借鉴国内外先进理念和方法，总结新工艺、新技术、新材料、新设备应用相关安全技术要求。

4. 突出重点、便于操作。针对铁路建设项目施工阶段的安全控制重要环节，明确管理手段，统一施工安全技术要求，规范铁路工程施工安全管理和施工作业行为，强化重点设施、部位和重大危险源管理。

（四）编制过程

《铁路隧道工程施工安全技术规程》编制过程总体上分为五个阶段。

前期准备阶段。开展铁路隧道施工安全相关问题研究，调研现阶段隧道施工技术特点，全面总结隧道施工工艺、管理等方面成果。

工作大纲阶段。确定规程编制原则、适用范围、内容框架、进度计划、工作分工等，组织铁路建设管理、勘察设计、工程监理、施工建造、运营管理等单位多位权威专家完成技术审查。

征求意见稿阶段。编制完成征求意见稿条文和条文说明，向铁路建设管理、勘察设计、工程监理、施工建造、运营管理、科研院所等单位广泛征求意见，共收到13家单位反馈意见215条。组织相关单位多位权威专家完成技术审查。

送审稿阶段。编制完成送审稿条文和条文说明，向铁路建设管理、勘察设计、

工程监理、施工建造、运营管理、科研院所、政府部门等单位广泛征求意见，共收到7家单位反馈意见133条，组织相关单位多位权威专家完成技术审查。

报批稿阶段。编制完成报批稿条文和条文说明，经审核通过，于2020年2月13日发布，自2020年5月1日起实施。

（五）主要内容

《铁路隧道工程施工安全技术规程》是铁路工程建设施工类重要的行业标准，是在系统总结铁路隧道安全管理的实践经验和科研成果的基础上修订而成。原规程条文共554条，新修订的规程条文共569条，其中原规程保留56条、修改161条、增加352条、删除130条。规程条文修订情况统计如图3-8所示。

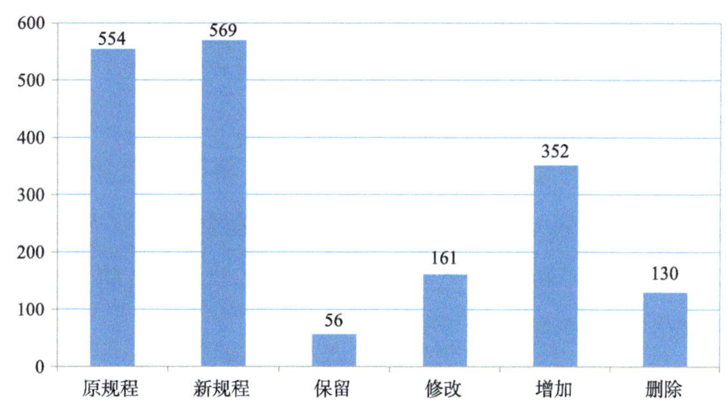

图3-8 规程条文修订情况统计

规程基本构架：

本规程共分16章，包括总则，术语，基本规定，洞口工程，超前地质预报，洞身开挖，装渣、弃渣与运输，支护与加固，衬砌，监控量测，施工风水电与防尘、照明，不良地质和特殊岩土地质隧道，辅助坑道，全断面隧道掘进机（TBM）施工，盾构施工，应急管理等。主要分为四大板块：

第一板块：总则。明确本规程编制目的、适用范围，提出隧道工程施工安全管理、施工安全技术、施工安全作业的管理与控制要求，规定建设各方制定安全生产规章制度、落实安全生产责任，开展安全作业培训、编制实施应急预案等内容。

第二板块：术语。规定与铁路隧道工程施工作业密切相关的术语，如超前地质预报、超前钻探、瓦斯溢出、岩墙、岩爆、辅助坑道、全断面隧道掘进机、护盾式TBM等内容。

第三板块：基本规定。明确建设各方应做好安全管理和安全技术工作，提出隧道施工人员、隧道施工机械、风险管理等方面的共性要求。

第四板块：施工安全具体规定。明确洞口工程，超前地质预报，洞身开挖，装渣、弃渣与运输，支护与加固，衬砌，监控量测，施工风水电与防尘、照明，不良地质和特殊岩土地质隧道，辅助坑道，全断面隧道掘进机（TBM）施工，盾构施工，应急管理等安全技术要求。

主要修订内容：

1. 贯彻近年来国家、行业有关法律法规、规章和技术标准等对安全生产的新要求。

2. 规定铁路隧道施工中安全管理、安全技术和现场安全作业的具体要求。

3. 明确施工现场危险源、危害因素辨识和应急预案编制与演练等方面的内容。

4. 删减施工安全管理检查表、施工安全技术检查表、施工安全作业检查表和简图。

5. 对规程结构进行调整：新增第 2 章“术语”；将原规程第 10 章“施工排水”和第 11 章“通风、防尘与风水电供应”合并为本规程第 11 章“施工风水电与防尘、照明”；将原规程第 13 章“斜井与竖井”更名为“辅助坑道”；将原规程第 16 章“逃生及救援”更名为“应急管理”。

6. 第 3 章基本规定增加“隧道施工人员”一节，对隧道施工人员做出了针对性规定。

7. 第 7 章章名改为“装渣、弃渣与运输”；增加运输车况、防溜措施、载人车辆的相关安全规定。

8. 第 9 章“衬砌将焊接作业”改为“动火作业”，并增加设阻燃挡板防止引发火灾、中毒事故相关要求。

9. 第 13 章“辅助坑道”增加平导、横洞和交叉口等节，并对无轨运输中人员运输相关安全要求进行规定。

10. 第 14 章“全断面隧道掘进机（TBM）施工”，第 15 章“盾构施工”两章对掘进出渣异常进行了相关安全规定；并增加了运输安全技防、人防措施和大坡度防溜车措施。

11. 第 16 章更新隧道施工应急救援相关要求和措施。

（六）解决的问题及预期效果

1. 解决的问题

（1）对不良地质隧道如岩溶、富水软弱破碎围岩、风积砂及含水砂层、瓦斯、有毒有害气体、高地应力、膨胀岩(土)、黄土、多年冻土、高地温、采空区、放射性等隧道施工安全进行了详细的分类和规定,极大地提高了实用性和可操作性。

(2)完善隧道应急管理,从程序、处理方法、注意事项等全面进行了规定,提升了行业应急能力。

2. 预期效果

通过本次修订,删除了不符合现代铁路隧道相关规定,更新了新技术新材料应用中应注意的安全规定,更加适合现代铁路隧道施工安全管理,符合国家发展的战略目标,社会效益较大。

(七)历史沿革

1. 1987 年,原铁道部(铁基〔1987〕240 号)发布《铁路隧道施工技术安全规则》TBJ 404—1987,自 1987 年 10 月 1 日起实施。

2. 2003 年,原铁道部(铁建设函〔2003〕99 号)发布铁道部发布了《铁路工程施工安全技术规程(上册)》TB 10401. 1—2003、《铁路工程施工安全技术规程(下册)》(TB 10401. 2—2003),自 2003 年 6 月 1 日起实施。

3. 2009 年 9 月,原铁道部(铁建设〔2009〕181 号)发布《铁路隧道工程施工安全技术规程》TB 10304—2009,自 2009 年 9 月 24 日起实施。

4. 2020 年 5 月,国家铁路局(国铁科法函〔2020〕6 号)发布《铁路隧道工程施工安全技术规程》TB 10304—2020,自 2020 年 5 月 1 日起实施,为现行版本。

七、《铁路轨道工程施工安全技术规程》TB 10305—2020

(一)编制背景

为贯彻国家有关安全生产的法律法规,借鉴国内外有关施工安全的先进理念和方法,在深入开展专题调研的基础上,系统分析铁路轨道工程施工中的安全管理现状和典型事故案例,全面总结铁路轨道工程施工安全的经验教训,从技术、管理两个方面,并按管理层、技术层、作业层等三个层次,组织开展《铁路轨道工程施工安全技术规程》TB 10305—2009 全面修订工作。

随着近几年铁路建设发展,新的轨道施工技术(图 3-9)、施工装备相继出现,原《铁路轨道工程施工安全技术规程》TB 10305—2009 中有些条款已不适应目前实际,部分检查表执行不彻底,不便于使用,需要进行修编,以适应当前铁路轨道工程施工安全管理和施工安全作业的需要。

本规程根据《国家铁路局 2014 年铁路工程建设标准编制计划》(国铁科法函

图 3-9　铁路有砟轨道“单枕连续法”铺轨施工

〔2014〕175 号）的要求，在《铁路轨道工程施工安全技术规程》TB 10305—2009 的基础上编制的。编制组先后对中南通道、宁西、云桂铺架项目进行实地调研，并召开会议逐条进行讨论，并查阅项目竣工文件内业资料、试验检测资料、质量检查资料，考察施工现场等，对中铁电气化局、兰渝、中铁二局、中铁三局、中铁四局、中铁十一局、中铁十七局、铁一院、铁二院、铁科院等单位进行书面函征、电话咨询，充分吸纳沪汉蓉、精伊霍、奎北、昆沾、玉蒙、宁西、吐库、西平、中南通道、宁西等客货共线铁路的建设运营经验。

（二）编制目的

1. 贯彻安全发展理念。贯彻“安全第一，预防为主，综合治理”的安全生产方针，体现以人为本、安全发展理念，统一铁路轨道工程施工安全技术要求，规范铁路轨道工程施工安全管理和施工作业行为，保障人身、设备、设施及行车安全。

2. 解决突出安全问题。针对铁路轨道施工技术发展与标准内容不适应不匹配问题，吸纳轨道施工新技术、低碳环保新要求、防灾减灾新成果。优化调整规程章节结构，进一步提升规程质量。

3. 满足安全发展需求。依托国内外客货共线铁路的建设经验和先进科研成果，优化完善相关安全技术要求，提升规程的先进性和合理性，适应铁路轨道施工安全发展需要。

4. 保障轨道施工安全。全面落实安全生产方针政策，梳理安全控制要点，明确安全控制手段，实现人员安全、设备安全、工艺技术安全。

（三）编制原则

1. 以人为本、安全发展。贯彻国家有关法律、法规、规章和标准规范等对安全生产工作的新要求，充分体现以人为本，坚持安全发展的理念。

2. 把握重点、明确措施。针对铁路建设项目施工阶段的安全控制重要环节，按照强制性标准要求，明确管理手段、安全措施和作业要求。

3. 总结经验、科学编制。总结铁路工程安全生产管理经验，调研建设项目现场存在问题，分析典型事故案例资料，借鉴国内外先进理念和方法，推动轨道安全施工与时俱进。

4. 安全可靠，技术先进。淘汰落后有安全隐患的施工工艺，推行安全可靠高效的施工工艺，完善与新技术、新工艺、新装备相关的安全技术要求，体现"四新"技术及机械化、工厂化、专业化、信息化等现代化管理手段对安全控制的技术要求。

（四）编制过程

《铁路轨道工程施工安全技术规程》编制过程总体上分为五个阶段。

前期准备阶段。调研现有规程，深入项目，对现有规程在现场的执行情况及现场实际安全管理现状进行详细的调研，为规程修编提供基础资料。

工作大纲阶段。确定标准的编制原则、主要修订内容和进度安排等，组织勘察、设计、施工、运营各方权威专家开展工作大纲技术审查。

征求意见稿阶段。编制完成征求意见稿条文和条文说明，向铁路建设管理、勘察设计、工程监理、施工建造、运营管理等单位广泛征求意见，共收到 11 家单位反馈意见 123 条，组织相关单位多位权威专家完成技术审查。

送审稿阶段。编制完成送审稿条文和条文说明，向铁路建设管理、勘察设计、工程监理、施工建造、运营管理等单位广泛征求意见，收到 6 家单位 26 条意见。组织相关单位多位权威专家完成技术审查。

报批稿阶段。编制完成报批稿条文和条文说明，经审核通过，于 2020 年 2 月 13 日发布，自 2020 年 5 月 1 日起实施。

（五）主要内容

《铁路轨道工程施工安全技术规程》是铁路工程建设施工类重要的行业标准，是在系统总结铁路轨道工程施工的实践经验和科研成果的基础上修订而成。原规程条文共 386 条，新修订的规程条文共 454 条，其中原规程保留 97 条、修改 175 条、增加 182 条、删除 114 条，规程条文修订情况统计如图 3-10 所示。

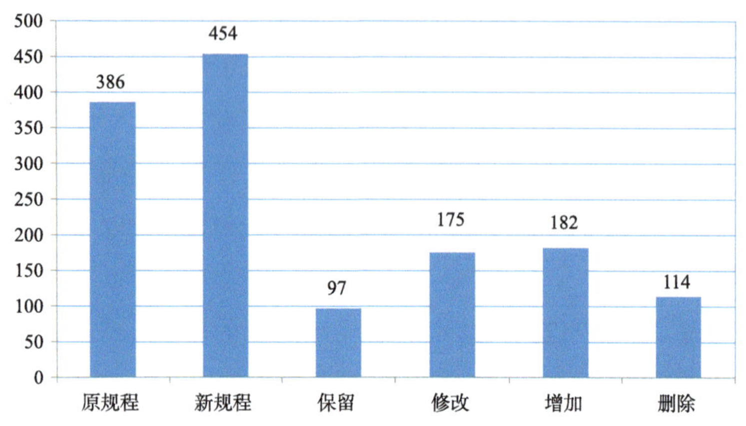

图 3-10　规程条文修订情况统计

规程基本构架：

本规程共分 15 章，主要内容包括总则、术语、基本规定、轨道板（枕）现场制造、轨道材料的装卸、运输和存放、有砟道床施工、无砟道床施工、无缝线路铺设、有缝线路铺设、道岔和钢轨伸缩调节器铺设、轨道精调整理、钢轨预打磨、工程运输、营业线轨道施工、相关工程，另有 2 个附录。

主要修订内容：

1. 纳入近年来国家、相关行业部委有关安全生产的法律、行政法规、规章和技术标准对铁路轨道工程施工安全的新要求。

2. 提出铁路轨道工程施工安全管理标准化、信息化和安全文明施工的相关要求。

3. 优化完善施工安全管理检查表、施工安全技术检查表及施工安全作业检查表。

4. 借鉴近年来行业安全事故教训，补充完善铁路轨道施工关键工序安全管控的措施和要求。删除插图，更正部分不适宜的内容。

5. 增加“术语”章节，对安全技术交底、营业线轨道施工等进行定义，便于规程的理解。

6. 增加“轨道板（枕）现场制造”章节，对轨道板（枕）预制场设置、轨道板（枕）制造等施工安全技术方面内容。

7. 增加“轨道精调整理”章节，对有砟轨道精调整理、无砟轨道精调整理等施工安全技术方面内容。

8. 增加“钢轨预打磨”章节，对钢轨打磨车打磨、小型机具打磨作业安全技术方面内容。

9. “无缝线路铺设”章节取消基地钢轨焊接，长钢轨铺设按有砟轨道和无砟轨道分别进行编写，并增加钢轨胶结绝缘接头施工安全技术方面的规定。

10. 增加钢轨伸缩调节器铺设安全技术方面的规定。

11. 删除“有砟道床施工”章节中预铺道砟摊铺机作业相关内容。

12. 删除“无砟道床施工”章节中 CRTSⅡ型双块式无砟轨道施工相关内容。

13. “工程运输”章节结合现行铁路运输行业相关规程、规则、办法进行修订。

14. “营业线轨道施工”章节结合铁路营业线施工安全相关规定、管理办法进行修订。

15. 系统调研轨道工程近几年采用的新工艺、新技术、新材料、新设备，并纳入规程相应章节。

（六）解决的问题及预期效果

1. 解决的问题

（1）现场对规程中“管理层、技术层、作业层”三个层次的管理要求认识不到位，安全管理还处于较为粗放的模式，主要还是执行了各自企业的一些安全管理检查要求。

（2）建设、监理等管理单位检查落实不到位，没有严格按该规程去检查，这也是导致规程没有很好的执行的一个主要原因。

（3）规程中“×××施工作业安全检查表”现场个别人理解每天都填写，而现场的作业是动态的，仅凭定点定时的检查，填表不能反映总体安全情况，普遍认为没有意义，且规程中没有明确是否存档，没有上级部门督促检查，也是导致不能执行的原因。

（4）近几年铁路轨道新结构、新技术应用较多，规程中没有体现，如 CRTSⅢ型板式无砟轨道、板式道岔等新的技术内容。

（5）规程中对影响轨道施工安全的长钢轨运输、枕轨运输、运枕门吊走行轨端头止挡装置、大号码道岔运输等编写的不透彻，部分有缺项。

为切实解决上述问题，保障铁路轨道工程施工安全，规程明确各阶段建设单位、设计单位、监理单位、施工单位等各单位的安全管理责任，优化各类检查表格，并根据现有铁路轨道工程施工内容和安全管控项目，新增轨道板（枕）现场制造、轨道精调整理、钢轨预打磨等章节，并重点对工程运输安全管理进行详细规定。

2. 预期效果

新规程较原规程覆盖面更广，涵盖轨道工程施工阶段各个环节，从本规程的现场使用情况出发，对现场反映的责任、流程以及实际操作等存在的问题进行了明确和优化，符合国家发展的战略目标，实用性明显增强，社会效益巨大。本规程的发布实施，大大提高轨道工程施工的安全程度。

（七）历史沿革

1. 1962 年，铁道部发布《铁路铺轨工程技术安全规则》。

2. 1987 年，为更好贯彻安全生产的方针，部（85）铁基字 165 号及铁基〔1986〕291 号文安排制、修订 12 种施工技术安全规则，其中包含《铁路轨道施工技术安全规则》TBJ 401—1987。

3. 2003 年，在 1987 年版 12 本施工技术安全规则的基础上，修编形成《铁路工程施工安全技术规程》（上、下册）TB 10401—2003。增加安全生产责任制相关内容，轨道章节增加长大坡道的轨节铺设、硫磺锚固、弹性支承块式整体道床轨道、单枕法铺设无缝线路、大型养路机械作业等施工安全技术内容。

4. 2009 年，铁道部（铁建设〔2009〕181 号）发布《铁路轨道工程施工安全技术规程》TB 10305—2009，从技术、管理两个方面，并按管理层、技术层、作业层等三个层次，规范建设、勘察设计、施工、监理单位等建设各方的工作内容与技术要求。

5. 2020 年，国家铁路局（国铁科法〔2020〕6 号）发布《铁路轨道工程施工安全技术规程》TB 10305—2020，为现行版本。

八、《铁路通信、信号、信息工程施工安全技术规程》TB 10307—2020

（一）编制背景

为贯彻“安全第一、预防为主、综合治理”的安全生产方针，体现以人为本、安全发展理念，规范铁路通信、信号、信息工程施工安全技术管理和施工作业，预防事故发生，根据《国家铁路局 2016 年铁路工程建设标准编制计划》（国铁科法函〔2016〕29 号）要求，组织开展《铁路通信、信号、电力、电力牵引供电工程施工安全技术规程》TB 10306—2009 全面修订工作，合并通信、信号与信息专业内容，编制《铁路通信、信号、信息工程施工安全技术规程》。

自 2009 年以来，随着国内高速铁路、城际铁路的快速发展，铁路通信、信号、信息技术不断创新及应用，系统安全性和可靠性得到充分验证。《铁路通信、信号、电力、电力牵引供电工程施工安全技术规程》TB 10306—2009 为 2009 年发布实施以来，部分内容已不能与近年来发布的法律法规、标准规范良好匹配衔接。为保障铁路通信、信号、信息工程施工安全，需本规程进行全面修订（图 3-11、图 3-12）。

图 3-11　信号电缆施工

图 3-12　铁塔施工

贯彻国家和铁路行业有关政策、法规，系统研究相关标准规范，总结近年来铁路工程建设经验，对于现行规程篇章结构进一步完善，补充完善新工艺、新技术、新材料、新设备等方面内容，删除比较陈旧和运用范围较窄的部分内容，做到结构设置清晰合理、内容编排准确全面，提高指导工程设计的科学性、合理性。同时将《铁路通信、信号、电力、电力牵引供电工程施工安全技术规程》TB 10306—2009 中强电部分与弱电部分分离，并增加信息工程相关内容。

（二）编制目的

1. 贯彻“安全第一、预防为主、综合治理”的安全生产方针，突出以人为本、安全发展理念，促进经济社会高质量发展。

2. 充分考虑人身安全、设备安全和列车运行安全，适应铁路安全技术发展，预防事故发生，补充和完善新工艺、新技术、新材料、新设备方面的施工安全技术措施。

3. 符合设计规范及铁路工程基本作业施工安全技术规程的要求，与相关标准保持协调，处理好与施工建造、质量验收等相关标准规范之间的关系。

4. 体现全方位全过程安全控制理念，在源头控制、过程控制、细节控制等方面明确关键性施工要求。

（三）编制原则

1. 安全第一、依法合规。落实《中华人民共和国安全生产法》《中华人民共和国消防法》等有关法律法规要求，贯彻“安全第一、预防为主、综合治理”安全生产方针，充分体现以人为本，坚持安全发展理念。

2. 总结经验、协调配套。系统总结国家铁路、地方铁路建设运营经验，全面梳理相关安全管理规定，与国家、行业施工安全技术标准相协调。

3. 问题导向、切合现场。针对铁路建设项目施工安全控制重要环节、施工过程中存在的人身安全和设备安全隐患，从技术和管理角度规范铁路通信、信号、信息工程施工安全技术措施，保障施工中的人身安全、设备和系统安全。

4. 指导施工、严控风险。注重标准的严谨性和可操作性，兼顾系统性和完善性，针对不同环境、不同场景、不同施工阶段，完善相应的施工安全技术要求。

（四）编制过程

《铁路通信、信号、信息工程施工安全技术规程》TB 10307—2020 编制过程总体上分为五个阶段。

前期准备阶段。赴郑徐、宝兰、石济、武九等工程现场开展调研，了解相关工程安全管理经验，收集梳理施工项目中可能存在的人的不安全行为、设备的不安全状态和管理上的缺陷问题。组织专题论证会，讨论规程定位及切入点，明确与相关标准的关系。

工作大纲阶段。确定标准编制原则、适用范围、内容框架、进度计划、工作分工等，组织铁路建设管理、勘察设计、工程监理、施工建造、运营管理等单位多位权威专家完成技术审查。

征求意见稿阶段。编制完成征求意见稿条文和条文说明，向铁路建设管理、勘察设计、工程监理、施工建造、运营管理、科研院所等 23 家单位广泛征求意见，共收到反馈意见 168 条。组织相关单位多位权威专家完成技术审查。

送审稿阶段。编制完成送审稿条文和条文说明，向铁路建设管理、勘察设计、

工程监理、施工建造、运营管理、科研院所等 11 家单位广泛征求意见，共收到反馈意见 105 条，组织相关单位多位权威专家完成技术审查。

报批稿阶段。编制完成报批稿条文和条文说明，经审核通过，于 2020 年 2 月 13 日发布，自 2020 年 5 月 1 日起实施。

（五）主要内容

《铁路通信、信号、信息工程施工安全技术规程》TB 10307—2020 是铁路工程建设施工类重要的行业标准，是在系统总结铁路工程安全生产管理经验，全面分析建设项目现场存在问题和典型事故案例的基础上修订而成，为铁路通信、信号、信息施工人身安全、设备安全和列车运行安全提供了重要保障。原规程条文共 459 条，其中弱电专业 231 条，新修订的规程条文共 167 条，其中原规程保留 89 条、修改 32 条、增加 46 条、删除 42 条，规程条文修订情况统计如图 3-13 所示。

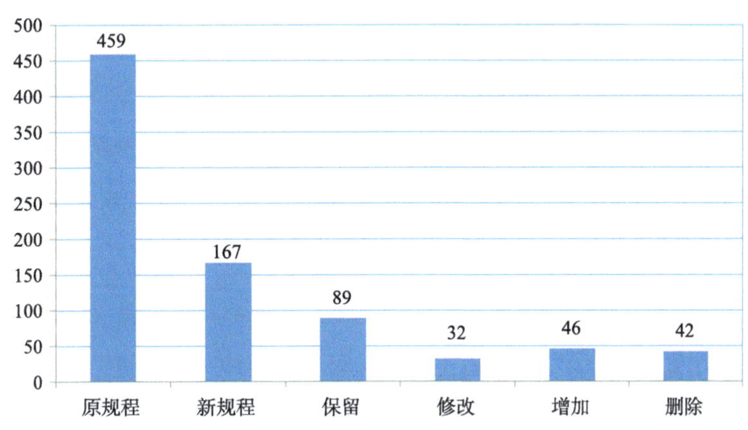

图 3-13　规程条文修订情况统计

规程基本构架：

本规程共分 6 章，包括总则、术语、通用要求、通信、信号、信息等。主要分为四大板块：

第一板块：总则、术语、通用要求。明确本规程的编制目的、适用范围、相关术语，总结归纳通信、信号、信息专业共性要求，规定钻孔作业、光电缆线路、视频监控前端设备、隧道及桥梁地段施工、机房设备、网络安全等技术要求。

第二板块：通信。规定通信杆塔、天馈线及漏泄同轴电缆、施工调试等施工安全技术要求。

第三板块：信号。规定地面固定信号、道岔转辙装置及道岔融雪装置、轨道占用检查装置、驼峰信号设备、应答器及室外地面电子单元、车载地面检测设备、施工调试与开通等施工安全技术要求。

第四板块:信息。规定显示设备、广播设备、售检票设备、安全检查设备、施工调试等施工安全技术要求。

主要修订内容:

1. “总则”章,规定本规程的编制目的、适用范围等共性要求。删除“六位一体”管理要求,对已纳入《铁路工程基本作业施工安全技术规程》TB 10301—2020的施工组织设计、同一工点交叉作业、安全检查等相关内容不再重复规定。危险源与联调联试相关要求纳入“通用要求”章。

2. 新增“术语”章。规定本规程所用术语。

3. 原规程第2章“基本规定”中施工安全管理、施工安全技术及相关规定内容已纳入《铁路工程基本作业施工安全技术规程》TB 10301—2020中,本规程不再重复规定。

4. 新增“通用要求”章,将通信、信号、信息专业施工安全共性要求进行总结归纳,包括一般规定、钻孔作业、光电缆线路、视频监控前端设备、隧道及桥梁地段施工、机房设备、网络安全等内容,并与《铁路工程基本作业施工安全技术规程》TB 10301—2020配套使用。

5. “通信”章,规定通信杆塔、天馈线及漏泄同轴电缆、施工调试等施工安全要求。删除重大危险源、箱式机房、密闭空间、通话柱、扩音柱、水线缆敷设、机车通信设备安装等内容。删除设备单机调试、通信系统割接等内容中的施工质量管理要求,保留施工安全相关规定。

6. “信号”章,规定地面固定信号、道岔转辙装置及道岔融雪装置、轨道占用检查装置、驼峰信号设备、应答器及室外地面电子单元、车载地面检测设备、施工调试与开通等施工安全要求。增加信号标志牌、道岔融雪装置、室外地面电子单元、车载地面检测设备等施工安全要求;删除了重大危险源、车载信号、箱式机房等内容。删除信号机、转辙装置、轨道电路、应答器、防雷接地、联锁试验、信号系统调试、营业线施工过渡与开通等内容中施工质量管理要求,保留施工安全相关规定。

7. 新增“信息”章,规定显示设备、广播设备、售检票设备、安全检查设备、施工调试等施工安全要求。

九、《铁路电力、电力牵引供电工程施工安全技术规程》TB 10308—2020

（一）编制背景

党的十八大以来，以习近平同志为核心的党中央站在国家政治、经济和社会发展全局的战略高度，高度重视安全生产工作，提出了一系列加强安全生产工作的新思想、新观点、新要求，习近平总书记指出："发展决不能以牺牲人的生命为代价，这必须作为一条不可逾越的红线"。

新《安全生产法》《生产安全事故应急预案管理办法》已相继公布和实施，也始终贯穿着"以人为本、生命至上"的理念，对安全生产责任制、安全机构设置、安全管理人员配备及安全技术操作规程有了新的要求。《生产安全事故应急预案管理办法》对生产安全事故应急预案管理提出了新的要求。明确了生产经营单位应急预案分为综合应急预案、专项应急预案和现场处置方案。现场处置方案需要安规作为技术支持。

结合各专业施工现场的现状（图 3-14），进一步细化现有规程，以体现出较强的实用性，更好的服务安全生产。

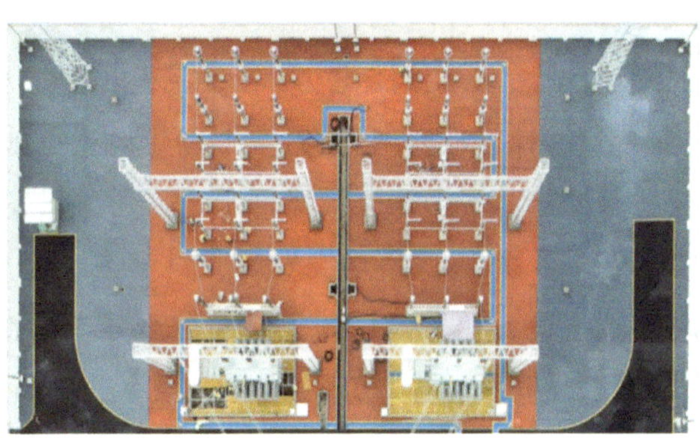

图 3-14　铁路牵引变电所局部俯视图

（二）编制目的

1. 进一步规范铁路电力及电力牵引供电工程施工安全管理和施工作业行为，对建设各方管理层、技术层和作业层的风险管理、安全管理以及施工作业等提出具体要求，确保施工安全。

2. 满足国家铁路局构建铁路工程建设标准体系要求，将《铁路通信、信号、电力、电力牵引供电工程施工安全技术规程》TB 10306—2009 中强电部分与弱电部分分离。

3. 随着铁路工程建设水平不断发展，《铁路通信、信号、电力、电力牵引供电工程施工安全技术规程》TB 10306—2009 部分内容已不能与近年来发布或修订的法律法规、相关标准互相匹配或衔接。为保障铁路电力、电力牵引供电工程施工安全，需修订本规程。

4. 总结近年来铁路工程建设经验，增补安全环境监测等新增系统及设备施工安全技术要求，删除接触网吸流变压器安装、变电所现场配置电解液等施工安全技术要求。

（三）编制原则

1. 统筹规划、全面落实。贯彻国家有关法律法规、规章和标准规范等对安全生产的新要求，遵循“安全第一、预防为主、综合治理”的安全生产方针，充分体现以人为本，坚持安全发展理念。

2. 注重实际、科学编制。针对项目施工过程中存在的人的不安全行为、设备的不安全状态和管理上的缺陷，从技术和管理角度系统规定安全技术要求，保障人身安全、设备系统安全、行车运输安全等。注重标准的严谨性和可操作性，兼顾系统性和完善性，技术措施、作业要求等要求细化到位。

3. 立足现场、突出重点。符合国家、行业施工安全相关技术标准，借鉴铁路总公司、地方铁路的管理技术，总结铁路电力、电牵工程安全生产经验，调研建设项目建设安全的重点、难点，针对铁路电力、电牵工程建设项目施工安全控制重要环节，规范相关安全技术要求。

4. 技术先进、协调统一。适应铁路建设发展和科学进步需要，补充和加强与新工艺、新技术、新材料、新设备相关的施工安全技术要求，删除落后技术相关安全技术要求。本规程只规定电力、电力牵引供电工程专业的特有的安全技术要求，通用要求遵循《铁路工程基本作业施工安全技术规程》TB 10301；同时与设计、验收等相关行业标准协调统一。

（四）编制过程

《铁路电力、电力牵引供电工程施工安全技术规程》编制过程总体上分为五个阶段。

前期准备阶段。开展铁路电力、电力牵引供电工程施工安全基础研究，调研国内外电力、电力牵引供电工程施工技术特点，分析原电力、电力牵引供电工程安全技术规程，全面总结电力、电力牵引供电工程安全风险点。

工作大纲阶段。确定标准编制原则、适用范围、内容框架、进度计划、工作分工等,组织建设管理、勘察设计、施工建造、运营管理、科研院所等单位权威专家完成技术审查。

征求意见稿阶段。编制完成征求意见稿条文和条文说明,向运营、建设、设计等 13 家单位征求意见,共收到意见 157 条,组织(建设管理、勘察设计、施工建造、运营管理、科研院所)等单位权威专家完成技术审查。

送审稿阶段。编制完成送审稿条文和条文说明,向建设管理、勘察设计、施工建造、运营管理、科研院所等单位征求意见,共收到 9 家单位意见 91 条,组织建设管理、勘察设计、施工建造、运营管理、科研院所等单位权威专家完成技术审查。

报批稿阶段。编制完成报批稿条文和条文说明,经审核通过,于 2020 年 2 月 13 日发布,自 2020 年 5 月 1 日起实施。

(五)主要内容

《铁路电力、电力牵引供电工程施工安全技术规程》是铁路工程建设施工安全类重要的行业标准,是在系统总结铁路电力及电力牵引供电专业勘察设计、施工建造、运营管理的实践经验和科研成果的基础上修订而成,在铁路工程电力及电力牵引供电安全施工方面发挥着关键作用,为铁路电力及电力牵引供电工程施工安全提供了重要保障。

原规程条文共 459 条,其中强电专业 228 条,新修订的规程条文共 121 条,其中保留 50 条、修改及整合后 56 条、增加 15 条、删除 7 条,规程条文修订情况统计如图 3-15 所示。

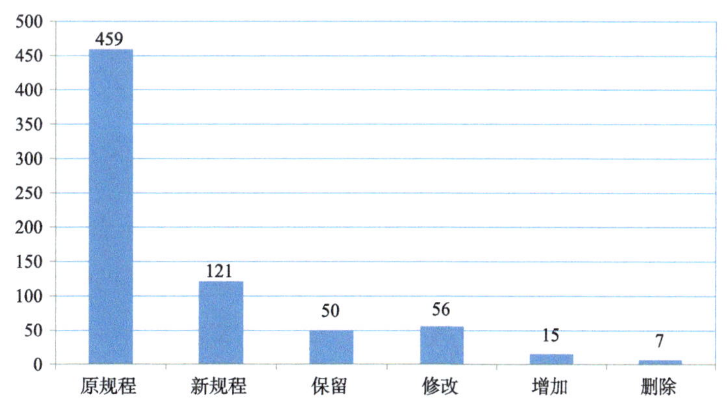

图 3-15　规程条文修订情况统计

规程基本构架:

规程共分 5 章,包括总则、术语、通用要求、电力、电力牵引供电等,另有 1 个附录。主要分为4大板块：

第一板块：总则。明确规程编制目的、适用范围、与基本安规的关系等内容。

第二板块：术语。对本规程所用术语指向相关标准规范。

第三板块：通用要求。规定了限界要求、距带电体最小安全距离、施工机具使用、盘柜搬运和安装、SF_6气瓶搬运和保管、电缆头制作、防感应电、吊装作业、高处作业、隧道内作业、化学锚栓拉拔试验、车梯使用、轨行车辆使用，以及开挖及浇筑、电缆线路、防雷及接地和电气试验等电力、电力牵引供电工程中共性安全技术要求。增加了防感应电措施，轨行车辆使用，切割机、台钻、喷灯及喷枪施工机具作业的安全技术要求。

第四板块：各分项供电施工具体要求。提出变、配电所、架空线路、低压配电、电气照明、支柱组立、变电所电气设备安装、埋入件安装、工厂化预配、支持结构装配、承力索及接触线架设、接触悬挂调整、接触网设备安装、附加导线、工程调试与送电开通、营业线及临近营业线施工等安全技术要求。

主要修订内容：

1.“总则”章，规定编制目的、适用范围等共性要求。增加建立健全“质量管理体系、环境管理体系、职业健康安全管理体系”要求。删除“六位一体”、设计、施工组织设计、危险源辨识等相关要求。

2. 新增“术语”章。对本规程所用术语指向相关标准规范。

3. 原“基本规定”章名称修改为“通用要求”。主要规定限界要求、距带电体最小安全距离、施工机具使用、盘柜搬运和安装、SF_6气瓶搬运和保管、电缆头制作、防感应电、吊装作业、高处作业、隧道内作业、化学锚栓拉拔试验、车梯使用、轨行车辆使用，以及开挖及浇筑、电缆线路、防雷及接地和电气试验等电力、电力牵引供电工程中共性安全技术要求。增加了防感应电措施，轨行车辆使用，切割机、台钻、喷灯及喷枪施工机具作业的安全技术要求。

4.“电力”章，增加GIS开关柜安装、低压母线桥、桥梁隧道照明、电力工程调试与送电开通、营业线及邻近营业线等施工安全技术要求。

5.“电力牵引供电”章，删除膨胀螺栓、超拉作业、吸流变压器、电容补偿、变压器吊芯、阀型避雷器、现场配电池电解液等相关内容；增加工厂化预配车间设置、腕臂预配、吊弦压接，吊柱、补偿装置、弹性吊索、电连接线线夹压接安装等相关施工安全技术要求。其中：

（1）“接触网设备安装”节增加隔离开关、分段分相绝缘器、地面磁感应装置和线岔设备安装相关安全技术要求。

(2)“附加导线”节增加预绞式护线条、预绞式接头、预绞式耐张线夹安装等相关安全技术要求。

(3)“电力牵引供电工程调试及送电开通”节增加牵引供电远动系统调试相关安全技术要求。

6. 附录删除各种停电作业票等内容。

(六)解决的问题及预期效果

1. 解决的问题

(1)原规程标龄较长,部分内容与相关的法律法规、标准互不配不衔接的问题。

(2)在通用章节中补充了防感应电措施、轨行车辆使用、切割机、台钻、喷灯及喷枪施工机具作业的安全技术要求。

(3)在具体章节中补充了 GIS 开关柜安装、低压母线桥、桥梁隧道照明、工厂化预配车间设置、腕臂预配、吊弦压接、增补安全环境监测等系统及设备、调试与送电开通、营业线及邻近营业线施工安全技术要求。

2. 预期效果

进一步规范铁路电力及电力牵引供电工程施工安全管理和施工作业行为,对建设各方管理层、技术层和作业层的风险管理、安全管理以及施工作业等提出具体要求,确保施工安全。针对铁路建设项目施工阶段的安全控制环节,按照强制性标准要求,明确管理手段、技术措施和关键工序作业要求。注重标准的严谨性和可操作性,兼顾系统性和完整性,技术措施、作业要求等内容应细化到位,并明确必要前置条件。贯彻国家有关法律、法规,规章和标准规范等对安全生产工作的新要求,充分体现以人为本,坚持安全发展的理念。符合国家发展的战略目标,社会效益巨大。

第三节 验收类标准

十、《铁路给水排水工程施工质量验收标准》TB 10422—2020

(一)编制背景

为贯彻创新、协调、绿色、开放、共享的发展理念,落实放管服改革要求,推动铁路工程提质升级,进一步完善铁路标准体系,组织开展铁路工程施工质量系列验收标准修订工作。

验收标准是衡量铁路工程建设质量的标尺，是建设各方质量控制工作中对标检查的镜子，是政府质量监督执法工作的依据和准绳。对于推动铁路工程质量全面提升，努力打造精品工程，具有非常重要的作用，特别是在铁路建设任务十分繁重、建设条件更加复杂的情况下，具有重大的现实意义。

《铁路给水排水工程施工质量验收标准》TB 10422—2011 已发布多年，期间铁路工程建设技术不断进步，验收标准中的部分规定不能满足当前铁路工程建设和发展的需要，需结合铁路给水排水工程技术特点、施工质量控制现状及技术发展需要，以及调研现行验收标准执行过程中存在的问题，特别是验收标准与相关标准的协调问题、填写检验与验收资料工作量偏大的问题，对铁路给水排水工程施工质量验收标准进行全面修订。

（二）编制目的

1. 体现新发展理念，进一步完善铁路验收标准体系，为保障铁路工程建设质量和铁路运输安全提供重要依据，划出工程建设的"质量红线"。

2. 落实《铁路标准化"十三五"发展规划》要求，形成先进完备的铁路工程验收标准体系，推动铁路工程质量全面提升，使铁路工程质量基础更加坚实。

3. 明确建设各方验收工作要求，提高标准针对性和可操作性，吸纳最新科技手段，提高标准的科学性。

（三）编制原则

1. 目标导向、适应发展。全面贯彻创新、协调、绿色、开放、共享的发展理念，适应铁路发展新要求，体现简政放权、放管结合、优化服务的理念。

2. 吸纳成果、突出重点。突出行业标准特点，吸纳最新质量检测先进技术和手段，淘汰落后工艺和验收项目，提高标准科学性。

3. 规定明确、便于操作。突出工程质量控制关键环节，调整检验单元划分原则及验收要求，优化验收程序和验收表格填写内容，进一步提高标准可操作性。

4. 成果支撑、技术先进。系统总结铁路给水排水工程施工质量验收实践经验，借鉴国内外有关标准，充分利用现代化施工管理手段，积极推广机械化、工厂化、专业化、信息化施工，体现标准先进性。

（四）编制过程

《铁路给水排水工程施工质量验收标准》编制过程总体上分为五个阶段。

前期准备阶段。对现场质量安全监督和调研发现的突出问题以及建设项目竣工验收中暴露出来的有关缺陷等进行认真梳理研究，明确标准编制中应重视的主要问题，并对部分铁路给水排水项目进行函询和现场调研。

工作大纲阶段。确定标准的编制原则、主要修订内容和进度安排等，组织勘察、设计、施工、运营各方权威专家开展工作大纲技术审查。

征求意见稿阶段。编制完成征求意见稿条文和条文说明，向铁路建设管理、勘察设计、工程监理、施工建造、运营管理、科研院所等单位广泛征求意见，共收到 9 家单位反馈意见 86 条。组织相关单位多位权威专家完成技术审查。

送审稿阶段。编制完成送审稿条文和条文说明，向铁路建设管理、勘察设计、工程监理、施工建造、运营管理、科研院所、政府部门等单位广泛征求意见，共收到 9 家单位反馈意见 15 条，组织相关单位多位权威专家完成技术审查。

报批稿阶段。编制完成报批稿条文和条文说明，经审核通过，于 2020 年 4 月 23 日发布，自 2020 年 8 月 1 日起实施。

（五）主要内容

《铁路给水排水工程施工质量验收标准》是铁路工程建设验收类基础的行业标准，是在系统分析铁路给水排水工程施工质量验收现状，全面总结近年来我国铁路给水排水工程实践经验，充分借鉴国内外相关标准的基础上修订而成。原标准条文共 692 条，新修订的标准条文共 659 条，其中原标准保留 374 条、修改 201 条、增加 84 条、删除 116 条，标准条文修订情况统计如图 3-16 所示。

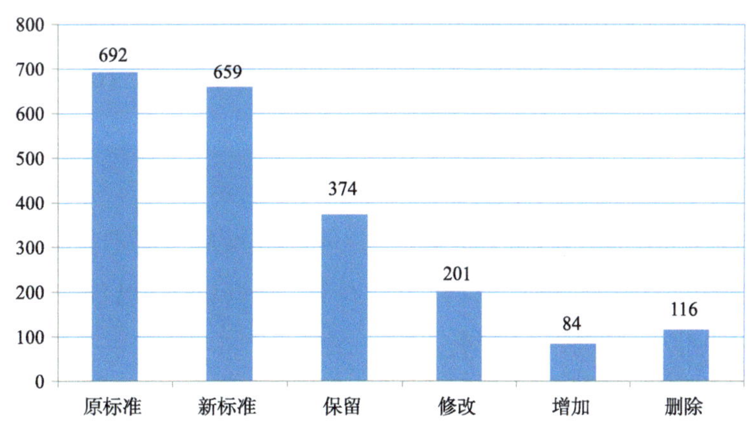

图 3-16　标准条文修订情况统计

标准基本构架：

本标准共分 9 章，包括总则、术语、基本规定、水源、管道、构筑物、设备安装、系统调试、给水排水单位工程综合质量评定等，另有9个附录。主要分为四大板块：

第一板块：总则。明确标准编制目的、适用范围，统一铁路给水排水工程施工质量验收标准，满足国家及行业现行有关标准的要求等内容。

第二板块：术语。规定与铁路给水排水工程相关的术语，如管井、大口井、辐射井、止水带、满水试验、柔性接口、刚性接口、灌渠、沉管法、顶管法、卸污单元等内容。

第三板块：基本规定。明确给水排水工程施工质量控制、施工质量验收、验收单元划分、验收内容和要求、验收程序和组织等内容。

第四板块：具体要求。明确水源、管道、构筑物、设备安装、系统调试、给水排水单位工程综合质量评定等技术要求。

主要修订内容：

1. 优化工程施工质量验收的单元划分、组织程序、实施方法和工作内容。

2. 突出工程施工质量全过程控制，明确进场检验、隐蔽工程和关键工序质量验收的原则要求。

3. 明确管井井孔钻进所用泥浆密度和黏度的要求，明确过滤管、井壁管、沉淀管加工允许误差、检验数量和检验方法。

4. 明确高填方地段管沟开挖、硬聚氯乙烯管黏结连接、管道砂石基础压实度的有关要求。

5. 增加预应力、自应力混凝土管铺设安装和管道修复更新施工验收内容。

6. 增加真空卸污管道、不锈钢管、内外涂塑钢管安装与铺设和真空卸污管道气密性试验验收内容。

7. 完善无压混凝土管道闭水试验允许渗水量要求。

8. 增加构筑物防腐不锈钢衬里材质、性能和焊接质量要求。

9. 增加卸污单元与真空机组、浮筒液位计、格栅设备、巴氏计量槽设备安装验收内容。

10. 补充进出水堰、堰板与集水槽的相关验收内容，规定安装位置和结构形式的设计要求。

11. 增加旅客列车给水设备的相关验收要求，明确旅客列车给水设备与管道连接的验收内容。

12. 明确真空卸污系统调试的相关技术要求，规定真空卸污系统的密封性能测试和调试、防堵塞测试结果的检验要求。

13. 增加控制系统的基本功能验收要求,明确控制系统的系统显示、处理、操作、控制等功能的检验要求。

（六）解决的问题及预期效果

优化工程施工质量验收的单元划分、组织程序、实施方法和工作内容。在确保安全与使用功能的前提下,调整分部、分项工程验收单元划分及检验批规模。贯彻全方位全过程质量控制理念,在源头控制、过程控制、细节控制方面明确了建设各方的关键性工作内容。充分利用现代化施工管理手段,积极推广机械化、工厂化、专业化、信息化施工,提高标准的科学性、实用性、可操作性和协调性。

（七）历史沿革

1. 1998 年,铁道部发布《铁路给水排水工程施工质量验收标准》TB 10422—1998。

2. 2003 年,铁道部(铁建设〔2003〕127 号)发布《铁路给水排水工程施工质量验收标准》TB 10422—2003。主要修订内容有:取消优良等级评定,增加对基础、结构实体质量进行检测和管道灰土基础及排污口、防护涵管的检验要求,增加装配式水池、水柜和水塔保温层施工质量检验及对构筑物外部装饰检验和观感质量的要求。

3. 2011 年,铁道部(铁建设〔2011〕50 号)发布《铁路给水排水工程施工质量验收标准》TB 10422—2011。主要修订内容有:建立健全质量管理体系和质量检验制度,增加工序操作责任人的记录要求,调整检验项目、质量指标和检验方法,增加管道穿越工程施工和客车给水设备、自控系统等内容。

4. 2020 年,国家铁路局(国铁科法〔2020〕13 号)发布《铁路给水排水工程施工质量验收标准》TB 10422—2020,为现行版本。

十一、《铁路站场工程施工质量验收标准》TB 10423—2020

（一）编制背景

为贯彻创新、协调、绿色、开放、共享的发展理念,落实放管服改革要求,推动铁路工程提质升级,进一步完善具有中国特色的普速铁路标准体系和具有世界先进水平的高速铁路标准体系,组织开展铁路工程施工质量系列验收标准修订工作。

验收标准是衡量铁路工程建设质量的标尺,是保障铁路运输安全的重要基础标准。既是建设各方质量控制工作中对标检查的镜子，也是政府质量监督执法工作的依据和准绳，对于推动铁路工程质量全面提升，努力打造精品工程，具有非常重要的作用，特别是在铁路建设任务十分繁重、建设条件更加复杂的情况下，具有重大的现实意义。

站在新的历史起点，科学总结铁路建设质量管理的经验，编制发布新验收标准，是加强铁路工程质量管理、推进高质量发展的重要举措。

（二）编制目的

1. 体现新发展理念，进一步完善各类型铁路验收标准体系，为保障铁路站场工程施工建设质量和运输安全提供重要依据，划出工程建设的“质量红线”。

2. 落实《铁路标准化“十三五”发展规划》要求，形成先进完备的铁路工程验收标准体系，推动铁路工程质量全面提升，使铁路工程质量基础更加坚实。

3. 明确建设各方验收工作要求，提高标准针对性和可操作性，吸纳最新科技手段，提高标准的科学性。覆盖各类型铁路以及工程施工全过程。

（三）编制原则

1. 遵法守规、提升质量。贯彻国家法律法规和部门规章，落实质量提升新举措，适应铁路发展新要求，体现简政放权、放管结合、优化服务的理念。

2. 技术先进、服务需求。聚焦行业标准特征，结合站场工程技术特点和施工质量验收实践经验，借鉴国内外相关标准，吸纳最新科研成果，体现标准技术先进性。

3. 控制重点、鼓励创新。加强工程质量控制关键环节，吸纳质量检测先进技术和手段，积极应用“四新”技术，提升隐蔽工程质量，保障标准的经济合理性。

4. 优化细节、便于操作。依据实际情况科学调整检验单元划分原则及验收要求，简化验收程序和内业资料填写要求，增强标准科学性和可操作性。

（四）编制过程

铁路工程施工质量系列验收标准编制过程总体上分为五个阶段。

前期准备阶段。对现场质量安全监督和调研发现的突出问题以及建设项目竣工验收中暴露出来的有关缺陷等进行认真梳理研究，明确标准编制中应重视的主要问题，并对部分铁路项目、水电项目、市政项目和国外同类项目进行了函询和现场调研。

工作大纲阶段。确定系列标准的编制原则、主要修订内容和进度安排等，组织勘察设计、施工建造、运营管理等单位权威专家开展工作大纲技术审查。

征求意见稿阶段。开展现场调研，在广泛听取铁路建设各方对现行验收标准的意见及修改建议的基础上，编制完成征求意见稿条文和条文说明。广泛征求铁路勘察设计、施工建造、运营管理、科研高校等单位意见，共收到 7 家单位反馈意见 50 条，组织各领域权威专家对征求意见稿开展技术审查。

送审稿阶段。编制完成送审稿条文和条文说明，向铁路勘察设计、施工建造、运营管理、科研院所等单位广泛征求意见，共收到 3 家单位反馈意见 46 条，组织相关单位多位权威专家完成技术审查。

报批稿阶段。编制完成报批稿条文和条文说明，经审查通过，2020 年 4 月 23 日发布，自 2020 年 8 月 1 日起实施。

（五）主要内容

《铁路站场工程施工质量验收标准》是铁路工程建设设计类重要的行业标准，是在系统总结铁路站场工程施工建造的实践经验和科研成果的基础上修订而成。原标准条文共 638 条，新修订的标准条文共 658 条，其中原标准保留 498 条、修改 34 条、增加 126 条、删除 106 条，标准条文修订情况统计如图 3-17 所示。

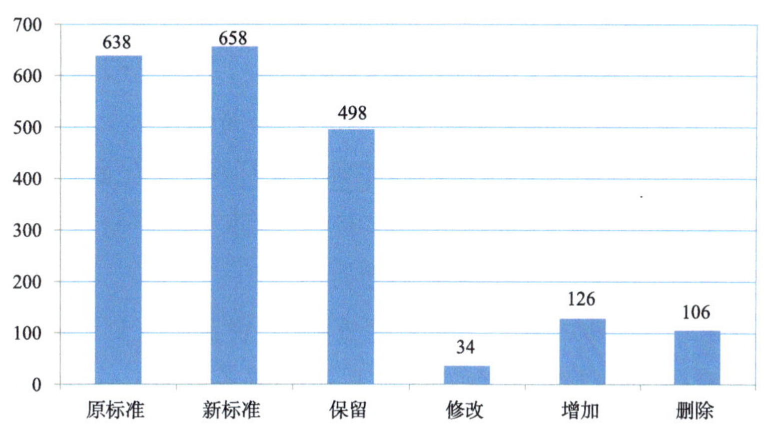

图 3-17 标准条文修订情况统计

标准基本构架：

本标准共分 17 章，包括总则、术语、基本规定、站场道路、地道、人行天桥、站台、雨棚、集装箱与货物堆场、栅栏和围墙、灯柱灯塔灯桥、滑坡仓及漏斗仓、静态标志、综合管沟、挡车器及调速设备、站场其他构筑物、站场工程综合质量评定，另有 4 个附录。主要分为四大板块：

第一板块：总则。明确标准编制目的、适用范围、站场工程施工应执行国家法律法规及相关技术标准、建立健全质量保证体系等内容。

第二板块:术语。规定与站场工程施工质量验收密切相关的术语,如进场检验、见证检验、线间列检通道、站界等。

第三板块:基本规定。明确站场工程施工质量控制、质量验收、验收单元划分、质量验收程序等内容。

第四板块:具体要求。明确原材料进场检验,站场道路、地道、人行天桥、站台、雨棚、集装箱与货物堆场、栅栏和围墙、灯柱灯塔灯桥、滑坡仓及漏斗仓、静态标志、综合管沟、挡车器及调速设备、站场其他构筑物等验收要求。明确站场单位工程实体质量和主要功能核查、质量评定。

主要修订内容:

1. 明确本标准适用于各类铁路新建、改建站场工程的施工验收。

2. 优化工程施工质量验收的单元划分、组织程序、实施方法和工作内容。

3. 调整了检验项目、质量指标和检验方法。

4. 对于站场工程中地道装饰、地道和天桥出入口、站台、雨棚、检查坑等按现行国家标准设计的工程结构,提出可采用商品混凝土进行质量验收。

5. 删除站场路基防排水分部工程。

6. 站场道路一章增加站内涵(桥)路过渡段填料及填筑的检验要求;取消道路路面的基层、底基层压实系数指标;删除泥结碎石路面分项工程;增加平过道铺面板范围内不得有钢轨接头的技术要求,增加道路标线分项工程。

7. 地道一章增加石材饰面、电(扶)梯基础、地面工程等分项工程,调整进出口台阶和斜坡走道混凝土、砂浆的验收标准。

8. 人行天桥一章增加钢结构普通螺栓连接、天桥台阶及斜坡走道、电(扶)梯基础等分项工程,饰面板(砖)改为天桥装饰,天桥棚盖改为天桥屋面。

9. 站台一章增加站台墙基础、站台帽石的验收要求,删除站台墙吸声板分项工程,补充站台附属设施的验收要求,增加站台墙泄水孔分项工程。

10. 雨棚一章调整雨棚地基与基础的验收要求,增加雨棚装饰的验收要求,删除雨棚混凝土构件分项工程安装的验收要求,增加雨棚防水、雨棚防雷分项工程的验收标准。

11. 集装箱与货物堆场一章补充现浇混凝土面层的检验项目。

12. 删除声(风)屏障分部工程。

13. 栅栏和围墙一章增加栅栏基础、围墙基础、板材围墙分项工程的验收标准,补充刺丝滚笼的验收要求。

14. 综合管沟一章增加预埋管道(过轨管)安装、管沟回填分部工程验收标准。

15. 站场其他构筑物一章调整检查坑的原材料按国标验收要求,增加了线间列检通道分部工程。

16. 调整单位工程质量综合验收要求,优化核查内容和方法。

(六)解决的问题及预期效果

1. 解决的问题

(1)工程质量验收的单元划分原则和规模等问题。

(2)站场道路单位工程和站场构筑物单位工程实体质量和主要功能核查记录等问题。

为了切实解决上述问题,保障铁路站场施工的安全与质量,保障人民生命、财产安全和公共安全,促进新技术新方法、环保新要求应用,理顺标准架构,体现标准的先进性、协调性。规范中明确部分工程检验批划分原则和规模。明确结构实体工程、隐蔽工程和关键工序施工质量的验收要求。

2. 预期效果

通过国内外站场工程施工广泛调研及近年工程实践,在检验数量不变的情况下,部分工程检验批规模划分参考了相关公路验标、国标等检验批划分原则,利于内业资料编制和归档;优化和完善了站场道路单位工程和站场构筑物单位工程实体质量和主要功能核查记录,通过对铁路站场工程重点分部分项工程的分析,加强隐蔽工程和关键工序的质量控制,制定了影像资料留存要求;对按《混凝土结构设计规范》GB 50010 设计的站场设施,区别采用商品混凝土和站前工程搅拌站供应混凝土的情况,分别规定了混凝土的验收检验项目及质量指标、检验方法和检验数量。站场工程施工验收更准确、可靠。符合国家发展的战略目标,社会效益巨大。本规范的发布实施,将会取得明显的经济效益而且这种效益是全面的而不是局部的,是长远的而不是暂时的。

(七)历史沿革

1. 1998 年,铁道部(铁建〔1998〕51 号)发布《铁路站场建筑工程质量检验评定标准》TB 10423—1998。主要修订内容有:标准适用于国家铁路网中标准轨距铁路站场建筑工程质量检验评定和验收。增加了一些建筑项目的内容。

2. 2003 年,铁道部(铁建设〔2003〕127 号)发布《铁路站场工程施工质量验收标准》TB 10423—2003。主要修订内容有:适用于旅客列车行车设计速度等于或小于 160 km/h 客货列车共线运行的新建、改建标准轨距铁路站场工程施工质量验收。增加了对结构实体质量进行检测的要求。

3. 2014 年，国家铁路局（国铁科法〔2014〕22 号）发布《铁路站场工程施工质量验收标准》TB 10423—2014。主要修订内容有：涵盖高速铁路、客运专线及客货共线铁路的新建和改建标准轨距铁路站场工程施工质量验收，增加限界门和限界架、防护墩和防护墙等验收要求。

4. 2020 年，国家铁路局（国铁科法〔2020〕13 号）发布《铁路站场工程施工质量验收标准》TB 10423—2020，为现行版本。

十二、《铁路客运服务信息系统工程施工质量验收标准》TB 10427—2020

（一）编制背景

近几年，在"交通强国、铁路先行"的战略指引下，铁路建设获得了蓬勃发展，铁路建设由规模速度型向质量效益型转型。铁路客运服务信息系统工程领域内新技术、新工艺层出不穷（图 3-18），为了适应技术更新、产品迭代，满足铁路改革发展和提质升级的需要，既有的验收标准已经不能满足工程建设的需要，需要对铁路客运服务信息系统工程验收标准进行修订。

图 3-18　机房通用设备

《铁路客运服务信息系统工程施工质量验收标准》TB 10427—2020 是在 2011 年版本的基础上，借鉴了国内外有关标准，吸纳了近年来铁路客运服务信息系统工程建设、运行维护管理的实践经验和科研成果；扎根于施工质量验收实践，突出行业标准特点，加强了工程质量控制，充分利用目前成熟、先进、科学的检测方法和检测手段，做到质量验收数据全面、真实、可靠；着重考虑了各专业之间的协调性，以及铁路验收标准之间的协调性。

本标准在我国已建和在建的铁路客运服务信息系统工程验收成果基础上，吸纳了最新的科研成果，具有较强的先进性；作为铁路工程建设验收标准体系中重要组成部分，重视工序自检和施工流程的控制，隐蔽工程、关键工序、重要工艺留存影像资料，实现质量控制的可追溯性。坚持经验纳规，总结近年来铁路工程建设、运用管理、设备维护成熟经验并纳入标准中；调整优化了铁路客运服务信息系统的单位工程、分部工程、分项工程和检验批的划分，优化验收程序和组织。

（二）编制目的

1. 贯彻新发展理念。聚焦质量安全、经济合理，统一铁路客运服务信息系统工程施工质量验收标准，提高客运服务信息系统工程的施工质量，保障铁路客运服务信息系统工程安全。

2. 解决突出问题。针对铁路客运服务信息系统技术发展与标准内容不适应不匹配问题，优化调整规范章节结构，进一步提升标准质量。

3. 满足创新发展需求。依托铁路客服工程建设、运用管理、设备维护的成熟经验，吸纳客服工程新技术、新工艺成果，提升标准的技术先进性和经济合理性，满足铁路改革发展和提质升级的需要。

4. 强化工程质量控制。全面落实质量优先原则，强化全过程质量管控，充分利用成熟、先进、科学的检测方法和检测手段，保证工程质量验收数据全面、真实、可靠。

（三）编制原则

1. 提升品质、服务需求。引领铁路客服工程建设高质量发展，提升铁路客服工程施工工艺，统一铁路客服工程施工质量验收标准，保证铁路客服工程施工质量。

2. 全面优化、突出重点。着力解决铁路客运服务信息系统工程质量验收内容不适应新时代铁路客服工程建设发展需要的问题，修改完善验收内容。

3. 依托成果、科学编制。总结铁路客服工程建设、运用管理、设备维护的成熟经验，积极引进客服工程领域的新技术、新工艺，利用成熟、先进、科学的检测方法和检测手段，合理编制标准内容。

4. 技术先进、协调配套。依托铁路客服工程技术成果与成熟工程经验致力标准先进性，并做到与国家标准、设计规范、产品标准等相关行业标准协调统一。

（四）编制过程

《铁路客运服务信息系统工程施工质量验收标准》编制过程总体上分为五个阶段。

前期准备阶段。调研铁路客服工程质量验收过程，分析铁路客服工程质量验收薄弱环节，全面总结铁路客服工程建设、运行维护的实践经验，借鉴国内技术研究成果。

工作大纲阶段。确定标准编制原则、适用范围、内容框架、进度计划、工作分工等，组织铁路建设管理、勘察设计、工程监理、施工建造、运营管理等单位多位权威专家完成技术审查。

征求意见稿阶段。编制完成征求意见稿条文和条文说明，向铁路建设管理、勘察设计、工程监理、施工建造、运营管理等单位广泛征求意见，共收到 16 家单位反馈意见 82 条。组织相关单位多位权威专家完成技术审查。

送审稿阶段。编制完成送审稿条文和条文说明，向铁路建设管理、勘察设计、工程监理、施工建造、运营管理等单位广泛征求意见，共收到 8 家单位反馈意见 62 条，组织相关单位多位权威专家完成技术审查。

报批稿阶段。编制完成报批稿条文和条文说明，经审核通过，于 2020 年 3 月 4 日发布，自 2020 年 6 月 1 日起实施。

（五）主要内容

《铁路客运服务信息系统工程施工质量验收标准》是铁路工程建设设计类重要的行业标准，是在系统总结吸纳近年来铁路客运服务信息系统工程建设、运行维护管理的实践经验和科研成果的基础上修订而成。2011 年版标准条文共 365 条，新修订的标准条文共 195 条，其中保留 33 条、修改 84 条、增加 78 条、删除 248 条，标准条文修订情况统计如图 3-19 所示。

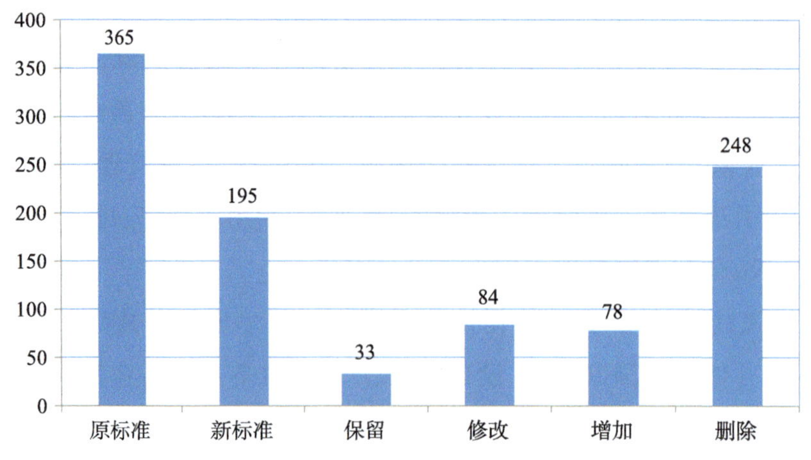

图 3-19 标准条文修订情况统计

标准基本构架：

本标准共分 10 章，包括总则、术语和缩略语、基本规定、设备安装及布线通用要求、旅客服务信息系统、客票系统、行包信息系统、车站门禁系统、电源设备、电源及设备房屋环境监控系统等。主要分为四大板块：

第一板块：总则。规定编制目的、适用范围等的总体要求，以及与相关标准之间关系等内容。与 2011 年版标准相比删除、弱化施工管理内容；强化设备安装符合铁路建筑限界、隐蔽工程留存影像资料等安全要求。

第二板块：术语和缩略语。规定本规程适用的设备安装及布线通、旅客服务信息系统等术语和缩略语。

第三板块：基本规定。规定验收单元划分、验收内容及要求、验收程序和组织等内容。标准中"单位工程"是按一个车站工程规模划分，本次修订后增加按一个合同范围划分单位工程，并可根据建设规模、设备运维管理需要适当调整；将"单位工程综合质量评定"章相关内容整合至本章。

第四板块：具体验收要求。明确设备安装及布线通用要求，以及旅客服务信息系统、客票系统、行包信息系统、车站门禁系统、电源设备、电源及设备房屋环境监控系统等相关规定。

主要技术内容：

1. 将"系统布线"和"机房设备安装"章节的内容整合，章名修改为"设备安装及布线通用要求"，并将涉及设备安装、配线的通用要求全部纳入本章，增加设备及材料进场检验、设备防雷及接地等相关验收内容。

2. 将"旅客服务系统"章名修改为"旅客服务信息系统"；删除自助站台票设备、小件行李自助寄存设备等验收内容；将"网络系统""安全保障平台""入侵报警系统"相关验收内容移至本章；增加车站客运作业管理系统、旅客服务信息系统及接口等验收内容；增加消防通道设备安装应符合《铁路工程设计防火规范》TB 10063—2016 标准要求，以及站台吊挂设备安装时应有防坠落措施等安全要求。

3. 将"售票与检票"章名修改为"客票系统"，将"网络系统""安全保障平台"章相关验收内容移至本章，增加自动取票机、实名制验证设备、客票系统及接口等验收内容。

4. 新增"行包信息系统"章节，规定了行包管理信息系统验收和行包服务信息系统的验收要求。

5. 将"门禁系统和入侵报警系统"章名修改为"车站门禁系统"，并将相关验收内容进行相应调整和完善。

6. 新增“电源及设备房屋环境监控系统”章节，规定了监控设备安装和配线、监控设备单机检验、监控系统检验等相关验收要求。

（六）解决的问题及预期效果

1. 解决的问题

（1）规范了术语和缩略语的使用。此次修订参照《铁路工程基本术语标准》GB/T 50262—2013，对术语和缩略语进行了重新核对，用词更加标准化；对一些常用的语言表达方式进了规范和统一，如功能检验、性能检测、配置检查、资料核查等。

（2）调整了单位工程划分方式。施工质量验收层次的划分，直接影响到工程施工质量的过程控制和最终把关，影响到验收工作的科学性、经济性、实用性和可操作性。本次修订对单位工程的划分方式进行了调整，2011 年版标准“单位工程”是按一个车站工程规模划分，本次修订后增加按一个合同范围划分单位工程，并可根据建设规模、设备运维管理需要适当调整。

（3）规范了质量验收记录表格。参考通信、信号、电力、电力牵引供电等系列验标检验批、分项工程、分部工程、单位工程质量验收记录表格式，优化验收内容和表格填写要求，记录留存更加标准化，保证了验收的科学性和可操作性。

（4）删除了自助站台票设备、小件行李自助寄存设备等验收内容。与《铁路客运服务信息系统设计规范》TB 10074—2016 设计内容保持一致，淘汰部分铁路落后的技术和设备。

（5）影像资料的保存。强调了隐蔽工程、关键工序、重要工艺的质量控制。提出了保存影像资料的新方法。影像资料应包含验收时间、部位、内容、施工单位、监理单位及检验人员等信息。

（6）调整监理方式，其中隐蔽工程、关键工序采用旁站，进场检验（单盘检测除外）、功能性能检验采用见证，其他工序采用平行检验；调整监理检验数量，其中隐蔽工程、关键工序、进场检验（单盘检测除外）、防雷及接地、功能检验以及数量较少的设备安装的监理数量为全部检验，其他工序、数量较多的设备安装的监理数量为不少于 20%；一般项目监理单位不检验。

2. 预期效果

（1）本标准修订纳入了大量铁路工程建设、运用管理、设备维护的成熟经验，采取了更加严格和科学的验收手段，完善了验收程序和组织，吸纳了大量先进的科研成果，进一步明确了施工过程质量和实体质量控制要求，使各专业及上下游产业链聚集整合，协调统一，推动铁路建设管理更加系统、科学、合理。

（2）该项标准的修订和应用，有力推进了工程质量控制水平，有力地保证了铁路工程建设质量，为铁路运营安全提供安全保障，更好地服务于旅客运输。

（七）历史沿革

1. 2010 年，为满足铁路旅客车站客运服务信息系统工程建设需要，铁道部（铁建设〔2011〕90 号）发布《铁路旅客车站客运服务信息系统工程施工质量验收标准》TB 10427—2011。适用于铁路旅客车站客运服务信息系统工程施工质量的验收。其中规定了铁路客运服务信息系统工程的材料及设备进场检验、施工质量保证措施、验收标准及程序、检测方法的具体要求。

2. 2017 年，国家铁路局（国铁科法〔2020〕9 号）发布《铁路客运服务信息系统工程施工质量验收标准》TB 10427—2020，为现行版本。

十三、《铁路列车调度指挥系统及调度集中系统工程检测规程》TB/T 10435—2020

（一）编制背景

为全面贯彻国家有关法律、法规、方针、政策，执行铁路行业相关技术管理规章，满足铁路信号工程建设发展需要，统一铁路信号工程 TDCS/CTC 检验验收项目，提高铁路 TDCS/CTC 检验验收水平，保障铁路 TDCS/CTC 设计质量。根据构建铁路工程建设标准体系的要求，组织开展《铁路列车调度指挥系统及调度集中系统工程检测规程》全面编制工作。

《铁路列车调度指挥系统及调度集中系统工程检测规程》是铁路信号工程系列检测标准的组成部分，是信号工程施工质量验收以及高速铁路静动态验收验收等行业标准的配套标准。在充分借鉴和吸纳我国铁路列车调度指挥系统（TDCS）和调度集中系统（CTC）的工程建设和检测经验，依据《调度集中系统技术条件》《铁路信号设计规范》《铁路信号工程施工质量验收标准》《高速铁路信号工程施工质量验收标准》标准，确定适用铁路工程建设的检测项目和检测方法。

（二）编制目的

1. 贯彻新发展理念。聚焦质量安全、加强铁路新技术应用，统一铁铁路信号工程系列检测标准，提高铁路工程建设检验技术水平。保障铁路信号工程建设质量与安全。

2. 解决突出问题。解决铁路信号工程静态验收、动态验收过程中无 TDCS/CTC 工程检验方法可依，规范 TDCS/CTC 工程检测方法。

3. 满足创新发展需求。依托信号工程建设领域先进科研成果和成熟运用经验，优化完善相关技术要求，提升规范的技术先进性和经济合理性，满足铁路信号工程建设发展需要。

（三）编制原则

1. 贯彻国家有关法律、法规、方针、政策，执行铁路行业相关技术管理规章。

2. 充分借鉴和吸纳我国铁路列车调度指挥系统（TDCS）和调度集中系统（CTC）的工程建设和检测经验。

3. 依据《调度集中系统技术条件》《铁路信号设计规范》《铁路信号工程施工质量验收标准》《高速铁路信号工程施工质量验收标准》等标准，确定本规程适用铁路工程建设的检测项目。

4. 检测方法适用于《铁路信号工程施工质量验收标准》《高速铁路信号工程施工质量验收标准》中 TDCS/CTC 系统验收。对于具有多种检测方法的检测项目，选取高效且具有可操作性的检测方法。

（四）编制过程

《铁路列车调度指挥系统及调度集中系统工程检测规程》编制过程总体上分为五个阶段。

前期准备阶段。开展铁路调度集中系统工程检测基础研究，调研国内调度集中系统技术特点，分析中国铁路工程调度集中系统技术发展趋势，全面总结调度集中系统技术在铁路工程中的运用成果，紧密结合调度集中系统技术条件以及铁路信号工程设计、验收标准，讨论标准总体原则和主要内容。

工作大纲阶段。确定标准编制目的、适用范围、内容框架、进度计划、工作分工等，组织铁路建设管理、勘察设计、工程监理、施工建造、运营管理等单位多位权威专家完成技术审查。

征求意见稿阶段。编制完成征求意见稿条文和条文说明，向铁路建设管理、勘察设计、工程监理、施工建造、运营管理、科研院所等单位广泛征求意见，共收到 5 家单位反馈意见 51 条。组织相关单位多位权威专家完成技术审查。

送审稿阶段。编制完成送审稿条文和条文说明，向铁路建设管理、勘察设计、工程监理、施工建造、运营管理、科研院所等单位广泛征求意见，共收到 5 家单位反馈意见 13 条，组织相关单位多位权威专家完成技术审查。

报批稿阶段。编制完成报批稿条文和条文说明，经审核通过，于 2020 年 7 月 22 日发布，自 2020 年 11 月 1 日起实施。

(五)主要内容

《铁路列车调度指挥系统及调度集中系统工程检测规程》充分借鉴和吸纳我国铁路列车调度指挥系统和调度集中系统的工程建设经验，编制内容紧密结合《调度集中系统技术条件》以及铁路信号工程设计、验收标准，标准定位确定为适用于 TDCS、CTC 工程检测，并作为《高速铁路工程静态验收技术规范》《高速铁路工程动态验收技术规范》以及《铁路信号工程施工质量验收标准》《高铁铁路信号工程施工质量验收标准》的配套标准。

规程基本构架：

本规程共分 23 章，主要包括总则、术语和缩略语、基本规定、调度集中控制模式、列车计划管理、调度命令、列车进路控制、无线接车进路自动预告、列车车次号处理、列车停稳信息处理、牵引供电接触网状态处理、分路不良处理、线路和设备封锁、调车作业、站场信息与按钮控制、系统故障处置、行车辅助报警、施工作业管理、与 CTCS-2/CTCS-3 相关功能、系统冗余、运维子系统、时间同步、系统接口。

主要修订内容：

1. “总则”章主要规定编制目的、适用范围、检测方法等总体要求，以及与相关标准之间关系等内容。

2. “术语和缩略语”章规定本规程适用的术语和缩略语。

3. “基本规定”章规定 TDCS 和 CTC 工程检测项目、检测依据、检测设备等要求。

4. “调度集中控制模式”章规定控制模式显示及转换、分散自律操作方式显示及转换、控制模式及操作方式权限管理等工程检测要求。

5. “列车计划管理”章规定基本图、日班计划、列车运行调整计划等工程检测要求。

6. “调度命令”章规定调度命令的输入和下达等工程检测要求。规定调度命令自由编辑、格式化输入功能的检测方法，以及调度命令分别下达到车站、机车、相邻调度所中心调度台等功能的检测方法。

7. “列车进路控制”章规定列车进路自动控制和人工控制等工程检测要求。

8. “无线接车进路自动预告”章规定无线接车进路自动预告功能的工程检测要求。

9.“列车车次号处理”章规定列车车次号操作、逻辑跟踪、优先级处理，假车次报警、无线列车车次号校核、基于人工确认无线校核车次号的自动排路功能等工程检测要求。

10.“列车停稳信息处理”章规定停稳信息标记生成、人工设置停稳信息功能等工程检测要求。

11.“牵引供电接触网状态处理”章规定牵引供电状态设置、列车牵引属性设置功能等工程检测要求。

12.“分路不良处理”章规定分路不良人工标记、分路不良确认空闲、区间占用逻辑检查管理等工程检测要求。

13.“线路和设备封锁”章规定封锁设置、封锁指令发送功能等工程检测要求。

14.“调车作业”章规定调车计划管理、调车进路控制等工程检测要求。

15.“站场信息及按钮控制”章规定本站及邻站站场信息显示功能、列车运行状态显示功能、按钮控制功能等工程检测要求。

16.“系统故障处置”章规定车站与调度所中心通信中断、相邻调度所中心间通信中断、数据库服务器故障等工程检测要求。

17.“行车辅助报警”章规定列车紧跟踪报警、进路错办报警等工程检测要求。

18.“施工作业管理”章规定施工计划获取、施工标记的人工标注、施工登记销记、施工作业模板维护等工程检测要求。

19.“与 CTCS-2/CTCS-3 相关功能”章规定临时限速命令操作及显示、信号机点灯灭灯操作及显示、与 CTCS-3 相关功能等工程检测要求。

20. 系统冗余章规定服务器冗余、网络冗余、电源冗余等工程检测要求。

21. 运维子系统章规定设备状态监控功能、运行日志存储和分析功能、网络管理功能等工程检测要求。

22.“时间同步”章规定 TDCS/CTC 系统内部时间同步功能等工程检测要求。

23.“系统接口”章规定与计算机联锁接口、与车站列控中心接口、与信号集中监测系统接口、与无线调车机车信号和监控系统接口、与区间闭塞设备接口、与 RBC 系统接口、与 TSRS 接口、与 GSM-R 接口、与运输信息集成平台接口、CTC 与 TDCS 接口、TDCS 与 CTC 接口、与相邻调度所中心间接口等工程检测要求。

（六）解决的问题及预期效果

1. 解决的问题

本规程为新制定标准，是铁路信号工程系列检测标准的组成部分，是信号工程施工质量验收以及高速铁路静动态验收验收等行业标准的配套标准。该标准出台后解决了我国铁路 TDCS/CTC 工程建设检测方法不规范、内容不全面的问题，填补了 TDCS/CTC 工程检测方法无法可依的空白，对行业内规范 TDCS/CTC 工程检测方法起到积极作用。

2. 预期效果

通过国内 TDCS/CTC 工程实践，作为信号工程施工质量验收以及高速铁路静动态验收验收等行业标准的配套标准，完善工程检验验收体系，提高检验验收的效率，使得 TDCS/CTC 工程建设体系更可靠、更高效。

十四、《铁路路基支挡结构检测规程》TB 10450—2020

（一）编制背景

为贯彻国家有关法规和铁路技术政策，满足铁路建设和发展需要，规范铁路路基支挡结构检测要求，提高路基支挡结构检测水平，保障铁路路基支挡结构的安全与质量。根据构建铁路工程建设标准体系的要求，组织开展《铁路路基支挡结构检测规程》制定工作。

铁路路基支挡结构是用来支撑、加固岩土体，保持其稳定的结构，在铁路工程中主要用于支撑路基或路堑边坡，起到稳定边坡、整治崩塌滑坡、连接其他构筑物等作用（图 3-20）。尤其在铁路工程高陡边坡、深大路堑等复杂工点，支挡结构常常作为控制性工程影响相关工程质量甚至线路走向，其建造质量直接关系到铁路工程的安全与稳定。

为统一铁路路基支挡结构的实体质量检测要求，保障铁路路基支挡结构安全；进一步加强管理过程中的质量控制，实现快速高效、更大范围的质量检测，有必要制定铁路路基支挡结构检测规程。

（二）编制目的

1. 贯彻新发展理念。贯彻落实国家有关法律法规和铁路技术政策，提高铁路路基支挡结构建设质量，保障铁路路基支挡结构安全。

2. 满足创新发展需求。满足铁路建设和发展需要，统一铁路路基支挡结构检测方法，提高检测技术水平，完善铁路工程建设技术标准体系。

3. 解决突出技术问题。明确各类路基支挡结构检测方法适用范围，确保规程的经济性、适用性、科学性。

图 3-20　桩板挡土墙

（三）编制原则

1. 目标导向、适应发展。编制铁路行业路基支挡结构检测规程，规范检测技术方法，满足检测技术发展需要，以经济合理的检测手段，保障铁路支挡结构安全。

2. 系统总结、突出重点。总结铁路路基支挡结构检测的实践经验和相关科研成果，借鉴国内外先进标准，重点采用无损检测技术对隐蔽实体工程进行检测。

3. 精心组织、严格编制。严格执行国家、行业有关工程建设标准管理办法，编写格式规范，结构清晰，用词简明，规定明确。

4. 科学适用，经济合理。现场测试实际效果应用，对比分析各检测方法的适用性，针对各支挡工程的检测项目提出了适宜的无损检测检测方法，以使检测工作快速高效、经济合理。

（四）编制过程

《铁路路基支挡结构检测规程》编制过程总体上分为五个阶段。

前期准备阶段。开展铁路路基支挡结构检测基础研究，调研国内外铁路路基支挡结构检测成熟经验，分析各类支挡结构所需检测要求，全面总结我国铁路路基支挡的检测经验和相关科研成果。

工作大纲阶段。确定标准编制原则、适用范围、内容框架、进度计划、工作分工等，组织建设管理、勘察设计、施工建造、运营管理、科研院所等单位权威专家进行技术审查。

征求意见稿阶段。编制完成征求意见稿条文和条文说明，向铁路建设管理、勘察设计、施工建造、运营管理、科研院所等 10 多家单位征求意见，共收到 4 家单位修改意见 99 条，组织相关单位多位权威专家进行技术审查。

送审稿阶段。编制完成送审稿条文和条文说明，向铁路建设管理、勘察设计、施工建造、运营管理、科研院所等 30 多家单位征求意见，共收到 13 家单位修改意见 50 条，组织相关单位多位权威专家进行技术审查。

报批稿阶段。编制完成报批稿条文和条文说明，经审核通过，于 2020 年 4 月 23 日发布，自 2020 年 8 月 1 日起实施。

（五）主要内容

《铁路路基支挡结构检测规程》是铁路工程建设验收类技术标准，是保障铁路工程建设质量和安全的重要手段。规程适用于铁路路基支挡工程实体结构质量检测。

规程基本构架：

本规程共分 10 章，包括总则、术语和符号、基本规定、重力式挡土墙检测、悬臂式和扶壁式挡土墙检测、槽型挡土墙检测、土钉墙检测、锚杆挡土墙检测、预应力锚索检测、桩墙结构检测，另有 9 个附录。主要分为四大板块：

第一板块：总则。明确本规程编制目的、适用范围、路基支挡工程实体结构质量检测要求以及检测方法的选择依据等。

第二板块：术语和符号。规定与路基支挡结构及路基支挡结构检测技术密切相关的术语和符号，如支挡结构、墙身完整性、电磁感应法等。

第三板块：基本规定。规定支挡结构检测技术的一般规定、检测流程、检测报告等具体要求。

第四板块：具体检测规定。提出具体检测规定，规定不同类型支挡结构检测项目、检测方式、检测结果等要求。

主要技术内容：

1. 明确本规程适用于铁路路基支挡工程实体结构质量检测。

2. 定义了路基支挡结构相关的术语和符号。

3. 规定路基支挡结构的检测项目及检测方法、支挡结构检测流程和检测报告内容，明确检测数据复检方式和数量。

4. 规定重力式挡土墙检测的单元划分，明确墙身厚度、墙身完整性、墙身强度等检测项目的检测要求，以及检测成果要求。

5. 规定悬臂式和扶壁式挡土墙、槽型挡土墙检测的单元划分，明确其厚度、钢筋分布、墙身完整性、墙身强度等检测项目的检测要求，以及检测成果要求。

6. 规定土钉墙检测的单元划分，明确土钉长度和注浆密实度、面层厚度和强度等检测项目的检测要求，以及检测成果要求。

7. 明确锚杆长度和注浆密实度、锚杆锚固力、肋柱强度等检测项目的检测要求，以及检测成果要求。

8. 规定预应力锚索对抗拔力的检测要求、检测数量及检测方法、检测成果要求。

9. 规定桩墙结构的单元划分，明确桩身长度和完整性、钢筋分布、桩身强度等检测项目的检测要求，以及检测成果要求。

10. 附录中规定了地质雷达法、冲击回波法、钻芯法、电磁感应法、声波透射法、低应变法、冲击弹性波法、超声波法及锚杆（索）试验等检测方法的仪器设备、现场检测、数据处理及成果整理等技术要求。

（六）解决的问题及预期效果

1. 解决的问题

铁路路基支挡结构检测无统一标准，检测项目、检测方法等不统一的问题。

为了切实解决以上问题，提高路基支挡结构检测水平，保障铁路路基支挡结构的安全与质量，理顺标准架构，体现标准的先进性、协调性。规程规定了各类型支挡结构检测项目、检测方法、检测流程及检测报告等内容，明确了检测数据复检方式和数量，形成了铁路路基支挡结构检测统一标准。

2. 预期效果

铁路路基支挡结构作为铁路路基工程的重要组成部分，在许多困难工点中都起着关键的作用。目前行业内还未形成统一的铁路路基支挡结构检测标准，本规程系首次发布，有利于进一步加强铁路路基支挡结构质量。

第四章 铁路工程建设标准基础性课题研究情况

内容导读

基础研究是科技创新的源头,其深度和广度决定着一个国家原始创新的动力和活力。为提升标准技术先进性和经济合理性,夯实编制基础、强化技术支撑,深入开展铁路工程建设标准针对性专项基础研究。

2020 年以来,又有 7 项铁路工程建设标准基础性课题陆续开展研究,部分课题已结题。落实中央领导同志对铁路安全有关重要指示批示精神,开展防治危岩落石桥梁棚洞设计标准和铁路 10/0.4 kV 变电所与信号设备房屋之间安全净距研究;围绕服务国家重大战略实施,开展复杂艰险山区铁路新型工程地质遥感解译技术标准研究;围绕服务经济社会绿色发展,开展铁路桥梁灌注桩后压浆技术标准研究;围绕加强“四新”技术应用,开展铁路工程结构极限状态法设计关键抗力参数动态采集与分析和铁路无缝线路梁轨相互作用力深化研究。

第一节　地质勘察类

一、复杂艰险山区铁路新型工程地质遥感解译技术标准研究

(一)研究背景

为适应复杂艰险山区铁路建设需要,进一步探索和促进新型遥感技术的合理应用,针对复杂艰险山区铁路工程的高地温、活动断裂、高山峡谷无人区不良地质问题及长大深埋隧道区岩性识别难题,开展热红外遥感技术的高地温和活动断裂解译、高山峡谷区不良地质地表形变遥感监测和解译、高光谱遥感技术的长大深埋隧道岩性解译和无人机辅助野外地质调查适用性分析等研究工作,为编制标准提供技术支撑。根据《国家铁路局 2020 年铁路工程建设标准编制计划》(国铁科法函〔2020〕34 号)要求,开展《复杂艰险山区铁路新型工程地质

遥感解译技术标准研究》。该课题由中铁工程设计咨询集团有限公司组织相关单位共同承担。

遥感技术具有广域性、多源性、动态性的特点，可以宏观、全面、动态地获取某一区域的地质信息，在铁路长大干线方案复杂区域，需进行大面积工程地质选线地区，特大桥、特长隧道和大型枢纽工程的选址中，遥感技术与地面调查、物探、钻探等常规勘察技术相结合，为线路前期方案研究和科学决策提供可靠的地质依据。位于全球陆地地形地貌和地质构造演化最复杂、构造活动最强烈地区的复杂艰险山区铁路，沿线地形、地质条件复杂，自然环境恶劣、交通不便、人迹罕至，且多为无人区。一方面，常规的遥感解译方法不足以支撑复杂艰险山区铁路方案研究，有必要探索采用新型遥感技术对控制复杂艰险山区铁路线路方案的深大活动断裂、高山峡谷崩塌、滑坡、泥石流等不良地质及岩性进行解译，拓展工程地质遥感解译工作方法，丰富解译成果内容，在指导地面勘察工作的同时，弥补地面调查、物探、钻探等常规地面勘察工作的不足，在保证勘察质量的前提下实现有效减少地面勘察工作量、提高勘察工作效率的目的。另一方面，复杂艰险山区铁路在重大工程施工建设和运营期间，均面临深大活动断裂、高山峡谷崩塌、滑坡、泥石流等地质灾害的风险，严重危及工程建设及运营安全。发展多传感器、大范围、高时效、高精度、多源数据融合的工程地质遥感解译技术，有利于提高重大工程施工建设和运营阶段的防灾减灾、应急抢险和安全保障能力，从而保障重大工程建设和运营期间的安全。

系统梳理复杂艰险山区铁路遥感工作，总结热红外、InSAR、高光谱、无人机等新型遥感技术在工程地质勘察中应用的基础理论、试验研究、科研课题和工程应用案例，研究各项技术在复杂艰险山区铁路应用的边界条件、对特定工程地质要素的解译精度和适用性，制定相关遥感数据处理、工程地质要素解译的作业流程，提出相关标准的制定建议，为修订《铁路路基设计规范》《铁路工程地质遥感技术规程》等相关标准提供技术依据。

（二）研究内容

1. 高光谱遥感岩性解译研究

调研高光谱遥感岩性解译的国内外研究现状，探究高光谱遥感岩性解译机理，总结卫星高光谱遥感数据源技术参数及预处理方法，选择复杂艰险山区铁路沿线经典区域开展野外岩性采集，提出野外光谱采集质量控制方法和铁路沿线岩性光谱样本库建设方法，提出高光谱遥感岩性解译标准制定建议。

2. 热红外遥感地表热异常提取和活动断裂解译技术研究

调研热红外地表异常与活动断裂（地震）关系国内外研究现状，分析基于ASTER、Landsat TM/ETM +/TIRS 等星载热红外遥感数据的地表温度反演及地表热异常提取方法，选取复杂艰险山区铁路沿线典型区域开展热红外遥感地表热异常提取测试工作，研究热红外地温异常与活动断裂的关系，提出热红外遥感地表热异常和活动断裂解译标准制定建议。

3. 高山峡谷区不良地质 InSAR 形变遥感监测技术研究

调研高山峡谷区不良地质 InSAR 形变遥感监测和解译的国内外研究现状，选择复杂艰险山区铁路沿线典型区域获取 Sentinel-1、ALOS PALSAR 等多源多轨道 SAR 数据，分析 D-InSAR、PS-InSAR、SBAS-InSAR 等技术的适用条件、InSAR 技术形变监测误差产生的影响因素及消除方法，通过与光学遥感数据解译、地面调查、GNSS 或水准实测等方法进行对比，研究不同 InSAR 技术获取地表形变的精度及适用性，提出高山峡谷区不良地质 InSAR 形变遥感监测和解译技术标准制定建议。

4. 无人机辅助地质调查技术研究

调研无人机遥感技术在地质调查工作中的应用现状，研究适用于高海拔复杂山区的无人机遥感平台及载荷系统，选择复杂艰险山区铁路沿线典型地质体，开展无人机遥感数据采集与处理技术研究、基于无人机 LiDAR、倾斜摄影的辅助地质勘察技术研究，分析基于无人机遥感的复杂艰险山区铁路地质灾害风险调查与评价方法，提出无人机辅助地质勘察标准制定建议。

（三）研究方法

1. 文献研究法。检索高光谱遥感、热红外遥感、InSAR 技术、无人机技术国内外研究资料，收集各项技术的相关基础理论、试验研究、科研课题、工程应用案例，了解各项技术的应用领域和应用边界条件，使其更好地服务于复杂艰险山区铁路勘测。

2. 调查研究法。调查研究新型遥感技术在多条复杂艰险山区铁路地质勘察中的实际应用情况，了解各项技术对控制线路方案的高地温、活动断裂、高山峡谷崩塌、滑坡、泥石流、地表变形和地层岩性等地质问题的解译及成果资料，总结实践经验。

3. 实验研究法。选取复杂艰险山区铁路典型区域开展基于星载热红外遥感的地表温度反演及地表热异常提取测试、InSAR 技术地表形变提取测试、野外岩石光谱采集、无人机遥感数据采集等现场测试采集工作，获取现场第一手数据资料，为后续工作的开展奠定基础。

4. 对比分析法。开展多种 InSAR 技术地表形变监测与对比研究，通过与光学遥感数据解译、地面调查、GPS 或水准实测等常规方法进行对比，得出不同 InSAR 技术获取地表形变的精度及适用性的数据和结论。

5. 归纳总结法。通过对大量现场实测数据的分类、归纳，以定性与定量相结合的方式对测试结果进行精度评价及适用性研究，提出热红外、InSAR、高光谱及 LiDAR 等新型工程地质遥感解译技术标准制定建议以及无人机辅助地质勘察标准制定建议。

（四）研究进展情况及初步研究成果

1. 研究进展情况

研究课题已完成中期报告审查，计划 2021 年底结题。选取复杂艰险山区铁路沿线的典型区域作为重点研究对象，现已完成热红外遥感地表热异常和活动断裂解译、高山峡谷区不良地质 InSAR 形变遥感监测和解译、高光谱遥感岩性解译及无人机辅助地质勘察等 4 项技术的初步测试和对比分析。

2. 初步研究成果

（1）高光谱遥感岩性解译研究成果

①高光谱遥感数据能形象反映岩层产状、层理结构、层位关系、岩石组合单元等地质信息，可进行区域地层空间展布区划。采用高光谱遥感技术对复杂艰险山区铁路沿线的岩性进行解译，是一种重要而又可行的技术手段。

②梳理总结岩矿光谱反射机理，岩性矿物组成及矿物含量、出露环境因素与光谱特征相互关系分析；高光谱遥感岩性解译基于光谱的岩性自动解译方法和基于高光谱遥感图像的目视解译方法，为高光谱遥感岩性解译提供理论基础。

③总结资源一号 02D、高分五号、Hyperion、天宫一号等当前国内外主要的 4 种高光谱遥感数据的技术参数，研究其数据预处理方法，采用 FLAASH 模型大气校正方法完成 Hyperion 测试数据大气校正工作，为复杂艰险山区铁路沿线岩性高光谱遥感解译的数据源选择和预处理技术方法确定提供依据。

④结合区域地质资料，对研究区进行了野外观察、光谱测量及样品采集等工作，提出了复杂艰险山区铁路沿线岩性光谱样本库建设方法，并以砂岩、闪长岩为例，构建了复杂艰险山区铁路沿线岩性光谱样本库框架，为复杂艰险山区铁路沿线岩性高光谱遥感解译和其他遥感应用提供基础性光谱数据支撑。

⑤以 Hyperion 为数据源，采用基于野外实测光谱、影像光谱、标准库光谱 3 种不同光谱来源的高光谱岩性遥感解译方法，对研究区进行了岩性解译测试工作，采用 KAPPA 系数对解译精度进行了评价。通过对结果对比分析，认为对于该研究区而言，基于影像 PPI 自动识别端元光谱的岩性解译方法较适合研究区岩性解译，总体效果较好。初步确定了高光谱遥感岩性解译的工作流程和精度评价方法。

(2)热红外遥感地表热异常提取和活动断裂解译技术研究成果

①开展研究区夜间热红外遥感反演。收集 MODIS 夜间热红外影像，开展研究区夜间高地温反演。

②研究热红外地温异常与活动断裂的关系。分析地温异常与活动断裂的关系，以及断裂对地温的影响。

③提出热红外遥感地表热异常和活动断裂解译标准制定建议。

(3)高山峡谷区不良地质 InSAR 形变遥感监测和解译技术研究成果

①开展典型区域 D-InSAR、PS-InSAR 等其他 InSAR 技术地表形变提取测试工作，进一步开展 InSAR 技术方法的适用条件、影响成果精度的因素及改进方法研究。

②开展现场调查及野外验证工作，开展 InSAR 技术方法与光学遥感数据解译、地面调查、GNSS 或水准实测成果的对比研究。

③提出高山峡谷区不良地质 InSAR 形变遥感监测和解译技术标准制定建议。

(4)无人机辅助地质勘察技术研究成果

①多源数据联合建模技术研究，实现无人机 LiDAR 和倾斜摄影技术优势互补，快速生成复杂工点高精度的真三维模型。

②岩体结构面识别技术研究，依托无人机遥感获取的地质体高精度三维实景模型/数字高程模型/三维点云模型，采用混合全局和局部阈值法提取出迹线的轮廓线，通过骨架提取、迹线标记提取出节理迹线，用图像处理方法，实现岩石节理迹线产状的信息获取，根据迹线与结构面的距离判断迹线与结构面的位置关系，并将迹线和结构面进行归并、分组，以各组产状表征岩体结构面产状。

③无人机遥感不良地质解译平台建设，开发影像实景三维地理信息管理与应用服务综合平台。支持在三维场景中融合倾斜摄影、近景摄影、激光点云、手持数码设备获取的多源影像，支持在三维场景中加载倾斜三维模型、BIM、CAD 模型、激光点云模型和 3D 模型，实现地形图绘制、体积和面积计算、体积变化计算、变形

监测、复杂几何形态的定量描述、地质结构面产状和迹长的量测。

④基于无人机遥感的复杂艰险山区铁路地质灾害风险调查与评价方法研究。

⑤提出无人机辅助地质勘察标准制定建议。

第二节　工务工程类

二、铁路工程结构极限状态法设计关键抗力参数动态采集与分析研究

（一）研究背景

为适应铁路建设和经济发展需要，有效支撑铁路工程结构极限状态法体系建立实施策略，按照《国家铁路局 2019 年铁路工程建设标准编制计划》（国铁科法函〔2019〕38 号）要求，开展《铁路工程结构极限状态法设计关键抗力参数动态采集与分析》课题研究。该课题由中国铁道科学研究院集团有限公司铁道建筑研究所独立承担。

目前国内、外工程结构主流设计规范已经采用了以可靠性理论和数理统计为基础的概率极限状态设计法。欧洲、日本的铁路工程结构规范和美国除铁路工程之外的大部分结构规范都已经采用了概率极限状态设计方法，目前已经进入对分项系数修正的长期阶段，其数据来源，主要依照参与规范编制企业的存档材料，虽然这些企业工程数据的可追溯性很强，但仍局限于某一时期，具有一定的时效性，未对大量新建工程数据进行收集和分析，因此，其设计参数取值的代表性和时效性值得商榷。

为确保铁路工程结构设计从容许应力法向极限状态法的转轨，原铁道部确定了“形式转轨”和“建立体系”两步走的转轨实施方案，其中在实施方案中明确构建铁路工程结构数据分析平台。截至目前，铁路路基、桥梁、隧道、轨道极限状态设计暂行规范已正式发布，极限状态法转轨工作第一阶段“形式转轨”全面完成。

2016 年，为全面推进第二阶段转轨工作，相关设计单位完成了铁路桥梁极限状态法设计标准试设计工作，有关部门推进了数据采集及分析平台建设，铁路各专业极限状态法设计规范初稿编制基本完成。基于此，迫切需要开展铁路工程结构极限状态法设计关键抗力参数动态采集与分析相关研究，确定抗力数据分类，明确专用数据分析平台的建设方案，以便为极限状态法设计规范修订和完善提供数据和分析基础。

（二）研究内容

1. 收集国内外极限状态法抗力参数的统计分析现状。

2. 研究形成极限状态法参数更新的分析流程，分析铁路工程结构的数据分类，梳理数据来源，细化铁路桥梁、隧道、路基和轨道的主要抗力统计参数，提出抗力统计的标准化字段要求。

3. 研究抗力参数的特征值分析与评估方法。包括抗力参数的描述统计、假设检验、相关分析、方差分析、回归分析、聚类分析、主成分与因子分析等，固化分析和动态评估流程。

4. 提出铁路工程可靠性设计专用数据平台建设方案，涉及平台建设目标及思路、平台架构与主要功能、实施组织方案等。

5. 分析铁路工程典型抗力性能指标统计特征，研究性能演变规律。

（三）研究方法

1. 文献研究法。检索国内外结构抗力数据库建设及极限状态法设计材料更新现状，收集欧洲、印度、美国等国外材料性能分析及数据库建设情况，获取铁路、建筑等领域典型材料力学性能的早期统计过程及成果，为研究提供重要参考资料。

2. 调查研究法。调研获取近十年范围内典型材料抗力参数性能指标数据，了解智能铁路整体发展规划，获取铁路工程结构管理平台、大数据中心等的实际应用情况。

3. 对比分析法。对比分析不同阶段抗力参数指标的分布特征，总结材料性能指标的变化特点和演变规律。

4. 综合分析法。结合铁路工程管理平台的应用实践，从自动上传与人工收集相结合、阶段目标与总体目标分步走的技术路线出发，确定抗力数据动态采集方式，提出专用数据平台的建设方案，涉及平台架构、主要功能、推进步骤等。

（四）研究成果

在极限状态法转轨实施方案指导下，按照数据分析平台可持续性建设的规划定位，提出铁路工程结构极限状态法设计关键抗力参数动态采集与分析结题报告，给出了铁路工程可靠性设计专用数据平台建设方案，分析了典型抗力数据的演变规律。

1. 面向极限状态法设计体系的流程设计

(1)参数更新流程

参数更新载体为专用数据平台，涉及参数采集、指标规定、分项系数确定、容许应力法和极限状态法的校核、确定合理的参数取值等流程；数据平台应以全生命周期为出发点，不仅涵盖工程建设数据、科研数据，而且还应充分考虑运维期出现的实际问题，综合生命周期各阶段数据信息反馈设计参数优化调整；专用数据平台中数据的有效性，应通过技术和管理两个层面共同保障；考虑实施步骤及成熟度水平，专用数据平台应分阶段建设。

（2）铁路工程结构数据分类

根据极限状态设计法本质特征，可分为抗力数据和作用数据，前者主要包括各种材料力学性能，后者涉及列车、风雪、温度、地震等作用。

按结构类型分类：铁路工程结构按照专业特点分为桥涵工程、隧道工程、路基工程和轨道工程。每个专业都包含着海量数据，这些数据又涉及共性数据和独享数据。

根据数据类型不同，可以分为结构化数据和非结构化数据。为实现铁路工程结构数据的有效统计及分析，各种数据宜以结构化方式存储或对非结构数据格式进行标准化，通过文字识别技术进行结构化导入。

（3）铁路工程结构抗力参数类别

桥梁工程主要抗力参数类别包括：钢材母材及焊接接头、混凝土、钢筋、预应力钢筋/钢丝/钢绞线等常用材料的物理、力学性能，高强螺栓摩擦面抗滑移系数、高强螺栓机械性能，各种材料及构造细节的疲劳强度，混凝土梁体挠跨比，支座摩擦系数，混凝土保护层厚度，预应力筋与管道壁之间的摩擦系数、偏差系数，锚头变形、钢筋回缩和接缝压缩值等；

隧道工程主要抗力参数类别包括：隧道用材料（混凝土、钢筋、钢材、锚杆等）物理力学性能，围岩物理力学性能（容重、弹性反力系数、变形模量、泊松比、内摩擦角、黏聚力），衬砌厚度，土体内摩擦角、黏聚力；

路基工程主要抗力参数类别包括：颗分曲线，塑限、液限，土粒比重，最大干密度，最优含水量，现场含水量，填料容重，土体天然容重，地基基本承载力，地基系数（K_{30}），压实度，土体压缩模量，黏聚力，综合内摩擦角，静力触探比贯入阻力，无侧限抗压强度，土工合成材料力学性能，岩石单轴抗压强度；

轨道工程主要抗力参数类别按钢轨、扣件、轨枕、有砟道床、轨道板、无砟道床进行统计，涉及钢轨屈服强度、钢轨抗拉强度、焊接接头抗拉强度、焊接接头疲劳强度、焊接接头静弯性能、胶接接头整体剪切性能/疲劳强度、冻结接头整体剪切性能/疲劳强度、节点阻力、扣件刚度、混凝土弹性模量、混凝土抗拉强度、混凝土抗压强度、预应力钢筋疲劳强度、横向阻力、纵向阻力、支承刚度、弹性缓冲垫层刚度等。

(4)抗力数据统计字段设计

采用实体+属性的模式定义数据字段标准,即以抗力赋能的材料为实体,以面分法附加各种属性,共同定义抗力参数标准化字段。

通过抗力数据字段设计,形成标准化目录,建立抗力材料库、组织机构库、原材料库等;确定标准化名称,明确标准化字段;按照区域、线路、标段、施工单位、业主、监理单位、抗力参数、使用部位等面进行设置,先对小样本分析,考虑区域环境、组织机构等不同属性,逐步扩展样本范围,验证不同样本之间的差异性,逐步逼近总体特征分布。

2. 面向极限状态法设计体系的数据分析方法

明确了抗力参数分析的主要算法,涉及统计分析、可靠性分析、抗力分项系数分析、数据分析和极限状态设计参数的更新。统计分析中涉及异常数据处理、描述性统计分析、假设检验和铁路工程数据常见的分布类型;可靠指标分析中对不定性分析、极限状态方程、可靠指标计算和目标可靠指标选择进行了梳理和思考;分项系数分析涉及设计值法、抗力分项系数计算方法等;探索了数据分析与极限状态设计参数优化的关联机制,涉及分项系数的更新与迭代、全生命周期管理与设计参数关系分析等内容。

提出了抗力分项系数调整时机处理原则:

当原变异系数 $\delta R<0.05$ 时,若变异系数变化率 >7% 时,宜考虑调整抗力分项系数;

当原变异系数 $\delta R\in(0.05,0.1)$ 时,若变异系数变化率 >10%,宜考虑调整抗力分项系数;

当原变异系数 $\delta R>0.1$ 时,若变异系数变化率 >15% 时,宜考虑调整抗力分项系数。

3. 铁路工程可靠性设计专用数据平台建设方案

(1)平台建设目标及思路

建设目标具体可分为以下几点:

①建立专用数据平台,形成支撑工程结构极限状态法设计规范修订的统一数据中心,建立结构抗力和作用关键参数数据的采集、统计和专业分析的长效机制。

②建立统一的数据标准、规范及标准实施指南,并解决数据的标识、描述和关

联机制问题，为专用平台建设和数据分析利用提供条件。

③建立统一的数据采集和传输接口，实现不同数据源以规范、标准、结构化的形式与专用数据平台的互联互通，实现数据信息的无缝调用。

④实现对专用数据平台安全和维护管理的标准化。

⑤发挥铁路工程建设信息化的后发优势，按照分析需求集成铁路工程管理平台既有数据，完善数据源采集，发挥大数据中心优势，将海量数据集成转化为信息、知识，为铁路工程结构本身设计水平提升提供条件。

铁路专用数据平台建设遵循总体设计、试点先行、规范完善、全面推广的实施策略。以平台建设实施方案为设计基础，首先利用铁路工程管理平台已有数据，通过试点验证，完善数据标准、接口标准、数据管控标准、数据存储标准，验证平台总体方案，包括接口设计、数据粗加工及基本分析功能。在试点建设与应用的基础上积累经验，补充数据源及其对应的采集标准，完善总体方案及技术要求，国家铁路局指导，建立集国铁集团、经规院、铁科院、各设计院于一体的应用建设团队，为铁路专用数据平台全面建设奠定基础。

（2）平台架构与主要功能

专用数据平台逻辑架构分为数据采集层、数据存储层、数据服务层、数据应用层、用户访问层。数据采集层来源主要依托铁路工程管理平台，部分设计阶段产生的数据及现场调研的数据，也应作为补充数据源接入专用数据平台。数据存储层、数据服务层提供结构化数据和非结构化数据的集中存储、高性能数据计算能力。在数据应用层整合基本分析和专业分析能力，对抗力、作用关键参数进行计算分析。

铁路专用数据平台以大数据平台为支撑，主要功能包括数据采集子系统、数据分析子系统，数据采集子系统涉及统一终端系统采集、人工数据采集、数据接口服务、数据清洗、粗加工；数据分析子系统包括基本分析、可靠性分析和评估分析。

（3）实施组织方案

鉴于平台可持续性运行的实际需求，可从领导、实施、应用三个层面建立组织管理体系。领导层建议由国铁集团相关部门牵头，建设管理部、工管中心、科信部、工电部等总公司相关部门参加，组织协调专用数据平台的策划实施、科研支撑、维护管理、安全评测、数据挖掘等系列工作，国家铁路局全程监管；实施层包括经规院、各设计院、建设各参与方、铁科院。经规院负责业务指导，各设计院提供数据分析应用需求和自身已有数据，建设各参与方提供数据，铁科院负责平台实施方案编制、模块开发、数据基本分析、运营维护等工作，实施单位共同制定数据采集标准，协助完成关键数据的采集上传、数据接口、验证运行等工作；应用层主要是基于数据价值的分析利用，设计院作为主体用户，建议各专业规范主编设计院牵头，铁科院、经规院参加，实现海量数据的统计分析和可靠性分析。

4. 铁路工程典型抗力参数性能分析

(1)混凝土数据分析

梁体用混凝土生产工艺可靠，质量稳定，典型标号混凝土强度近10年变化不大，C15～C60混凝土抗压强度分布特征建议值，见表4-1。

表4-1　C15～C60混凝土抗压强度统计分布建议值

强度等级	均值	标准差	均/标准	变异系数
C60	68.3	3.5	1.14	0.05
C55	63.4	2.76	1.15	0.04
C50	60.3	3.0	1.21	0.05
C45	54	3.1	1.20	0.06
C40	47.6	2.4	1.19	0.05
C35	43.0	3.3	1.23	0.08
C30	39.1	3.9	1.30	0.10
C25	32.7	2.6	1.31	0.08
C20	26.6	2.9	1.33	0.11
C15	22.9	3.3	1.53	0.14

通过对梁体混凝土C50的统计分析，验证了C50混凝土服从均值比1.21，变异系数0.05的分布；设计挠跨比与实测挠跨比比值服从均值1.3，变异系数0.1的正态分布，说明梁体竖向刚度高，比设计的保守。

轨道用C55和C60混凝土抗压强度可知：轨道板混凝土设计为C55，但其实测值要远高于55 MPa的名义值，是标准值的1.4倍，推测原因可能是由于京沪高铁首次采用CRTSⅡ型轨道板，虽然轨道板设计强度等级为C55，但各参加单位都非常重视施工质量，使得混凝土强度比较保守，由于经验原因，变异系数相对较大，达到0.09；而对C60的混凝土轨枕，混凝土本身质量控制技术成熟，其均值与标准值的比值为1.12，变异系数为0.038，质量稳定性好。

轨道用C55混凝土与混凝土梁用C55混凝土统计特征差别较大，因此，在有条件情况下，还应考虑通用材料的专业属性，待有足够数据证明后，可不考虑专业属性对材料力学性能的影响。

（2）钢筋、预应力钢丝数据分析

对普通钢筋力学性能进行权重统计，获取HPB300、HRB400（HRB400E）及HRB500的统计分布建议值，见表4-2。

表4-2 普通钢筋力学性能统计分布建议值

钢筋类型	指　　标	均值	标准差	均/标准	变异系数
HPB300	抗拉强度（MPa）	543.6	47.2	1.29	0.09
	屈服强度（MPa）	382.2	53.6	1.27	0.14
	断后伸长率	32.0	3.1	1.28	0.10
HRB400	抗拉强度（MPa）	618.3	28.1	1.15	0.05
	屈服强度（MPa）	477.1	33.6	1.19	0.07
	断后伸长率	24.6	2.5	1.54	0.10
HRB500	抗拉强度（MPa）	696.4	21.4	1.11	0.03
	屈服强度（MPa）	551.5	20.3	1.10	0.04
	断后伸长率	22.3	2.5	1.49	0.11

对预应力钢丝力学性能进行统计，力学性能统计分布建议值，见表4-3。

表4-3 预应力钢丝力学性能统计分布建议值

钢丝类型	指　　标	均/标准	变异系数
1 860 MPa预应力钢绞线	实测破断负荷（kN）	1.04	0.01
	屈服负荷（kN）	1.08	0.02
	断后伸长率	1.49	0.13
	实测弹性模量（GPa）	1.02	0.01
1 570 MPa预应力钢丝	实测抗拉强度（MPa）	1.05	0.02
	断后伸长率	2.14	0.12
6.25mm的1 570 MPa预应力螺旋肋钢丝	破断力（kN）	1.08	0.02
	抗拉强度（MPa）	1.08	0.02
	断后伸长率	1.41	0.04
	弯曲次数	2.23	0.10

续上表

钢丝类型	指　　标	均/标准	变异系数
7.25 mm 的 1 570 MPa 预应力螺旋肋钢丝	破断力	1.07	0.02
	抗拉强度	1.07	0.02
	断后伸长率	1.42	0.04
	弯曲次数	1.90	0.09

(3)钢材力学性能分析

通过对典型大胜关长江大桥、安庆长江大桥、芜湖长江大桥、平潭跨海大桥、沪通长江大桥、五峰山长江大桥中 Q345qD、Q370qE/qD、Q420qE 和 Q500qE 的质保书统计分析，得到如下结论：

2007～2021 近 15 年来，Q345qD 力学性能没有发生显著改变，统计分布建议值，见表 4-4。

表 4-4　Q345qD 力学性能统计建议值

指　　标	均值	标准差	均/标准	变异系数
横向屈服强度(MPa)	420	37.1	1.22	0.09
横向抗拉强度(MPa)	544	24.4	1.11	0.04
横向伸长率	28.6	3.0	1.43	0.10
横向屈强比	0.77	0.04	—	0.05
冲击功平均值	210	38.7	1.75	0.18

对板厚不大于 50 mm 的 Q370q 而言，屈服强度、抗拉强度及冲击功均值近十年增加明显，伸长率稍有下降，变异系数变化不大，屈服强度、抗拉强度、伸长率及冲击功可分别按(1.17,0.06)、(1.10,0.04)、(1.40,0.09)和(2.2,0.16)考虑；对板厚大于 50 mm 的 Q370qE，屈服强度、抗拉强度的变异系数较小，两者可分别按(1.08,0.04)和(1.06,0.02)考虑。

对板厚不大于 50 mm 的 Q420qE，其屈服强度可认为服从(1.18,0.06)的正态分布、抗拉强度服从(1.13,0.03)的正态分布，伸长率可按(1.27,0.11)的正态分布考虑；对板厚大于 50 mm 的 Q420qE，其屈服强度可认为服从(1.23,0.03)的正态分布、抗拉强度服从(1.11,0.02)的正态分布，伸长率可按(1.32,0.06)的正态分布考虑。

对板厚不大于 50 mm 的 Q500qE，其屈服强度服从(1.15,0.05)的正态分布、抗拉强度服从（1.13，0.04）的正态分布，伸长率可按（1.17，0.07）的正态分布考虑。

横向试样和纵向试样的屈服强度、屈强比服从同一总体分布，抗拉强度、伸长率拒绝服从同一总体分布，且横向试样的抗拉强度统计要优于纵向试样，因此，可认为无需对钢材拉伸性能进行纵向取样。

三、铁路桥涵主要设计荷载及动力系数研究

（一）研究背景

为适应铁路建设和经济发展需要，解决客货共线、高速、城际、重载铁路在不同规范中存在同一设计参数制定原则和取值标准不同的情况，为我国铁路桥涵设计规范的进一步完善提供依据，根据《国家铁路局2017年铁路工程建设标准编制计划》（国铁科法函〔2017〕185号）要求，开展《铁路桥涵主要设计荷载及动力系数》课题研究。该课题由中国铁道科学研究院集团有限公司组织相关单位共同承担。

自20世纪50年代起，我国就开始了铁路列车活载研究。1951年，我国铁路研究制定了中-z活载图式，并沿用至1975年。20世纪70年代，随着铁路运输的发展，牵引动力逐渐由蒸汽向内燃和电力过渡，研究制定了中—活载，并制定了动力系数、离心力、横向摇摆力、制动牵引力等配套参数。2013年，国家铁路局立项编制了《铁路列车荷载图式》TB/T 3466—2016（2016年12月15日发布，2017年7月1日实施），该标准主要规定了我国新建高速铁路、城际铁路、客货共线铁路、重载铁路设计时应采用的铁路列车荷载图式（ZK、ZC、ZKH、ZH），配套的相关设计参数仍沿用既有规范。

在竖向动力作用方面，我国目前客货共线铁路和重载铁路的运营模式相比中—活载图式配套动力系数的制定背景已经发生了较大变化，蒸汽机车已经退出历史舞台，货物车辆的车型发生了一定变化，轴重也进一步增加。此外，经历20余年我国在高速铁路建设、联调调试和运营方面也积累了丰富的实践经验和大量的客观数据。因此，在目前的情况下，有必要也有条件对不同类型线路的竖向动力作用予以深入研究，制定合理的动力系数取值。

在纵向作用方面，不同类型线路设计荷载图式不同、运营的列车不同，相应其纵向作用特征也不相同，因此应系统研究各种类型列车对桥梁结构的纵向作用特征，确定不同类型线路的纵向力取值。

在横向作用方面，铁路设计规范主要参考国际铁路联盟的相关规定，并结合我国铁路列车的特征，制定了横向摇摆力和离心力取值。近年来，随着我国铁路测量测试技术的不断进步，在主要干线上安装了TPDS监测系统，并开展了大量的测力轮对测试试验，为开展横向作用特征的研究奠定了基础。

（二）研究内容

1. 从列车竖向荷载作用特征、竖向动力作用仿真以及实测数据分析等方面，对列车竖向动力作用进行系统的研究。

2. 对不同轴重机车的牵引作用特征，机车再生制动和货车制动规律，不同型号的长编和短编动车组盘形制动、牵引、再生制动的最大轨面切向力曲线进行研究分析。

3. 基于TPDS和测力轮对数据，对横向作用分布特征以及各种因素的影响规律进行研究。

（三）研究方法

1. 对比分析法。梳理国外研究历程及应用现状，对比桥梁动力系数在列车竖向动力作用、列车纵向作用、列车横向作用主要技术参数的计算方法，总结主要国家、不同铁路类型桥梁动力系数的特点和差异，分析影响技术参数计算的主要因素。

2. 模型分析法。研究列车竖向动力作用仿真分析，采用车—桥分析模型主要考虑车辆与梁体间的竖向动力作用，进行竖向动力作用机理和车桥耦合动力分析，掌握移动装备、车辆、轨道参数对于竖向动力作用的影响特征。

3. 实验研究法。对我国铁路桥涵结构实测动力系数进行研究分析，包括各类提速试验、检定试验、开行重载列车安全性评价试验以及联调联试综合试验数据等，掌握动力系数与各项参数指标之间的关系。

4. 统计分析法。采用SPSS统计分析软件，对动力系数与各项参数的相关性进行分析，确定高速（城际）铁路桥涵动力系数的制定原则，提出设计动力系数和实车运营动力系数的计算公式，确定客货共线（重载）铁路桥涵动力系数的制定原则，提出钢桥强度设计动力系数和疲劳设计动力系数的计算公式。

（四）研究成果

通过对列车竖向、纵向、横向作用力进行系统的特征分析、理论计算和试验验证，掌握列车的竖向、纵向和横向作用特征、影响因素及规律，提出适用于桥涵结构设计的取值建议，为我国铁路桥涵设计规范的制修订提供依据。

1. 在竖向动力作用方面,得到如下结论:

(1)通过竖向作用特征分析,掌握机车牵引货物列车、机车牵引旅客列车以及高速动车组列车竖向荷载的分布特征,掌握轴位、轴重、速度、车型与曲线半径对轮轨垂向力和动荷系数的影响规律。

(2)建立车—桥耦合模型,进行竖向动力作用仿真分析,掌握移动装备、车辆、轨道参数对于竖向动力作用的影响特征,对高速和城际铁路不同速度等级下运营动力系数进行了计算分析,为后续动力系数的制定提供依据。

(3)对我国各类综合试验、检定试验、联调联试试验数据进行统计分析,掌握列车速度、桥梁跨度、基频等参数对于动力系数的影响特征,得到不同类型线路动力系数的包络值,为后续客货共线和重载铁路动力系数计算公式、高速铁路实车动力系数计算公式的制定提供依据。

(4)根据仿真计算结果结合实测数据验证,制定高速铁路动力系数计算公式。根据实测数据拟合,制定高速铁路实车运营动力系数计算公式。根据实测数据分析,制定客货共线和重载铁路钢桥强度设计动力系数计算公式和疲劳设计动力系数计算公式。

2. 在纵向作用方面,计算得到轨面切向力取值建议。

3. 在横向作用方面,得到如下结论:

(1)基于 TPDS 监测数据,对 21 t、23 t、25 t、27 t 轴重列车轮轴横向力特征进行分析,掌握轮、轴横向力的实测值大小,并掌握轴重、横向动力性能对于横向力的影响规律。

(2)基于测力轮对数据,对我国重载铁路货车的横向力作用进行研究,掌握轴重、轴位、速度、曲线半径等参数对于横向力的影响特征,将理论计算离心力与实测横向力进行对比分析,验证目前规范的合理性。

(3)根据实测横向力的分析结果,提出我国客货共线和重载铁路的横向摇摆力和离心力可依据现行规范进行计算,且具备足够的安全余量。

四、铁路桥梁灌注桩后压浆技术标准研究

(一)研究背景

为贯彻新发展理念,服务铁路高质量发展,推进灌注桩后压浆技术在铁路工程领域的应用,根据《国家铁路局 2020 年铁路工程建设标准编制计划》(国铁科法函〔2020〕34 号)要求,开展铁路桥梁灌注桩后压浆技术标准研究。该课题

由西南交通大学组织相关单位共同承担。

目前桥梁灌注桩后压浆技术在工业民用建筑、公路工程领域应用较多,并在这些领域发布实施了一定数量的标准和规范。开展灌注桩后压浆技术在铁路领域的应用研究,以创新引领新技术研发和应用,为后续开展铁路桥梁灌注桩后压浆技术标准的编制工作提供基础和技术储备,解决铁路桥梁后压浆技术设计无标准可依的现状,助力铁路高质量发展。

为规范铁路桥梁灌注桩后压浆技术的设计与应用,提高后压浆工程的安全性、可靠性和经济性,在已有“开式”和“闭式”灌注桩后压浆技术研究的基础上,通过必要的试验和理论分析,重点开展新型“复合式”后压浆技术和标准研究,达到推动灌注桩后压浆技术创新发展的目的,为铁路领域提供更全面更先进的灌注桩后压浆技术标准。

(二)研究内容

1. 铁路桥梁灌注桩后压浆技术加固机理及承载特性研究。在国内外已有研究的基础上,总结铁路桥梁桩基后压浆施工中的技术和方法,整理“开式”和“闭式”后压浆技术的试验及成果,深化分析后压浆技术的特点及应用效果,开展新型“复合式”后压浆技术的试验研究,探索和揭示桥梁钻孔灌注桩“复合式”后压浆技术加固机理和承载特性。

2. 铁路桥梁灌注桩后压浆技术承载力计算方法研究。在深入整理归类总结现有“开式”和“闭式”后压浆技术结果的基础上,通过对新型“复合式”后压浆技术的试验研究,开展不同地质条件、相同压浆量下的桩侧摩阻力、桩周土抗力、桩底承载力变化的分析研究,深化对铁路桥梁桩基主要所属构件后压浆的技术要求和后压浆桩基承载力计算方法的研究。

3. 铁路桥梁灌注桩后压浆技术质量检测方法研究。整理和总结现有灌注桩以及后压浆技术质量检测方法,结合对“开式”“闭式”和新型“复合式”后压浆技术施工及技术特点的分析,深化桥梁桩基后压浆技术加固后的质量检测评价方法研究,开展后压浆技术“三定”原则中相关控制指标和判定阈值确定的探索研究。

(三)研究方法

1. 文献研究法。通过搜集和整理灌注桩后压浆技术的国内外已有文献及研究成果,根据“三定”原则,在承载力提高、桩侧桩端泥皮沉渣固化、桩侧桩端荷载分担比、沉降特性、施工工艺、压浆控制、总体效果等方面开展“开式”“闭式”后压浆技术特点和优势的归类整理分析,揭示各种后压浆方式的承载特性、变化规律和实际效果，为本项研究提供相关文献资料的对比分析归纳总结的文献调研支撑。

2. 经验总结法。通过不同工程经验资料的归纳，可总结出不同的后压浆形式在不同土层中的压浆压力、压浆时间及压浆效果等工程经验，为灌注桩后压浆技术在铁路领域的推广应用提供宝贵的经验指导和范例。

3. 试验研究法。针对不同的土体（黏性土、粉土、砂性土、全强风化岩层等），开展现场试桩试验和室内试验，揭示桥梁钻孔灌注桩复合式后压浆技术在不同土层中的加固机理和承载特性，发展新型后压浆技术，为不同后压浆形式的铁路桥梁所属构建技术要求和后压浆桩基承载力计算方法提供试验支持。

4. 对比分析法。通过"开式""闭式"和"复合式"三种灌注桩后压浆形式加固机理及承载特性的试验结果对比，揭示新型"复合式"后压浆技术的技术优势及创新特点，明确"复合式"后压浆技术对不同土体的加固效应，深化对后压浆加固机理的认识。

（四）项目总体目标

1. 通过对国内外"开式"和"闭式"后压浆技术的试验及研究成果的深入整理，以及对新型"复合式"后压浆技术的分析研究，揭示铁路桥梁钻孔灌注桩不同形式后压浆技术的加固机理和承载特性。

2. 在深入整理归类总结现有"开式"和"闭式"后压浆技术结果的基础上，开展新型"复合式"后压浆技术的理论研究，提出不同后压浆形式的铁路桥梁所属构建技术要求和后压浆桩基承载力计算方法。

3. 对"开式""闭式"和新型"复合式"后压浆技术施工及技术特点进行分析，结合现有灌注桩以及后压浆技术质量检测方法，提出桥桩后压浆质量"三定"检测评价指标。

五、防治危岩落石桥梁棚洞设计标准研究

（一）研究背景

为贯彻习近平总书记关于必须深化安全生产领域改革的论述总要求和"安全第一、预防为主、综合防治"的安全生产方针，提升铁路防灾、减灾、救灾能力和安全防护整体水平，保障易产生危岩落石的大型沟谷、上坡陡峭、桥隧相连地段的铁路运输安全，构建完善的铁路工程建设标准体系，根据《国家铁路局 2019 年铁路工程建设标准编制计划》（国铁科法函〔2019〕38 号）要求，组织开展《防治危岩落

石桥梁棚洞设计标准研究》工作。该课题由中国铁路经济规划研究院有限公司组织相关单位共同承担。

危岩落石灾害是世界范围内高山峡谷地区一种常见的地质灾害类型，具有分布范围广、破坏能力强、发生频率高，防不胜防等显著特点，对其危害范围内的构筑物和人类活动构成了严重威胁。随着“西部大开发”和“交通强国”战略的推进，铁路网逐步由平原丘陵地区向复杂艰险山区拓展。截至 2020 年底，高速铁路通车里程达到 3.8 万 km，其中复杂艰险山区高速铁路约 1.5 万 km，占比约 39.5%。郑州至万州、十堰至西安、重庆至黔江、重庆至昆明、贵阳至南宁、西宁至成都、西安至重庆、攀枝花至大理等一大批典型中西部山区铁路，存在的危岩落石灾害威胁问题，已成为制约铁路运营安全的重要因素。

复杂艰险山区地形起伏剧烈、地质复杂、气候多样，崩塌、滑坡、泥石流等山地灾害频发，高烈度地震、局部强降雨、昼夜大温差等不利条件均对危岩落石发育有一定促进作用。铁路工程建设面对不良地质一般采取线路绕避防治重大风险、工程防护防治一般风险、技术监测防治潜在风险的原则进行设计、施工及运营，但受地形地质选线及线路曲线半径影响，完全绕避危岩落石区段的可能性非常小。危岩落石规模和位置的不可预见性、落石的跳动特性，使得综合防护也难免存在遗漏，给铁路设计、施工及运营带来极大困扰。

高速铁路具有高速、高密度运营、高安全性的特点，一旦遭受落石冲击，将造成重大的经济损失，甚至引发灾难性后果。宜万铁路、成昆铁路、内昆铁路、宝成铁路、黔桂铁路、南昆铁路等在建设和运营期间长期遭受危岩落石灾害的危害。据不完全统计，每年全国铁路落石灾害达上千次，严重威胁铁路运营安全，如图 4-1 所示。

图 4-1　铁路落石灾害

在目前的综合防治技术体系中，铁路线路的第一道防治措施是边坡整治，在山体不同高度设置主、被动网等拦截手段，而最后一道防治措施通常是在靠近山体处采用隧道口明洞接长的方式。然而由于工程的复杂性和山体落石的不确定性，隧道明洞设置长度有时难以满足工程需要，不能完全确保桥上线路安全。同时艰险山区铁路隧道洞口多处在V形沟谷，受地形影响，多与桥梁连接，桥隧占比常高达线路全长80%～90%，隧道洞口不具备延伸明洞的条件，桥隧结合处成为危岩落石防护的薄弱环节。

因而需要采用从地面设置棚洞防护线路的方案，如成昆、内昆、宝成等铁路防护棚洞多采用钢筋混凝土结构。但受墩高和桥下立交、地形地貌的限制，存在工程实施困难和规模过大的问题。因此，有必要开展艰险山区危岩落石地段桥梁和棚洞相结合的结构方案研究，制定相关标准，消除危岩落石风险，进一步提高山区铁路危岩落石防治技术综合水平，保障铁路运营安全。

针对此项目，政府部门在危岩落石灾害方面具有丰富的统计资料和管理办法；研究院所在山区铁路危害整治方面有丰富的技术创新成果；勘察设计单位在沪昆、西成等艰险山区铁路有丰富的棚洞工程设计经验；科研高校目前已经建成亚洲最大的落体冲击试验台系统（图4-2），具备各种专用的部件、构件力学行为试验装备，形成完备的防护结构研究试验装备，试验冲击能力可达8 000 kJ，引领国内完成了3 000 kJ、5 000 kJ、7 000 kJ柔性防护系统足尺冲击试验，并成功开发出工程级的防护产品，为防治危岩落石桥梁棚洞设计标准研究提供技术支撑。

图4-2 落体冲击试验台系统

（二）研究内容

1. 收集梳理国内外危岩落石防治技术，包含主动防护体系、被动防护体系、主—被动混合防护体系的标准、落石运动规律、棚洞防护标准等技术资料。

2. 分析比较瑞士、日本和中国现有防护体系的落石运动规律、危岩落石运动方程、运动特征模型化参数、落石运动规律模拟试验等内容的一致性和差异性。

3. 通过现场试验、模型试验和数值模拟,结合桥梁棚洞结构特点,开展冲击能量、冲击影响范围、合理防护能级、缓冲层结构的能耗性能及经济性比较等研究。

4. 结合某铁路局集团近3年来落石灾害的实际案例,提出与常用桥梁结构匹配的桥梁棚洞一体化设计、施工及养护维修和合理缓冲层结构等措施建议。课题技术路线如图4-3所示。

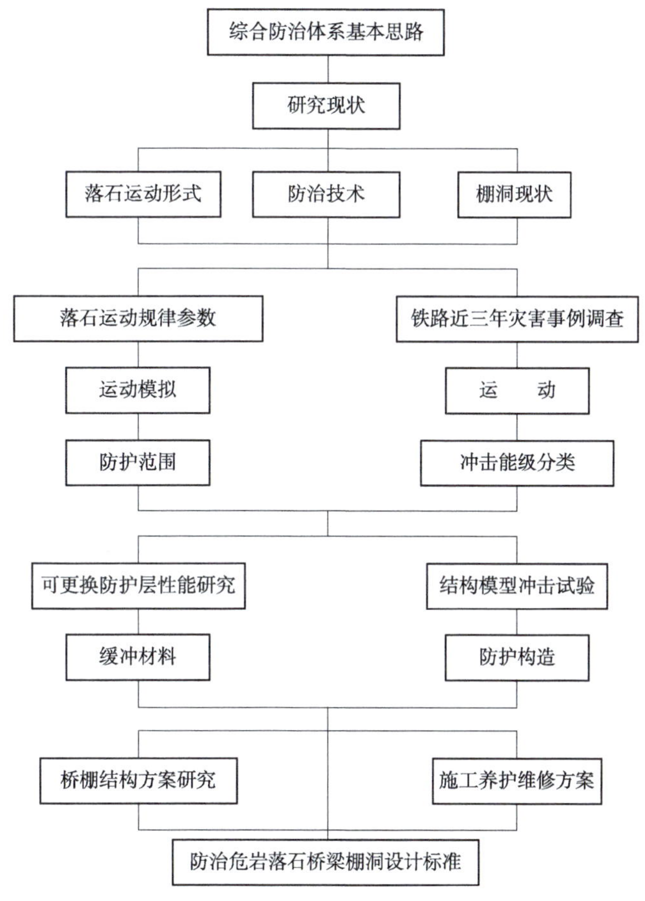

图4-3　技术路线

（三）研究方法

1. 文献研究法。收集国内外危岩落石灾害防护工程特征,梳理危岩落石运动及冲击相关计算方法,整理危岩落石防护棚洞工程相关案例。

2. 调查研究法。调查危岩落石防护工程所处地形地貌、地质条件、植被情况、落石大小等的分布；调研既有防护工程设置范围、抗冲击标准等确立综合防治思路；了解既有危岩落石防护结构服役状态、养护维修状况。

3. 统计分析法。统计不同防护棚洞类型相关防护能级，不同类型棚洞的经济性和施工难易特点，不同缓冲材料的性能特点和经济性。

4. 理论计算法。通过数值模拟计算，确定不同落石大小、高度、坡度、坡面条件下，危岩落石的防护范围和冲击能量。

5. 数值模拟法。通过理论研究、有限元计算分析，完成不同结构形式和材料的防护结构方案设计，提出快速施工方案，为工程应用奠定基础。

6. 试验研究法。通过试验方法，研究可更换缓冲材料的工程特性，提出合理的连接构造和施工方案。通过防护试验研究棚洞结构的冲击响应特征和抗冲击能力，对照分析相关数值计算。

7. 归纳总结法。根据危岩落石运动规律，从安全性、经济性出发，归纳总结轻型、中型、重型防护棚洞的设防标准和不同条件下适宜的棚洞结构类型。

(四)研究成果

在综合防治的前提下，通过现场试验、模型试验、数值模拟和理论综合分析等手段，分析总结现有危岩落石运动方程、运动特征模型化参数、落石运动规律模拟试验的研究成果，利用专用软件 rockfall 分析计算不同高度、坡度、覆盖层下的落石冲击能量、运动轨迹和运动范围，给出合理防护能级、缓冲层结构的耗能性能及常用桥梁结构匹配的桥梁棚洞一体化设计、施工及养护维修等可供工程设计参考的资料措施建议，为编制《防治危岩落石桥梁棚洞设计标准》等相关标准提供依据。

1. 首次提出以钢筋混凝土刚架和超高性能混凝土管片拼装式结构为代表的桥梁棚洞一体化合理结构形式。

针对预应力混凝土箱梁桥梁棚洞一体化结构（图 4-4），深入研究超高性能混凝土拱形棚架、钢筋混凝土刚架结构两个方案；形成完整的梁部受力、棚洞受力分析；从方便施工的角度出发，结合不同的结构形式和材料（钢筋混凝土、超高性能混凝土）对施工顺序、施工设备、安装方式等内容进行研究，提出两种防护结构均可满足 500 kJ 及以下落石防护需求的棚洞施工方案。

2. 首次提出钢筋混凝土刚架结构桥梁棚洞一体化结构可分为单层及双层防护结构，明确桥梁棚洞一体化结构与桥梁的连接方式。

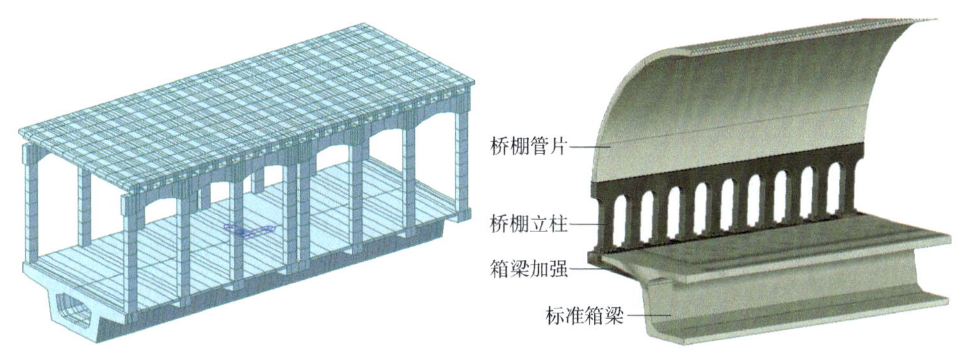

图 4-4　桥梁棚洞一体化结构图

3. 首次提出桥梁棚洞荷载分类标准，见表 4-5。

表 4-5　桥梁棚洞荷载

荷载分类		荷　载　名　称
主力	恒载	结构构件及附属设备自重
		预加力
		混凝土收缩和徐变的影响
	活载	基础变位的影响
		列车气动力
附加力		风力
		温度变化作用
		落石堆积自重
		冰雪堆积自重
特殊荷载		落石冲击荷载
		施工临时荷载
		落石清理机具荷载
		地震力

4. 明确桥梁棚洞一体化结构轻型、中型、重型（三级）设防标准，桥梁棚洞的防护能级宜按照 200 kJ 及 500 kJ 分档，最大不宜超过 1 000 kJ。

对既有钢筋混凝土棚洞和艰险山区侵入铁路限界内的落石调研显示，落石冲击能量除个别超过 1 000 kJ 以外，绝大部分在 1 000 kJ 以下，且多集中在 500 kJ 以下。桥梁棚洞的防护能级建议按照 200 kJ 及 500 kJ 分档较为合理。超过 500 kJ 的情况占比不大，且此时结构技术经济性显著变差，宜根据工程实际进行特殊设计。

5. 桥梁棚洞应在综合防治的前提下采用,其设置范围应综合考虑坡度、坡面条件及梁体合理受力来确定。

在实际防护工程设计中要综合考虑场地条件、落石特征、防护工程的重要性。绝大多数情况下的任何一种防护措施都不能解决所有问题,而是按照综合防治的理念,将主动防护方案、被动防护方案多种防护措施相结合,形成较为完备的综合防护体系。防护结构本身也应该尽可能满足安全、适用、耐久、经济、可持续等多项指标。棚洞作为结构物的最后一道防护,其设置防护能级应综合考虑其他防护结构的作用,有条件时防护能级应由专项研究确定,没有条件时,可参照本研究根据坡度和坡面的岩性条件,并预留一定富余度确定。同时棚洞在桥上的设置范围还应综合考虑桥梁结构的合理受力。

6. 提出桥梁棚洞的缓冲层宜选择聚苯乙烯泡沫(EPS),并搭配钢板及砂土作为辅助复合缓冲结构,冲击试验如图 4-5 所示。

①为保障缓冲效能且减少对桥梁荷载的影响,砂层厚度宜取 150 mm ~ 300 mm。②根据冲击能量,EPS 的厚度宜介于 600 mm ~ 900 mm 之间。超过 900 mm 对缓冲效果无影响。③钢板厚度宜介于 4 mm ~ 6 mm。钢筋混凝土板厚度不宜超过 150 mm。

图 4-5 冲击试验

六、铁路无缝线路梁轨相互作用力深化研究

(一)研究背景

为适应铁路建设和经济发展需要,科学合理地划分客货铁路等级,按照《国家铁路局 2019 年铁路工程建设标准编制计划》(国铁科法函〔2019〕38 号)的安排,

开展《铁路无缝线路梁轨相互作用力深化研究》课题研究。由铁科院集团有限公司组织相关单位共同承担。

铁路无缝线路梁轨相互作用力相关参数直接影响桥梁和轨道结构设计的技术经济性,中国城际铁路常用跨度简支梁桥墩采用与高铁桥墩相同的设计原则,并按重力式混凝土实体墩设计。相较高速铁路,城际铁路桥梁竖向设计荷载和线间距均较小,因此桥墩截面尺寸较小,高速铁路和城际铁路无缝线路道床或扣件阻力取值相同,断轨力组合作用下,高铁桥墩满足设计要求,而城际铁路桥墩会出现截面偏心超限。《铁路无缝线路设计规范》TB 10015—2012(以下简称"无缝线路规范")中墩顶断轨力取值按照道床阻力与跨长乘积,而规范中明确规定桥梁、轨道和墩台结构设计时需考虑桥梁与无缝线路的相互影响。因此本报告针对规范应用和设计中出现的问题,对铁路无缝线路断轨力问题开展深化研究。

不同类型线路运营的列车不同,机车牵引和列车制动模式也有较大区别,黏着系数必然有差别,进而纵向力也必然有差别;对于同一种类型列车,牵引和制动作用模式并不相同,从而牵引力和制动力也并不相同。另外,国外大部分国家如美国、澳大利亚,以及国际铁路联盟均规定了作用于轨面的纵向力,而作用于桥梁上的纵向力需要根据相关的梁—轨作用模型进行计算或者根据不同构件的刚度来确定,我国则直接概化的规定了作用于桥梁上的纵向力,而对作用于轨面上的纵向力(车辆、轨道专业称之为切向力)并未进行深入的研究,而研究轨面上纵向力的作用特征及规律对于准确掌握桥梁所承受的纵向力具有重要的意义。

通过无缝线路制动力、断轨力等合理参数的研究,为编制《铁路无缝线路设计规范》提供技术支撑。

(二)研究内容

1. 收集城际铁路桥墩设计中存在的问题,梳理无缝线路规范中关于桥上无缝线路设计中的断轨力条文的规定。

2. 分析典型的开通运营高速铁路,桥梁占线路里程比例平均为54%,其中常用跨度预应力32 m混凝土简支梁桥约占桥梁总里程的94%。以常用跨度32 m梁桥墩作为主要研究对象,通过梁轨相互作用进行断轨力影响因素分析,提出断轨力合理取值建议。

3. 分析各种类型列车对桥梁结构的牵引、制动作用特征,对比机车、车辆和动车组与对应的荷载图式作用效应，对不同类型线路的轨面纵向力进行研究。

4. 梳理不同轴重牵引机车、制动货车和不同运营速度的动车组参数，统计分析代表车型，分别计算分析不同线路代表车型轨面纵向力包络值，最终提出不同线路荷载图式对应的轨面纵向力建议值。

（三）研究方法

1. 调查研究法。调查研究不同等级线路上列车运营情况，梳理基于现有铁路列车荷载图式与实际运营列车的对应关系，了解不同运营列车的牵引制动特征，针对不同荷载图式涵盖的机车车辆“黏着系数”或“减速度”统计，掌握不同运营机车车辆的牵引和制动纵向力率，由竖向荷载乘以纵向力率得到不同荷载图式轨面切向力。

2. 对比分析法。梳理各设计院调研情况和收集的资料，对比现行无缝线路规范中关于桥上无缝线路设计中的断轨力条文的适应性，总结对规范中并未考虑的钢轨股数、道床屈服位移、活动支座摩阻因素，分析其对断轨工况下墩顶断轨力的影响，确定影响墩顶断轨力的主要因素。

（四）研究成果

1. 断轨力取值建议

针对城际桥墩检算存在截面偏心超限的问题，梳理《铁路无缝线路设计规范》断轨力条文的适应性，以铁路常用跨度 32 m 单双线梁桥墩作为主要研究对象，建立“梁—轨”相互作用有限元模型，道床阻力按双折线取值，选取控制墩顶纵向线刚度和轨道等关键参数，分别考虑温度、道床屈服位移、钢轨股数、桥墩纵向线刚度、活动支座摩阻力等因素对墩顶断轨力的影响，进行理论分析。形成如下结论：

（1）规范中按一线一股钢轨（单线、双线铁路）、极端温差、道床阻力平直段计算断轨力理论值，本研究采用规范推荐的梁轨相互作用计算墩顶断轨力，通过计算结果比较，规范中的墩顶断轨力理论值偏于保守。

（2）考虑一线两股钢轨协同受力时，针对（32 + 32）m 单、双线梁不同墩顶纵向线刚度，对应的有砟轨道和无砟轨道线路墩顶断轨力传递系数，见表 4-6。

（3）通过梁轨分析，断轨工况下影响墩顶断轨力的主要因素为桥墩纵向线刚度、参与受力的钢轨股数，其他因素可作为安全储备预留。

（4）考虑不同地区极端钢轨降温幅度不同，墩顶断轨力宜考虑二次折减，折减系数需根据实际极端温度进行检算选取。

(5)跨数对墩顶断轨力无影响,对于相邻桥墩刚度差异超过2倍时,建议墩顶断轨力通过"梁—轨"相互作用进行单独检算。

(6)相较32 m梁,24 m跨墩顶断轨力可参照32 m梁桥墩选用,40 m和48 m跨桥梁数量较少,可单独检算。

表4-6　墩顶断轨力传递系数

墩顶纵向线刚度(kN/cm)	单线梁		墩顶纵向线刚度(kN/cm)	双线梁	
	有砟轨道	无砟轨道		有砟轨道	无砟轨道
165	0.28	0.15	265	0.19	0.08
220	0.32	0.18	350	0.23	0.10
300	0.38	0.22	400	0.25	0.11
500	0.48	0.29	1 000	0.42	0.21
1000	0.62	0.41	2 000	0.57	0.32
1500	0.70	0.49	3 000	0.65	0.40

2. 制动力取值建议

列车在桥上制动和牵引时,作用在钢轨表面的切向力会通过轨道结构向下传递至梁体,并通过支承体系传递至墩台,因此列车制动和牵引作用下形成的墩台附加力是铁路桥梁设计的关键参数。现行规范中,墩台附加力按列车荷载图式的比例取用,统一概化为10%,不区分制动和牵引作用。随着中国铁路运输由传统的客货共线向高速、城际、客货共线和重载铁路发展,列车制动和牵引模式也发生了相应的变化,结合中国铁路运营特征,梳理不同轴重牵引机车、制动货车和不同运营速度的动车组参数,统计分析代表车型,分别计算分析不同线路代表车型轨面纵向力包络值,针对列车对桥梁的纵向作用特征开展研究,提出不同线路荷载图式对应的轨面纵向力建议值。主要研究内容与成果如下:

(1)计算了我国不同机车车辆产生的轨面制动力及牵引力,通过对比分析相关数据发现我国动车组的制动黏着系数和牵引黏着系数整体均明显小于0.16,我国货车在重车情况下的制动黏着系数整体与0.16接近,我国机车的制动黏着系数和牵引黏着系数整体均明显大于0.16。

(2)根据我国线路类型和运营列车的匹配关系,对不同线路上的轨面制动力与牵引力取值进行了研究,给出了与铁路列车荷载图式匹配的推荐纵向荷载系数。

第三节　四电工程类

七、铁路 10/0.4 kV 变电所与信号设备房屋之间安全净距研究

（一）研究背景

为适应铁路建设和经济发展需要，科学合理地确定铁路 10/0.4 kV 室内变电所与信号楼、中继站、线路所等信号设备房屋的安全净距，按照《国家铁路局 2020 年铁路工程技术标准编制计划》（国铁科法函〔2020〕34 号）文号的安排，开展《铁路 10/0.4 kV 变电所与信号设备房屋之间安全净距研究》课题研究。该课题由中铁第四勘察设计院集团有限公司组织相关单位共同承担。

现行国家或行业标准均无铁路电力变电所与信号设备房屋的安全净距的明确规定，在具体工程实施中存在不同的做法。目前国内已建成运营的铁路项目中，部分 10/0.4 kV 变电所与信号楼、中继站、线路所等信号设备房屋并栋合设，另一部分在信号楼、中继站、线路所等信号设备房屋外独立设置 10/0.4 kV 变电所或箱变，造成了同一条铁路 10/0.4 kV 变电所与信号设备房屋设置方案、相对距离标准不一致的情况，不利于统一铁路项目建设标准，也导致了铁路后期运营管理方案不一致的难题，亟须针对铁路变配电所与信号设备房屋的特点开展针对性研究。

国内外研究机构针对公共电网 110 kV 及以上变电站或铁路牵引变电所的电磁辐射干扰强度进行了相关基础研究及现场测试，尚无铁路电力变电所（变电站）与信号设备房屋的安全间距研究的直接文献报道。通过铁路电力电缆与信号电缆间距标准研究，积累了一定的铁路工程背景中电力电缆、信号电缆电磁干扰形成机理分析方法及现场测试数据，相关的仿真分析手段及现场测试方案对本课题研究有一定的参考意义。

（二）研究内容

1. 收集、梳理铁路信号楼、中继站等主要信号设备房屋内信号系统组成及主要设备类型，掌握信号系统中典型设备的抗电磁干扰指标及其限值，梳理现行各类规范及信号及相关弱电系统中典型设备与变配电所安全净距的要求。

2. 研究分析铁路 35/0.4 kV、20/0.4 kV、10/0.4 kV 室内变电所主要电气设备的电场分布，分析其正常、短路故障（包括接地故障）时的电流特性，运用有限

元仿真分析软件建立铁路35/0.4 kV、20/0.4 kV、10/0.4 kV室内变电所主要设备各类工况下的空间电磁场仿真模型，获取电力变配电所正常、短路及接地故障工况时电磁场分布特性。

3. 考虑信号设备机房的金属网屏蔽、金属板屏蔽等不同电磁屏蔽措施，基于铁路电力变配电所与信号设备房屋合建、不合建的典型布置方案，分析不同场景电力变配电所对信号房屋机房内设备的电磁干扰机理，计算其电磁干扰强度分布。

4. 结合铁路信号设备房屋内各类信号设备的抗电磁干扰限值及铁路信号设备房屋的具体电磁屏蔽措施，提出铁路电力变配电所与信号设备的安全净距，为《铁路电力设计规范》等标准的修订提供技术储备及建议，同时为工程建设提供最优解决方案。

本项目研究技术路线图如图4-6所示。

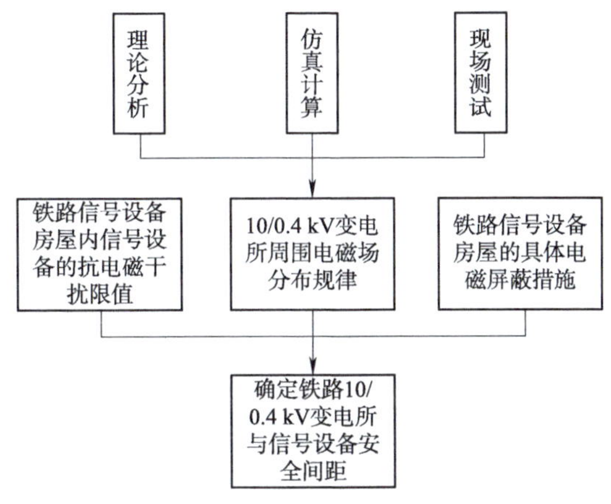

图4-6　技术路线图

（三）研究方法

1. 调查研究法。调研铁路信号楼、中继站等主要信号设备房屋内信号设备的类型及系统组成。

2. 文献研究法。检索相关设计规范及信号设备技术资料，梳理铁路信号设备房屋计算机室内主要信号设备类型，明确信号设备敏感的电磁干扰主要参数指标。

3. 理论分析法。研究分析电力设备与信号设备在合建、不合建等不同空间布置下电磁辐射干扰、传导干扰的相对水平，确定铁路室内变电所对信号设备电磁干扰的主要类型。

4. 仿真计算法。据铁路 35/0.4 kV、20/0.4 kV、10/0.4 kV 室内变电所电压等级、运行电流、运行容量、接地电阻、设备数量等实际参数，考虑变电所主要设备的组成结构及材料属性，利用 COMSOL 有限元仿真计算软件建立变电所内变压器、电缆、开关设备的三维静电场和磁场分析模型，分析变电所正常运行及发生接地、短路等故障时主要设备的空间电磁场分布特性。

5. 现场测试法。选择 1～2 处已建成运行的高速铁路信号楼或信号中继站（由于实际运行中的变压器容量较小，当周边场强较弱时则采用较大容量变压器的场所代替），测量 10/0.4 kV 变电所正常运行工况下的电磁场分布，将测试结果与仿真计算结果进行对照，验证仿真计算的正确性。

6. 综合分析法。综合考虑工程实际中信号设备房屋采用的不同屏蔽方式及 35/0.4 kV、20/0.4 kV、10/0.4 kV 变电所周围电磁场分布特性，合理确定工程中 10/0.4 kV 室内变电所与信号设备房屋的安全净距。

（四）研究进展情况及初步研究成果

1. 研究进展情况

研究课题已完成工作大纲专家审查，完成铁路信号楼、中继站等主要信号设备房屋内信号设备的类型、系统组成及电磁干扰限值调研及文献检索，完成铁路室内变电所对信号设备电磁干扰主要类型分析及铁路室内变电所主要设备不同工况下电场、磁场特性研究，对信号设备机房设置典型金属网屏蔽、金属板屏蔽措施时电磁干扰效应进行了分析，建立了铁路 35/0.4 kV、20/0.4 kV、10/0.4 kV 室内变电所主要设备的电磁场分析模型，并选择了 1 处 10/0.4 kV 变电所变压器及 10 kV 配电所调压器进行了现场测试。

2. 初步研究成果

（1）考虑室内变电所内主要电力设备的相电压幅值，当变压器高压侧发生单相接地故障时，对周围空间辐射的电场最大。变电所高压侧走廊区域电场强度最为集中，且电场最大区域集中在变压器附近。

（2）考虑室内变电所内主要电力设备的相电流幅值，当变压器低压侧发生两相接地故障时，对周围空间所辐射的磁场干扰最大。变电所低压侧走廊区域磁感应强度最为集中，且磁场最大区域集中在变压器室附近。

（3）分析铁路室内 10/0.4 kV、20/0.4 kV 变电所与信号机房安全间距时，主要考虑变电所辐射工频磁场的大小，其对周围空间辐射的电场强度要低于环境背景要求限值 4 kV/m，因此电场干扰就不做考虑；分析铁路室内 35/0.4 kV 变电所与信号机房安全间距时，主要考虑变电所辐射的电场干扰，因为其对周围空间辐射的磁场要低于10/0.4 kV变电所与20/0.4 kV变电所，而辐射电场要高于环境背景要求限值4 kV/m。

(4)信号机房(图4-7、图4-8)无屏蔽措施时，对于500 kVA以下变压器，铁路室内10/0.4 kV变电所与信号机房最小安全间距为1 m；铁路室内20/0.4 kV变电所与信号机房最小安全间距为1.1 m；铁路室内35/0.4 kV变电所与信号机房最小安全间距为2.1 m。

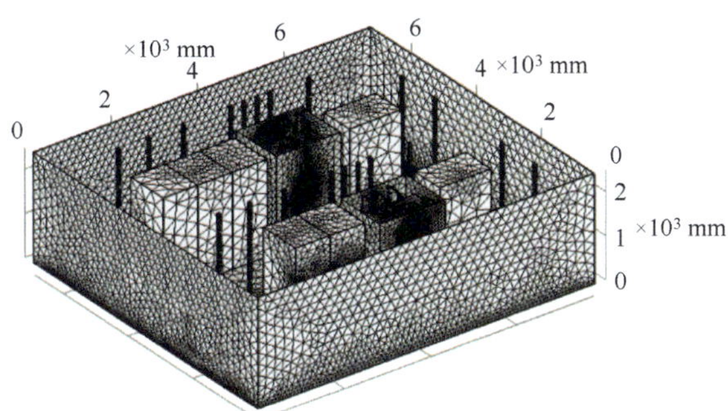

图4-7 室内变电所模型主体剖分示意图

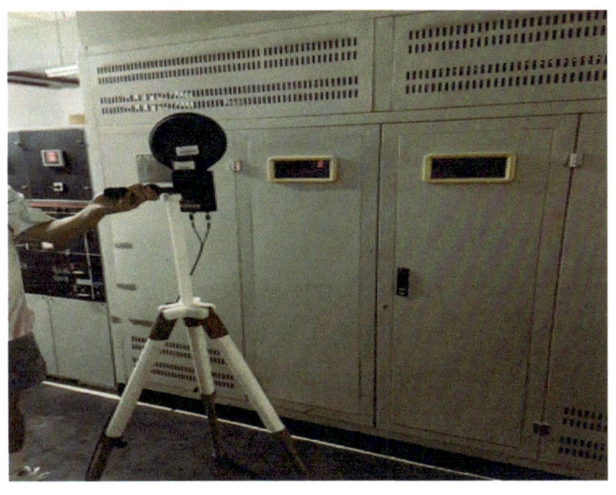

图4-8 室内变电所测试现场图

第五章　展　　望

内容导读

“十四五”时期，我国将进入全面建设社会主义现代化国家新征程、向第二个百年奋斗目标进军的新发展阶段。铁路工程建设标准化工作将坚持以习近平新时代中国特色社会主义思想为指导，按照立足新发展阶段、贯彻新发展理念、构建新发展格局的要求，以推动高质量发展为主题，以深化供给侧结构性改革为主线，以改革创新为根本动力，以满足人民日益增长的美好生活需要为根本目的，着力推进体系建设、标准编制、基础研究和外文版翻译工作全面发展，不断为铁路行业改革发展作出新的更大贡献。

第一节 形势要求

2021 年，是我国现代化建设进程中具有特殊重要性的一年，是中国共产党成立 100 周年，是实施“十四五”规划、加快建设交通强国的开局之年。党的十九届五中全会对“十四五”时期经济社会发展和 2035 年远景目标作出系统谋划和总体部署，中央经济工作会议对确保“十四五”开好局进行全面部署，对建设交通强国提出明确要求。面对新任务、新机遇、新挑战，铁路工程建设标准化工作任重道远。

一、新发展阶段面临新任务

“十四五”时期，铁路进入新发展阶段，更要坚持以系统观念推进铁路高质量发展，坚持以人民为中心满足人民日益增长的美好生活需要。铁路工程建设标准体系将建设得界面更清晰、结构更合理、覆盖更广泛、水平更先进、支撑更有力，标准与科技创新深度融合，引领力、影响力充分展现。铁路工程建设标准化工作在质量控制方面的支撑作用逐步提升，在安全保障方面的底线作用不断夯实，在技术创新方面的引领作用稳步推进，在绿色环保方面的制约作用持续加强，更好服务铁路高质量发展、交通强国建设和全面建设社会主义现代化国家。

二、新发展阶段带来新机遇

党中央高度重视铁路发展，在规划、建设、投资、改革发展等方面给予政策支持，要求铁路在经济社会发展中当好先行，发挥更好作用。人民日益增长的美好生活需要对铁路运输服务需求更加旺盛、更加多元、更多期待。国家综合立体交通网加快建设，铁路市场化改革不断深化，地方政府和社会资本参与铁路建设，特别是城际铁路、市域（郊）铁路建设的积极性越来越高。铁路科技创新水平不断增强，高素质专业化技术人才队伍逐步壮大。铁路运输安全保持长期稳定，持续安全、健康发展的基础稳固。这都充分说明，新发展阶段推动铁路高质量发展，中央有部署、人民有期待、社会有需求、地方有动力、行业有实力，为铁路工程建设标准化工作发展带来了新的战略机遇。

三、新发展阶段迎接新挑战

铁路高质量发展需要标准高质量供给，就是要以标准促进建设运营安全质优和市场化水平提升，推动铁路发展由追求速度规模向更加注重质量效益转变；以标准助推关键核心技术突破和管理创新，推动铁路发展由依靠传统要素驱动向更加注重创新驱动转变；以标准助力交通基础设施联通、运输服务联程和信息数据融合，推动铁路由相对独立发展向更加注重与其他运输方式一体化融合发展转变。从铁路工程建设标准化工作自身发展来看，现行标准还存在刚性约束不足、体系不尽完善、指标水平偏低、国际化程度不高、与市场结合不够紧密等问题，在服务川藏铁路等国家重大工程建设、推进铁路治理体系和治理能力现代化方面仍有所欠缺。立足新发展阶段、贯彻新发展理念、构建新发展格局，铁路工程建设标准化工作需要进一步加强前瞻性思考、全局性谋划、战略性布局、整体性推进。

第二节　需求分析

根据《国家标准化发展纲要》《交通强国建设纲要》和铁路发展规划要求，坚持新发展理念，以推动铁路高质量发展为主题，以深化供给侧结构性改革为主线，深入分析国家重大工程规划建设、综合交通运输体系融合发展、铁路基础设施互联互通等标准化发展需求，研究制定《铁路标准化“十四五”发展规划》，科学编制2021年标准项目计划，不断完善提高铁路工程建设标准质量水平。

一、加快国家重大战略实施标准研制

开展铁路运营灾害风险及耦合致灾风险分析，实施大纵坡、大规模隧道群风险预警及防范设计、防灾救援安全保障标准、应急救援模式等风险防控体系标准研究工作，编制艰险复杂、极端条件工程建造、生态保护等铁路重大工程配套技术标准。

二、提升铁路安全生产保障水平

树牢安全发展理念，强化红线底线意识，健全完善人防、物防、技防“三位一体”安全保障体系，提升关键设施全生命周期安全性、可靠性、耐久性及安全防护、快速修复能力，加强智能检测监测安全保障技术应用，应持续丰富优化铁路基础设施安全质量验收技术标准。

三、深化“四新”技术融合应用

面向铁路建设主战场，深化铁路桥涵、隧道、电力电牵、通信信号等重点领域关键技术创新和产业化应用，全面及时将信息模型技术（BIM）、大型结构健康监测技术等“四新”技术科研成果和应用经验转化为标准，深入开展转体施工技术、新型工程地质遥感解译技术等标准研究。

四、推进铁路标准国际化进程

服务“一带一路”倡议，加强铁路标准国际交流互鉴和对外宣传，满足中老铁路、雅万高铁等海外铁路工程项目标准需要，应积极推进铁路工程建设标准翻译，适应中国铁路标准国际化需求，提升中国铁路品牌的国际影响力。

五、加强行业重点标准宣贯培训

发挥标准作为工程建设质量最根本保障的突出作用，加深技术人员对标准的主要内容和关键技术要点的正确理解，提升铁道行业标准影响力，应利用集中宣贯、网络宣贯、专家解读等多种方式，加大新型桥梁设计、客站结构监测、工程水文勘测、站场和给水排水工程质量验收等重要标准的宣贯，促进标准正确贯彻实施。

第三节　项目建议

2021年是我国现代化建设进程中具有特殊重要性的一年，铁路标准化工作坚持服务国家战略实施，把握铁路工程建设行业标准定位，不断完善铁路工程建设标准体系，积极推进标准制修订工作，组织开展重大标准基础研究，为推动交通强国建设，服务铁路高质量发展。建议开展45项标准编制工作，包括标准制修订20项、基础研究7项、标准管理4项、标准翻译14项。

一、科学谋划标准体系发展

认真学习贯彻国家“十四五”规划和2035年远景目标建议，研究制定《铁路标准化“十四五”发展规划》。科学编制2021年铁路工程建设标准编制计划，征集并提出今后三年滚动计划项目建议。坚持目标导向、问题导向和结果导向，立项侧重于满足铁路建设发展和监管履职需要，持续完善和发展铁路工程建设标准体系。

二、加快推进重点标准编制

制定发布《邻近营业线施工监测技术规程》《铁路工程信息模型统一标准》《铁路工程水文勘测设计规范》《铁路列车运行控制系统工程检测规程》等标准，为保障铁路工程建设质量安全、促进信息新技术在铁路领域的应用、提升工程检测水平等提供标准支撑。推进《铁路工程物理勘探规范》等标准制修订，及时纳入近年来工程建设新工艺、新技术、新材料、新设备。启动《新建铁路工程项目建设用地指标》修订工作，贯彻落实国家节约、集约用地和国土空间规划要求，总结铁路工程项目建设用地实践经验，补充市域（郊）铁路建设用地指标，修订完善城际铁路等铁路建设用地指标。

三、不断深化标准基础研究

开展《铁路超长大纵坡大规模隧道群运营风险防控及安全保障设计标准》《铁路超长大纵坡大规模隧道群防灾疏散救援设施关键标准》《复杂艰险山区铁路新型工程地质遥感解译技术标准》《铁路桥梁灌注桩后压浆技术标准》《铁路桥梁转体技术标准》等项目研究工作，为相关标准制修订奠定坚实基础。启动《城际铁路设计规范优化》研究，满足城际铁路建设运营新需求，更好体现城际铁路的功能定位和技术特点，研究优化铁路信号、站场等有关标准，为修订《城际铁路设计规范》提供技术支撑。

四、持续推进标准国际化

开展《市域（郊）铁路设计规范》等标准英文翻译，增强标准外文版有效供给，进一步增强服务铁路"一带一路"建设能力，促进我国铁路建设、装备产品"走出去"。主持制定国际铁路联盟（UIC）《高速铁路设计》系列标准，积极纳入我国高速铁路的平纵断面设计标准、路基填料压实标准、桥梁结构标准化、CRTSⅢ型无砟轨道结构设计、轨道扣件类型、CTCS 列车控制系统和接触网悬挂类型等关键技术，合理地将中国高速铁路标准转化为 UIC 标准，不断提升中国标准在国际标准中的话语权和影响力。

五、积极组织重要标准宣贯

提升标准化管理效能，不断强化立项管理，健全标准项目计划立项专家评审制度，加强标准宣贯，确保铁路建设中标准的有效供给。结合国家重点工程建设，针对铁路工程建设制修订重点标准组织开展培训讲解工作，使建设各相关方明确标准制修订的主要内容、关键技术和要点，提升标准的实施效果。组织开展《市域（郊）铁路设计规范》《邻近铁路营业线施工安全监测技术规程》《铁路客站结构健康监测技术标准》《铁路工程水文勘测设计规范》《铁路工程混凝土配筋设计规范》《铁路桥梁钢管混凝土结构设计规范》《铁路给水排水工程施工质量验收标准》《铁路站场工程施工质量验收标准》等铁路工程建设标准宣贯工作，提升铁路质量水平，有效管控安全隐患。

附录1

现行铁路工程建设标准目录(截至2020年底)

序号	标准名称	标准编号	主编单位	参编单位
1	Ⅲ、Ⅳ级铁路设计规范	GB 50012—2012	中铁第四勘察设计院集团有限公司	—
2	铁路工程抗震设计规范(2009版)	GB 50111—2006	中铁第一勘察设计院集团有限公司	国家地震局工程力学研究所,中国铁道科学研究院集团有限公司,中铁二院工程集团有限责任公司,中国铁路设计集团有限公司,中铁第四勘察设计院集团有限公司,北京交通大学,兰州交通大学
3	铁路工程结构可靠性设计统一标准	GB 50216—2019	中国铁道科学研究院集团有限公司	中国铁路经济规划研究院有限公司,中铁第一勘察设计院集团有限公司,中铁二院工程集团有限责任公司,中国铁路设计集团有限公司,中铁第四勘察设计院集团有限公司,中铁工程设计咨询集团有限公司
4	铁路工程基本术语标准	GB/T 50262—2013	中国铁路设计集团有限公司	—
5	铁路路基设计规范	TB 10001—2016	中铁第一勘察设计院集团有限公司	中国铁道科学研究院集团有限公司,中铁二院工程集团有限责任公司,中国铁路设计集团有限公司,中铁第四勘察设计院集团有限公司
6	铁路桥涵设计规范	TB 10002—2017	中国铁路设计集团有限公司	—
7	铁路隧道设计规范	TB 10003—2016	中铁二院工程集团有限责任公司	中国铁路经济规划研究院有限公司,西南交通大学
8	铁路机务设备设计规范	TB 10004—2018	中铁第四勘察设计院集团有限公司	中国铁路设计集团有限公司
9	铁路混凝土结构耐久性设计规范	TB 10005—2010	中国铁道科学研究院集团有限公司	清华大学,中铁第一勘察设计院集团有限公司,中铁二院工程集团有限责任公司,中国铁路设计集团有限公司,中铁第四勘察设计院集团有限公司,中铁十二局集团有限公司

续上表

序号	标准名称	标准编号	主编单位	参编单位
10	铁路通信设计规范	TB 10006—2016	中铁二院工程集团有限责任公司	北京全路通信信号研究设计院集团有限公司
11	铁路信号设计规范	TB 10007—2017	北京全路通信信号研究设计院集团有限公司	—
12	铁路电力设计规范	TB 10008—2015	中国铁路设计集团有限公司	中铁第四勘察设计院集团有限公司,中铁第五勘察设计院集团有限公司,中铁上海设计院集团有限公司,中铁电气化勘测设计研究院有限公司
13	铁路电力牵引供电设计规范	TB 10009—2016	中铁电气化勘测设计研究院有限公司,中铁电气化局集团有限公司	—
14	铁路给水排水设计规范	TB 10010—2016	中铁第四勘察设计院集团有限公司,中国铁路设计集团有限公司	—
15	铁路工程地质勘察规范	TB 10012—2019	中铁第一勘察设计院集团有限公司	中铁二院工程集团有限责任公司,中国铁路设计集团有限公司,中铁第四勘察设计院集团有限公司,西南交通大学
16	铁路工程物理勘探规范	TB 10013—2010	中铁第四勘察设计院集团有限公司	中铁第一勘察设计院集团有限公司,中铁二院工程集团有限责任公司,中国铁路设计集团有限公司,中铁资源集团有限公司
17	铁路工程地质钻探规程	TB 10014—2012	中铁二院工程集团有限责任公司	中铁第一勘察设计院集团有限公司,中国铁路设计集团有限公司,中铁第四勘察设计院集团有限公司
18	铁路无缝线路设计规范	TB 10015—2012	中铁第四勘察设计院集团有限公司	中国铁道科学研究院集团有限公司,中铁二院工程集团有限责任公司
19	铁路工程节能设计规范	TB 10016—2016	中国铁路设计集团有限公司	—
20	铁路工程水文勘测设计规范	TB 10017—1999	中国铁路设计集团有限公司	—

续上表

序号	标准名称	标准编号	主编单位	参编单位
21	铁路工程地质原位测试规程	TB 10018—2018	中铁第四勘察设计院集团有限公司	中国铁路设计集团有限公司，中铁二院工程集团有限责任公司，中铁西北科学研究院有限公司，中铁第一勘察设计院集团有限公司，中国铁道科学研究院集团有限公司，中铁工程设计咨询集团有限公司，西南交通大学，中南大学
22	铁路隧道防灾疏散救援工程设计规范	TB 10020—2017	中国铁路经济规划研究院有限公司	西南交通大学，中铁第一勘察设计院集团有限公司，中铁二院工程集团有限责任公司，中国铁路设计集团有限公司，中铁第四勘察设计院集团有限公司
23	铁路路基支挡结构设计规范	TB 10025—2019	中铁二院工程集团有限责任公司	中铁第一勘察设计院集团有限公司，中国铁路设计集团有限公司，中铁第四勘察设计院集团有限公司，中国铁道科学研究院集团有限公司
24	铁路工程不良地质勘察规程	TB 10027—2012	中铁二院工程集团有限责任公司	中铁第一勘察设计院集团有限公司，中国铁路设计集团有限公司，中铁第四勘察设计院集团有限公司
25	铁路动车组设备设计规范	TB 10028—2016	中铁第四勘察设计院集团有限公司	—
26	铁路客车车辆设备设计规范	TB 10029—2009	中铁二院工程集团有限责任公司	中国铁路设计集团有限公司
27	铁路货车车辆设备设计规范	TB 10031—2009	中铁第四勘察设计院集团有限公司	—
28	铁路特殊路基设计规范	TB 10035—2018	中铁第四勘察设计院集团有限公司	中铁第一勘察设计院集团有限公司，中铁二院工程集团有限责任公司，中国铁路设计集团有限公司，中铁西北科学研究院有限公司
29	铁路工程特殊岩土勘察规程	TB 10038—2012	中铁第一勘察设计院集团有限公司	中铁二院工程集团有限责任公司，中国铁路设计集团有限公司，中铁第四勘察设计院集团有限公司
30	铁路工程地质遥感技术规程	TB 10041—2018	中铁工程设计咨询集团有限公司	中国铁路设计集团有限公司，中铁第四勘察设计院集团有限公司
31	铁路工程水文地质勘察规范	TB 10049—2014	中铁第一勘察设计院集团有限公司	—

续上表

序号	标准名称	标准编号	主编单位	参编单位
32	铁路工程摄影测量规范	TB 10050—2010	中铁工程设计咨询集团有限公司	中铁第一勘察设计院集团有限公司,中铁二院工程集团有限责任公司,中国铁路设计集团有限公司,西南交通大学
33	铁路工程卫星定位测量规范	TB 10054—2010	中铁第一勘察设计院集团有限公司	中铁工程设计咨询集团有限公司
34	铁路房屋供暖通风与空气调节设计规范	TB 10056—2019	中国铁路设计集团有限公司	—
35	铁路车辆运行安全监控系统设计规范	TB 10057—2010	中铁二院工程集团有限责任公司	—
36	铁路工程制图标准	TB/T 10058—2015	中铁第一勘察设计院集团有限公司	中国铁路经济规划研究院有限公司
37	铁路工程图形符号标准	TB/T 10059—2015	中铁第一勘察设计院集团有限公司	京沪高速铁路股份有限公司
38	铁路工程劳动安全与卫生设计规范	TB 10061—2019	中国铁路设计集团有限公司	中国铁道科学研究院集团有限公司
39	铁路驼峰及调车场设计规范	TB 10062—2018	中国铁路设计集团有限公司	中国铁道科学研究院集团有限公司,中国铁路经济规划研究院有限公司,北京全路通信信号研究设计院集团有限公司
40	铁路工程设计防火规范	TB 10063—2016	中国铁路设计集团有限公司	广州铁路公安局,中铁上海设计院集团有限公司
41	铁路工程混凝土配筋设计规范	TB 10064—2019	中铁二院工程集团有限责任公司	中铁第一勘察设计院集团有限公司,中国铁路设计集团有限公司,中铁第四勘察设计院集团有限公司,中铁工程设计咨询集团有限公司
42	铁路隧道运营通风设计规范	TB 10068—2010	中铁二院工程集团有限责任公司	西南交通大学
43	铁路驼峰信号及编组站自动化系统设计规范	TB 10069—2017	中铁第一勘察设计院集团有限公司	北京全路通信信号研究设计院集团有限公司,中国铁道科学研究院集团有限公司,中国铁路信息技术中心,中铁二院工程集团有限责任公司
44	铁路客运服务信息系统设计规范	TB 10074—2016	中国铁路设计集团有限公司	中铁第一勘察设计院集团有限公司,中铁第四勘察设计院集团有限公司

续上表

序号	标准名称	标准编号	主编单位	参编单位
45	铁路工程岩土分类标准	TB 10077—2019	中铁第一勘察设计院集团有限公司	中铁第六勘察设计院集团有限公司，西南交通大学，中国铁道科学研究院集团有限公司
46	铁路轨道设计规范	TB 10082—2017	中铁第四勘察设计院集团有限公司	中国铁路经济规划研究院有限公司
47	铁路天然建筑材料工程地质勘察规程	TB 10084—2007	中铁第一勘察设计院集团有限公司	中国铁路设计集团有限公司，中国铁道科学研究院集团有限公司
48	铁路数字移动通信系统（GSM-R）设计规范	TB 10088—2015	北京全路通信信号研究设计院集团有限公司	中国铁路经济规划研究院有限公司，中国铁道科学研究院集团有限公司
49	铁路照明设计规范	TB 10089—2015	中国铁路经济规划研究院有限公司	中铁第四勘察设计院集团有限公司，中国铁路设计集团有限公司
50	铁路军运设施设计规范	TB 10090—2018	驻济南铁路水路军事代表办事处，中铁工程设计咨询集团有限公司	中国铁路经济规划研究院有限公司，中铁第四勘察设计院集团有限公司
51	铁路桥梁钢结构设计规范	TB 10091—2017	中铁大桥勘测设计院集团有限公司	中国铁道科学研究院集团有限公司，中铁工程设计咨询集团有限公司
52	铁路桥涵混凝土结构设计规范	TB 10092—2017	中铁工程设计咨询集团有限公司	中国铁路设计集团有限公司，中铁二院工程集团有限责任公司
53	铁路桥涵地基和基础设计规范	TB 10093—2017	中国铁路设计集团有限公司	—
54	铁路斜拉桥设计规范	TB 10095—2020	中铁大桥勘测设计院集团有限公司	中铁二院工程集团有限责任公司，西南交通大学
55	铁路房屋建筑设计标准	TB 10097—2019	中国铁路设计集团有限公司	中国铁路经济规划研究院有限公司
56	铁路线路设计规范	TB 10098—2017	中铁第一勘察设计院集团有限公司	中铁二院工程集团有限责任公司，中国铁路设计集团有限公司，中铁第四勘察设计院集团有限公司，中国铁道科学研究院集团有限公司，西南交通大学

续上表

序号	标准名称	标准编号	主编单位	参编单位
57	铁路车站及枢纽设计规范	TB 10099—2017	中铁第四勘察设计院集团有限公司	中铁第一勘察设计院集团有限公司,中铁二院工程集团有限责任公司,中国铁路设计集团有限公司,中铁工程设计咨询集团有限公司,北京全路通信信号研究设计院集团有限公司
58	铁路旅客车站设计规范	TB 10100—2018	中国铁路设计集团有限公司	—
59	铁路工程测量规范	TB 10101—2018	中铁二院工程集团有限责任公司	中铁第一勘察设计院集团有限公司,中铁十二局集团有限公司,中铁大桥勘测设计院集团有限公司,中国铁路经济规划研究院有限公司,西南交通大学
60	铁路工程土工试验规程	TB 10102—2010	中铁第一勘察设计院集团有限公司	中国铁路设计集团有限公司,中铁第五勘察设计院集团有限公司,中铁工程设计咨询集团有限公司,中铁十二局集团有限公司,中铁六局集团有限公司
61	铁路工程岩土化学分析规程	TB 10103—2008	中铁二院工程集团有限责任公司	中铁第一勘察设计院集团有限公司
62	铁路工程水质分析规程	TB 10104—2003	中铁二院工程集团有限责任公司	—
63	改建铁路工程测量规范	TB 10105—2009	中铁第四勘察设计院集团有限公司	中国铁路设计集团有限公司,中铁工程设计咨询集团有限公司
64	铁路工程地基处理技术规程	TB 10106—2010	中铁二院工程集团有限责任公司	中铁第四勘察设计院集团有限公司,西南交通大学,中国地质大学
65	铁路工程岩石试验规程	TB 10115—2014	中铁第一勘察设计院集团有限公司	中铁二院工程集团有限责任公司,中铁第四勘察设计院集团有限公司
66	铁路瓦斯隧道技术规范	TB 10120—2019	中铁二院工程集团有限责任公司	中国铁路经济规划研究院有限公司,成贵铁路有限公司,中铁五局集团有限公司,中铁一局集团有限公司,中铁十二局集团有限公司,中铁十九局集团有限公司
67	铁路桥梁钢管混凝土结构设计规范	TB 10127—2020	中铁工程设计咨询集团有限公司	中铁二院工程集团有限公司,清华大学,北京交通大学,兰州交通大学

续上表

序号	标准名称	标准编号	主编单位	参编单位
68	铁路防雷及接地工程技术规范	TB 10180—2016	中铁二院工程集团有限责任公司	中铁第一勘察设计院集团有限公司,中铁第四勘察设计院集团有限公司
69	铁路隧道盾构法技术规程	TB 10181—2017	中国中铁股份有限公司	中铁隧道集团有限公司,中铁二院工程集团有限责任公司,中铁科学研究院有限公司,中铁一局集团有限公司,盾构及掘进技术国家重点实验室
70	公路与市政工程下穿高速铁路技术规程	TB 10182—2017	同济大学,中国铁路经济规划研究院有限公司	中铁上海设计院集团有限公司,中铁第四勘察设计院集团有限公司,中铁工程设计咨询集团有限公司,上海市政工程设计研究总院集团有限公司,中国中铁隧道集团有限公司,中铁十九局集团有限公司
71	铁路工程基桩检测技术规程	TB 10218—2019	中国铁道科学研究院集团有限公司	中铁西北科学研究院有限公司,中铁四局集团有限公司
72	铁路隧道衬砌质量无损检测规程	TB 10223—2004	中国铁路工程集团有限公司	中铁地质物探试验研究中心,中铁西南科学研究院
73	铁路工程基本作业施工安全技术规程	TB 10301—2020	中铁十一局集团有限公司	中铁十九、二十一局集团有限公司,中铁城建集团有限公司
74	铁路路基工程施工安全技术规程	TB 10302—2020	中铁十二局集团有限公司	中铁二、十八局集团有限公司
75	铁路桥涵工程施工安全技术规程	TB 10303—2020	中铁三局集团有限公司	中铁大桥局集团有限公司,铁建大桥工程局集团有限公司,中铁十六局集团有限公司,中铁上海院
76	铁路隧道工程施工安全技术规程	TB 10304—2020	中铁二局集团有限公司	中铁十二、二十局集团有限公司,中铁第六勘察设计院集团有限公司
77	铁路轨道工程施工安全技术规程	TB 10305—2020	中铁一局集团有限公司	中铁四、八局集团有限公司
78	铁路通信、信号、信息工程施工安全技术规程	TB 10307—2020	通号工程局集团有限公司	通号通信信息集团有限公司,中铁十一局集团有限公司
79	铁路电力、电力牵引供电工程施工安全技术规程	TB 10308—2020	中国中铁电气化局集团有限公司	中铁武汉电气化局集团有限公司,中铁七局集团有限公司

续上表

序号	标准名称	标准编号	主编单位	参编单位
80	铁路工程爆破振动安全技术规程	TB 10313—2019	中国铁道科学研究院集团有限公司	—
81	铁路建设工程监理规范	TB 10402—2019	西南交通大学，石家庄铁道大学	中国铁道工程建设协会，中国铁道科学研究院集团有限公司(北京)工程咨询有限公司，中铁第一勘察设计院集团有限公司，四川铁科建设监理公司
82	铁路工程地质勘察监理规程	TB/T 10403—2004	中铁第一勘察设计院集团有限公司	—
83	铁路轨道工程施工质量验收标准	TB 10413—2018	中铁一局集团有限公司，中铁八局集团有限公司	—
84	铁路路基工程施工质量验收标准	TB 10414—2018	中铁二局集团有限公司	中铁第五勘察设计院集团有限公司
85	铁路桥涵工程施工质量验收标准	TB 10415—2018	中铁三局集团有限公司	中铁六局集团有限公司，中铁大桥局集团有限公司
86	铁路隧道工程施工质量验收标准	TB 10417—2018	中铁二局集团有限公司	中铁一局集团有限公司
87	铁路通信工程施工质量验收标准	TB 10418—2018	中国铁路通信信号上海工程局集团有限公司	中铁四局集团有限公司
88	铁路信号工程施工质量验收标准	TB 10419—2018	通号工程局集团有限公司	中国铁路通信信号上海工程局集团有限公司，中铁二局集团有限公司
89	铁路电力工程施工质量验收标准	TB 10420—2018	中铁十一局集团有限公司	中铁六局集团有限公司
90	铁路电力牵引供电工程施工质量验收标准	TB 10421—2018	中铁电气化局集团有限公司	—
91	铁路给水排水工程施工质量验收标准	TB 10422—2020	中铁四局集团有限公司	中铁第五勘察设计院集团有限公司，中铁一局集团有限公司，中铁上海工程局集团有限公司

续上表

序号	标准名称	标准编号	主编单位	参编单位
92	铁路站场工程施工质量验收标准	TB 10423—2020	中铁五局集团有限公司	中国铁路经济规划研究院有限公司
93	铁路混凝土工程施工质量验收标准	TB 10424—2018	中铁三局集团有限公司	中国铁道科学研究院集团有限公司，中铁七局集团有限公司，中铁十二局集团有限公司，中铁北京工程局集团有限公司，北京交通大学
94	铁路混凝土强度检验评定标准	TB 10425—2019	中国铁道科学研究院集团有限公司	北京交通大学，兰州交通大学，中铁十二局集团有限公司，中铁三局集团有限公司，中铁十七局集团有限公司
95	铁路工程结构混凝土强度检测规程	TB 10426—2019	中铁二十局集团有限公司	中铁四局集团有限公司，中铁十二局集团有限公司
96	铁路客运服务信息系统工程施工质量验收标准	TB 10427—2020	通号通信信息集团有限公司	中国铁路经济规划研究院有限公司，通号工程局集团有限公司，中铁第四勘察设计院集团有限公司
97	铁路声屏障工程施工质量验收标准	TB 10428—2012	中铁二院工程集团有限责任公司	中国铁路设计集团有限公司，中铁二局集团有限公司，中国铁路经济规划研究院有限公司
98	绿色铁路客站评价标准	TB/T 10429—2014	中国铁路经济规划研究院有限公司，清华大学	中国铁路设计集团有限公司，中铁第四勘察设计院集团有限公司，依柯尔绿色建筑研究中心（北京）有限公司，中国城市科学研究会绿色建筑研究中心，北京清华同衡规划设计研究院有限公司，中南建筑设计院股份有限公司，中铁建设集团有限公司
99	铁路数字移动通信系统（GSM-R）工程检测规程	TB 10430—2014	中国铁路通信信号上海工程局集团有限公司	中国铁路通信信号上海电信测试中心，中铁电化集团北京电信研究试验中心有限公司，中铁第四勘察设计院集团有限公司，通号工程局集团北京研究设计实验中心有限公司
100	铁路图像通信工程检测规程	TB/T 10431—2019	中国铁路通信信号上海工程局集团有限公司	—
101	铁路列车调度指挥系统及调度集中系统工程检测规程	TB/T 10435—2020	卡斯柯信号有限公司	北京全路通信信号研究设计院集团有限公司，中国铁道科学研究院集团有限公司
102	铁路建设项目资料管理规程	TB 10443—2010	中国铁路经济规划研究院有限公司	中国铁道科学研究院集团有限公司，中铁三局集团有限公司

续上表

序号	标准名称	标准编号	主编单位	参编单位
103	铁路路基支挡结构检测规程	TB 10450—2020	中铁二院工程集团有限责任公司	中国铁路设计集团有限公司,中铁第四勘察设计院集团有限公司,四川升拓检测技术股份有限公司
104	客货共线铁路工程动态验收技术规范	TB 10461—2019	中国铁道科学研究院集团有限公司	—
105	铁路工程环境保护设计规范	TB 10501—2016	中铁第四勘察设计院集团有限公司	—
106	铁路建设项目预可行性研究、可行性研究和设计文件编制办法	TB 10504—2018	中铁第一勘察设计院集团有限公司	中国铁路设计集团有限公司,中铁二院工程集团有限责任公司,中铁第四勘察设计院集团有限公司,中铁大桥勘测设计院集团有限公司,中铁工程设计咨询集团有限公司
107	铁路声屏障工程设计规范	TB 10505—2019	中铁第四勘察设计院集团有限公司,中铁二院工程集团有限责任公司	—
108	高速铁路工程测量规范	TB 10601—2009	中铁二院工程集团有限责任公司	中铁第一勘察设计院集团有限公司,中国铁路设计集团有限公司,中铁第四勘察设计院集团有限公司,中铁工程设计咨询集团有限公司,中铁大桥勘测设计院有限公司,中铁二局集团有限公司,西南交通大学
109	高速铁路设计规范	TB 10621—2014	中国铁路设计集团有限公司,中铁第四勘察设计院集团有限公司	中铁第一勘察设计院集团有限公司,中铁二院工程集团有限责任公司
110	城际铁路设计规范	TB 10623—2014	中国铁路设计集团有限公司,中铁第四勘察设计院集团有限公司	—
111	市域(郊)铁路设计规范	TB 10624—2020	中铁第四勘察设计院集团有限公司	中国铁路经济规划研究院有限公司,中车青岛四方机车车辆股份有限公司,中铁第一勘察设计院集团有限公司,中铁二院工程集团有限责任公司,中国铁路设计集团有限公司,中铁工程设计咨询集团有限公司,中铁上海设计院集团有限公司,中铁第五勘察设计院集团有限公司,中铁第六勘察设计院集团有限公司,中国铁道科学研究院集团有限公司,温州市铁路与轨道交通投资集团有限公司

续上表

序号	标准名称	标准编号	主编单位	参编单位
112	重载铁路设计规范	TB 10625—2017	中国铁路设计集团有限公司，中国铁道科学研究院集团有限公司	中国铁路太原局集团有限公司
113	磁浮铁路技术标准（试行）	TB 10630—2019	中国铁路设计集团有限公司，中铁第四勘察设计院集团有限公司，中车工业研究院有限公司	中铁二院工程集团有限责任公司，中铁第五勘察设计院集团有限公司，西南交通大学，中铁磁浮交通投资建设有限公司，湖南磁浮技术研究中心有限公司
114	铁路专用线设计规范（试行）	TB 10638—2019	中国铁路设计集团有限公司	—
115	高速铁路安全防护设计规范	TB 10671—2019	中国铁路经济规划研究院有限公司	中国铁路设计集团有限公司，中铁第一勘察设计院集团有限公司，中国铁道科学研究院集团有限公司
116	高速铁路路基工程施工质量验收标准	TB 10751—2018	中铁十二局集团有限公司，中铁城建集团有限公司	中铁二局集团有限公司，中铁四局集团有限公司，中铁八局集团有限公司，中铁十八局集团有限公司，中铁第五勘察设计院集团有限公司
117	高速铁路桥涵工程施工质量验收标准	TB 10752—2018	中铁三局集团有限公司，中铁大桥局集团有限公司	中铁七局集团有限公司，中铁十六局集团有限公司，中铁二十局集团有限公司
118	高速铁路隧道工程施工质量验收标准	TB 10753—2018	中铁隧道局集团有限公司，中铁十九局集团有限公司	中铁一局集团有限公司，中铁二局集团有限公司，中铁二十局集团有限公司，中铁二十一局集团有限公司
119	高速铁路轨道工程施工质量验收标准	TB 10754—2018	中铁八局集团有限公司，中铁一局集团有限公司	中铁四局集团有限公司，中铁十九局集团有限公司
120	高速铁路通信工程施工质量验收标准	TB 10755—2018	中国铁路通信信号上海工程局集团有限公司	中铁电化集团北京电信研究试验中心有限公司，通号工程局集团有限公司，北京铁路通信技术中心
121	高速铁路信号工程施工质量验收标准	TB 10756—2018	中国铁路通信信号上海工程局集团有限公司	通号工程局集团有限公司，中铁十一局集团有限公司
122	高速铁路电力工程施工质量验收标准	TB 10757—2018	中国铁建电气化局集团有限公司，中铁电气化局集团有限公司	中铁十一局集团有限公司

续上表

序号	标准名称	标准编号	主编单位	参编单位
123	高速铁路电力牵引供电工程施工质量验收标准	TB 10758—2018	中国铁建电气化局集团有限公司，中铁电气化局集团公司	—
124	高速铁路工程静态验收技术规范	TB 10760—2013	中铁电气化局集团有限公司	中国铁路经济规划研究院有限公司，中铁第五勘察设计院集团有限公司
125	高速铁路工程动态验收技术规范	TB 10761—2013	中国铁道科学研究院集团有限公司	中国铁路经济规划研究院有限公司
126	铁路结合梁设计规定	TBJ 24—1989	中铁工程设计咨询集团有限公司	—
127	新建铁路工程项目建设用地指标	建标〔2008〕232 号	住房和城乡建设部，国土资源部，铁道部	—
128	油气输送管道与铁路交汇工程技术及管理规定	国能油气〔2015〕392 号	中国石油管道局设计院，中国铁路经济规划研究院有限公司	中铁第四勘察设计院集团有限公司

附录2

现行铁路工程建设标准外文版目录(截至2020年底)

序号	标准名称(中文)	标准编号	标准名称(外文)	翻译语言
1	Ⅲ、Ⅳ级铁路设计规范	GB 50012—2012	Code for Design of Class Ⅲ and Class Ⅳ Railways	英文
2	铁路工程抗震设计规范(2009版)	GB 50111—2006	Code for Seismic Design of Railway Engineering	英文
3	铁路工程基本术语标准	GB/T 50262—2013	Standard for Basic Terms of Railway Engineering	英文
4	铁路工程基本术语标准	GB/T 50262—2013	Стандарт на основные термины железнодорожной техники	俄语
5	铁路路基设计规范	TB 10001—2016	Code for Design on Subgrade of Railway	英文
6	铁路桥涵设计规范	TB 10002—2017	Fundamental Code for Design on Railway Bridge and Culvert	英文
7	铁路隧道设计规范	TB 10003—2016	Code for Design on Tunnel of Railway	英文
8	铁路机务设备设计规范	TB 10004—2018	Code for Design of Railway Locomotive Facilities	英文
9	铁路混凝土结构耐久性设计规范	TB 10005—2010	Code for Durability Design of Concrete Structures of Railway	英文
10	铁路通信设计规范	TB 10006—2016	Specification for Geological Drilling of Railway Engineering	英文
11	铁路信号设计规范	TB 10007—2017	Code for Design of Railway Signaling	英文
12	铁路电力设计规范	TB 10008—2015	Code for Design of Railway Electric Power	英文
13	铁路电力牵引供电设计规范	TB 10009—2016	Code for Design of Railway Traction Power Supply	英文
14	铁路给水排水设计规范	TB 10010—2016	Code for Design of Water Supply and Sewerage of Railway	英文
15	铁路工程地质勘察规范	TB 10012—2019	Code for Engineering Geology Investigation of Railway	英文
16	铁路工程物理勘探规范	TB 10013—2010	Code for Geophysical Prospecting of Railway Engineering	英文

续上表

序号	标准名称(中文)	标准编号	标准名称(外文)	翻译语言
17	铁路工程地质钻探规程	TB 10014—2012	Specification for Geological Drilling of Railway Engineering	英文
18	铁路无缝线路设计规范	TB 10015—2012	Code for Design of Railway Continuously Welded Rail	英文
19	铁路工程节能设计规范	TB 10016—2016	Code for Design of Energy Conservation of Railway	英文
20	铁路工程水文勘测设计规范	TB 10017—1999	Code for Design on Hydrology Investigation of Railway Engineering	英文
21	铁路工程地质原位测试规程	TB 10018—2018	Specification for In-situ Geotechnical Testing in Railway	英文
22	铁路隧道防灾疏散救援工程设计规范	TB 10020—2017	Code for Design on Rescue Engineering for Disaster Prevention and Evacuation of Railway Tunnel	英文
23	铁路工程不良地质勘察规程	TB 10027—2012	Specification for Unfavorable Geological Condition Investigation of Railway Engineering	英文
24	铁路动车组设备设计规范	TB 10028—2016	Code for Design of Multiple Unit Equipment for Railways	英文
25	铁路客车车辆设备设计规范	TB 10029—2009	Code for Design of Railway Passenger Car Facilities	英文
26	铁路货车车辆设备设计规范	TB 10031—2009	Code for Design of Railway Freight Car Facilities	英文
27	铁路特殊路基设计规范	TB 10035—2018	Code for Design of Special Earthworks for Railway	英文
28	铁路工程特殊岩土勘察规程	TB 10038—2012	Specification for Investigation of Special Rock and Soil for Railway Engineering	英文
29	铁路工程地质遥感技术规程	TB 10041—2018	Technical Specification for Remote Sensing of Railway Engineering Geology	英文
30	铁路工程水文地质勘察规范	TB 10049—2014	Code for Hydrogeological Investigation of Railway Engineering	英文
31	铁路工程摄影测量规范	TB 10050—2010	Code for Railway Engineering Photogrammetry	英文
32	铁路工程卫星定位测量规范	TB 10054—2010	Code for Satellite Positioning Survey of Railway Engineering	英文
33	铁路车辆运行安全监控系统设计规范	TB 10057—2010	Code for Design of Running Safety Monitoring System of Rolling Stock	英文
34	铁路工程制图标准	TB/T 10058—2015	Drawing Standards of Railway Engineering	英文

续上表

序号	标准名称(中文)	标准编号	标准名称(外文)	翻译语言
35	铁路工程制图图形符号标准	TB/T 10059—2015	Standard for Graphical Symbol of Railway Engineering	英文
36	铁路驼峰及调车场设计规范	TB 10062—2018	Code for Design of Railway Hump and Marshalling Yard	英文
37	铁路工程设计防火规范	TB 10063—2016	Code for Design of Fire Prevention for Railway	英文
38	铁路隧道运营通风设计规范	TB 10068—2010	Code for Design of Operation Ventilation of Railway Tunnel	英文
39	铁路驼峰信号及编组站自动化系统设计规范	TB 10069—2017	Code for design of railway hump signaling and Automation system of marshalling Station	英文
40	铁路客运服务信息系统设计规范	TB 10074—2016	Code for design of railway passenger service information system	英文
41	铁路轨道设计规范	TB 10082—2017	Code for design of railway Track	英文
42	铁路天然建筑材料工程地质勘察规程	TB 10084—2007	Specification for Engineering Geological Survey of Natural Building Materials of Railway	英文
43	铁路数字移动通信系统(GSM-R)设计规范	TB 10088—2015	Code for Design of railway digital mobile communication system(GSM-R)	英文
44	铁路照明设计规范	TB 10089—2015	Code for design of railway Lighting	英文
45	铁路桥梁钢结构设计规范	TB 10091—2017	Code for Design on Steel Structure of Railway Bridge	英文
46	铁路桥涵混凝土结构设计规范	TB 10092—2017	Code for Design on Reinforced and Prestressed Concrete Structure of Railway Bridge and Culvert	英文
47	铁路桥涵地基和基础设计规范	TB 10093—2017	Code for Design on Subsoil and Foundation of Railway Bridge and Culvert	英文
48	铁路线路设计规范	TB 10098—2017	Code for design of railway line	英文
49	铁路车站及枢纽设计规范	TB 10099—2017	Code for design of railway Station and Terminal	英文
50	铁路旅客车站设计规范	TB 10100—2018	Code for Design of Railway Passenger Station Buildings	英文
51	铁路工程测量规范	TB 10101—2018	Code for Railway Engineering Survey	英文
52	铁路工程土工试验规程	TB 10102—2010	Specification for Soil Tests of Railway Engineering	英文

续上表

序号	标准名称(中文)	标准编号	标准名称(外文)	翻译语言
53	铁路工程岩土化学分析规程	TB 10103—2008	Specification for Chemical Analysis on Rock and Soil of Railway Engineering	英文
54	铁路工程水质分析规程	TB 10104—2003	Specification for Water Analysis of Railway Engineering	英文
55	改建铁路工程测量规范	TB 10105—2009	Code for Engineering Survey of Railway Reconstruction Project	英文
56	铁路工程地基处理技术规程	TB 10106—2010	Technical Specification for Ground Treatment of Railway Engineering	英文
57	铁路工程岩石试验规程	TB 10115—2014	Specification for Rock Test of Railway Engineering	英文
58	铁路瓦斯隧道技术规范	TB 10120—2019	Code for Railway Tunnel with Gas	英文
59	铁路防雷及接地工程技术规范	TB 10180—2016	Technical Code for Lightning Protection and Earthing of Railway	英文
60	铁路隧道盾构法技术规程	TB 10181—2017	Technical Specification for Shield Method of Railway Tunnel	英文
61	公路与市政工程下穿高速铁路技术规程	TB 10182—2017	Technical Specification for Underpass Highway and Municipal Works in High-speed Railway	英文
62	铁路工程基桩检测技术规程	TB 10218—2019	Technical Specification for Test of Foundation Piles in Railway	英文
63	铁路隧道衬砌质量无损检测规程	TB 10223—2004	Code for Undestructive Detecting of Railway Tunnel Lining	英文
64	铁路工程爆破振动安全技术规程	TB 10313—2019	Technical Specification for Safety Control of Blasting Operation in Railway Engineering	英文
65	铁路轨道工程施工质量验收标准	TB 10413—2018	Standard for Constructional Quality Acceptance of Railway Track Engineering	英文
66	铁路路基工程施工质量验收标准	TB 10414—2018	Standard for Constructional Quality Acceptance of Railway Subgrade Engineering	英文
67	铁路桥涵工程施工质量验收标准	TB 10415—2018	Standard for Constructional Quality Acceptance of Railway Bridge and Culvert Engineering	英文
68	铁路隧道工程施工质量验收标准	TB 10417—2018	Standard for Constructional Quality Acceptance of Railway Tunnel Engineering	英文
69	铁路通信工程施工质量验收标准	TB 10418—2018	Interim Standard for Construction Quality Acceptance of GSM-R Digital Mobile Communication Project	英文

续上表

序号	标准名称(中文)	标准编号	标准名称(外文)	翻译语言
70	铁路信号工程施工质量验收标准	TB 10419—2018	Standard for Quality Acceptance of Railway Signaling Engineering	英文
71	铁路电力工程施工质量验收标准	TB 10420—2018	Standard for Quality Acceptance of Railway Electric Power Engineering	英文
72	铁路电力牵引供电工程施工质量验收标准	TB 10421—2018	Standard for Quality Acceptance of Railway Electric Traction Feeding Engineering	英文
73	铁路混凝土工程施工质量验收标准	TB 10424—2018	Standard for Construction Quality Acceptance of Railway Concrete and Masonry Engineering	英文
74	铁路混凝土强度检验评定标准	TB 10425—2019	Specification for Testing Video Communication in Railway	英文
75	铁路声屏障工程施工质量验收标准	TB 10428—2012	Standard for Construction Quality Acceptance of Railway Sound Barriers	英文
76	绿色铁路客站评价标准	TB/T 10429—2014	Evaluation Standard for Green Railway Passenger Stations	英文
77	铁路数字移动通信系统(GSM-R)工程检测规程	TB 10430—2014	Specification for Engineering Test of Railway Digital Mobile Communication System(GSM-R)	英文
78	铁路建设项目资料管理规程	TB 10443—2010	Specification for Documents Management of Railway Construction Projects	英文
79	铁路工程环境保护设计规范	TB 10501—2016	Code for Environmental Protection Design of Railway Engineering	英文
80	铁路建设项目预可行性研究、可行性研究和设计文件编制办法	TB 10504—2018	Specification for Testing Video Communication in Railway	英文
81	高速铁路工程测量规范	TB 10601—2009	Code for Engineering Survey of High-speed Railway	英文
82	高速铁路设计规范	TB 10621—2014	Code for Design of High Speed Railway	英文
83	高速铁路设计规范	TB 10621—2014	Нормы проектирования высокоскоростных железных дорог	俄语
84	高速铁路设计规范	TB 10621—2014	Standar Desain Jalur Kereta Cepat	印尼语
85	高速铁路设计规范	TB 10621—2014	السر الفائقة الحديدية السكك تصميم مواصفات	阿拉伯语
86	高速铁路设计规范	TB 10621—2014	มาตรฐานการออกแบบทางรถไฟความเร็วสูง	泰语

续上表

序号	标准名称(中文)	标准编号	标准名称(外文)	翻译语言
87	城际铁路设计规范	TB 10623—2014	Code for Design of Intercity Railway	英文
88	重载铁路设计规范	TB 10625—2017	Code for design of heavy Haul Railway	英文
89	高速铁路安全防护设计规范	TB 10671—2019	Code for Design of Safety Protection for High-speed Railway	英文
90	高速铁路路基工程施工质量验收标准	TB 10751—2018	Standard for Acceptance of Earthworks in High-speed Railway	英文
91	高速铁路桥涵工程施工质量验收标准	TB 10752—2018	Standard for Acceptance of Bridge and Culvert Works in High-speed Railway	英文
92	高速铁路隧道工程施工质量验收标准	TB 10753—2018	Standard for Acceptance of Tunnel Works in High-speed Railway	英文
93	高速铁路轨道工程施工质量验收标准	TB 10754—2018	Standard for Acceptance of Track Works in High-speed Railway	英文
94	高速铁路通信工程施工质量验收标准	TB 10755—2018	Standard for Acceptance of Communication System in High-speed Railway	英文
95	高速铁路信号工程施工质量验收标准	TB 10756—2018	Standard for Acceptance of Signaling System in High-speed Railway	英文
96	高速铁路电力工程施工质量验收标准	TB 10757—2018	Standard for Acceptance of Electric Power System in High-speed Railway	英文
97	高速铁路电力牵引供电工程施工质量验收标准	TB 10758—2018	Standard for Acceptance of Traction Power Supply System in High-speed Railway	英文
98	高速铁路工程动态验收技术规范	TB 10760—2013	Technical Code for Static Acceptance of High-speed Railway Project	英文
99	高速铁路工程动态验收技术规范	TB 10761—2013	Technical Code for Dynamic Acceptance of High-speed Railway Project	英文
100	铁路工程建设标准英文版翻译词典	词典	A Dictionary for English Translation of Railway Technical Standard	英文
101	铁路工程建设标准汉语阿拉伯语词典	词典	—	阿拉伯语
102	铁路工程建设标准汉语印尼语词典	词典	—	印尼语

附录3

国家铁路局2020年铁路工程建设标准编制计划

序号	项目编号	项目名称	类型	起止年限	主要内容	备注
1	2020JS001	铁路工程物理勘探规范	修订	2020～2022	总结铁路工程物理勘探中的新经验和新方法，补充超声波测试、土壤电阻率测试、大地导电率测试、振动测试、天然场面波等技术要求，修正细化隧道围岩弹性波分级数值表	
2	2020JS002	铁路工程摄影测量规范	修订	2020～2022	总结工程摄影测量实践经验和科研成果，修订有关精度指标等技术内容，增加地面三维模型、无人机航空摄影测量、卫星影像测图等新技术和新方法的相关要求	
3	2020JS003	铁路工程卫星定位测量规范	修订	2020～2022	总结卫星定位测量实践经验和新方法，修订有关精度指标要求，优化卫星定位测量控制网的精度分级、控制网设计、连续运行参考站测量（CORS）、实时动态定位测量（RTK）、卫星定位高程测量及卫星定位测量数据处理等相关技术要求	
4	2020JS004	铁路天然建筑材料工程地质勘察规程	修订	2020～2022	总结铁路天然建筑材料场地的地质勘察经验和技术成果，依托室内试验、现场原位测试，完善路基填料、碎石道砟、混凝土骨料、天然石料等技术要求，与《铁路路基设计规范》等现行标准协调配套	
5	2020JS005	铁路混凝土结构耐久性设计规范	修订	2020～2022	总结铁路混凝土工程实践经验，开展相关试验验证工作，优化铁路混凝土结构、构件的通用耐久性指标，补充严寒地区无砟轨道底座混凝土的耐久性要求，增加隧道初支的耐久性要求	
6	2020JS006	铁路机电设备监控系统设计规范	制定	2020～2022	总结铁路机电设备监控系统应用经验和研究成果，研究满足不同需求的监控系统实施方案，明确铁路机电设备监控系统系统组成、网络架构、基本功能、监控对象，提出机电设备监控系统设计要求	

续上表

序号	项目编号	项目名称	类型	起止年限	主要内容	备注
7	2020JS007	铁路声屏障工程施工质量验收标准	修订	2020～2022	总结近年来铁路声屏障工程施工经验，吸纳有关科研成果和声屏障新型屏体材料的验收方法，进一步明确验收项目要求，与现行有关标准相协调	
8	2020JS008	铁路隧道衬砌质量无损检测规程	修订	2020～2022	总结铁路隧道衬砌质量检测实践经验和先进成熟技术成果，完善地质雷达法、声波法等技术要求，增加技术成熟的或经济适用的衬砌检测技术方法，补充数据管理及信息化方面的要求	
9	2020JS009	川藏铁路隧道施工安全监测技术规程	制定	2020～2022	总结铁路隧道施工安全检测经验和技术相关科研成果，开展针对川藏铁路特殊地质和气象灾害下，隧道施工安全专项监测技术，以保障隧道施工安全。提出重点监测内容、范围、指标及参数，形成能够指导川藏铁路建设的隧道施工安全监测技术规程	
10	2020JS010	川藏铁路复杂艰险山区新型工程地质遥感解译技术标准研究	基础	2020～2021	针对川藏铁路高地温、活动断裂、高山峡谷无人区不良地质问题及长大深埋隧道区岩性识别难题，开展热红外遥感技术的高地温和活动断裂解译、高山峡谷区不良地质地表形变遥感监测和解译、高光谱遥感技术的长大深埋隧道岩性解译和无人机辅助野外地质调查适用性分析等研究工作，为编制标准提供技术支撑	
11	2020JS011	铁路桥梁灌注桩后压浆技术标准研究	基础	2020～2021	总结铁路桥梁施工中的新技术和新方法，分析后压浆技术的特点及应用效果，分析桥梁钻孔灌注桩后压浆技术承载特性，开展不同地质条件、相同压浆量下的桩侧摩阻力、桩周土抗力、桩底承载力变化分析，给出桥桩后压浆质量检测评价指标，提出桥梁主要所属构建技术要求和后压浆桩基承载力计算方法	
12	2020JS012	铁路桥梁转体技术研究	基础	2020～2021	总结桥梁转体工程实践经验，分析国内外平转法施工桥梁结构特点，结合具体工程实例，开展桥梁转体施工的牵引力计算方法、结构称重方法及结构关键部位局部受力分析，提出铁路转体桥梁及跨越铁路的公路转体桥梁的转体机构形式、相关设计参数及转体施工技术措施要求，为编制标准提供支撑	

续上表

序号	项目编号	项目名称	类型	起止年限	主要内容	备注
13	2020JS013	铁路地下车站设计标准研究	基础	2020～2021	总结归纳已建成高速铁路和城际铁路地下车站在规划、设计等方面工程实践经验，明确地下车站设计的理念和原则，系统阐述在建筑、结构、暖通、给水排水、电气与照明、客服系统、防灾救援、环境保护等方面设计内容和要求，阐述各专业间接口设计内容和要求，为编制标准提供支撑	
14	2020JS014	铁路道岔融雪装置工程设计标准优化研究	基础	2020～2021	调研道岔融雪装置相关标准和工程建设现状，分析导致用电负荷量巨大、工程造价居高不下的原因，研究比选道岔融雪工程设计优化方案和造价，提出电气控制柜布置标准、控制道岔开启数量和开启时机等优化方案，给出信号、电力、通信等专业配套节能措施，形成研究道岔融雪装置工程优化标准建议	
15	2020JS015	铁路10/0.4 kV变电所与信号设备房屋之间安全净距研究	基础	2020～2021	调研信号房屋信号设备的系统组成，掌握信号设备的抗电磁干扰水平及抗干扰措施，研究分析计算10/0.4 kV电力变电所与信号设备房屋之间的电场和磁场关系，研究变配电设备对信号设备的电场影响，开展针对信号楼或中继站的现场测试，验证变电所对信号设备的影响，得出电力变电所与信号设备房屋之间合理的安全净距	
16	2020JS016	2020年铁路工程建设标准宣贯（桥涵、房建等专业）	管理	2020	铁路工程建设标准作为铁路工程建设质量的最根本保障，应开展广泛的宣传和贯彻工作。针对新制修订的铁路桥涵、房建等专业工程建设标准，通过组织培训、讲解、现场观摩等方式，使建设各相关方明确标准制修订的主要内容、关键技术和要点，确保标准的实施效果	
17	2020JS017	2020年铁路工程建设标准宣贯（四电等专业）	管理	2020	铁路工程建设标准作为铁路工程建设质量的最根本保障，应开展广泛的宣传和贯彻工作。针对新制修订的铁路四电等专业工程建设标准，通过组织培训、讲解、现场观摩等方式，使建设各相关方明确标准制修订的主要内容、关键技术和要点，确保标准的实施效果	

续上表

序号	项目编号	项目名称	类型	起止年限	主要内容	备注
18	2019JS001	客货共线铁路设计规范	制定	2019～2021	总结我国客货共线铁路建设和运营经验，借鉴、吸纳国内外客货共线铁路有关研究成果，统一客货共线铁路设计标准，完善铁路工程建设标准体系	延续项目
19	2019JS002	高速铁路工程静态验收技术规范	修订	2019～2021	总结近年高速铁路静态验收经验，结合智能铁路验收新要求，优化静态验收检测内容，协调动、静态验收检验内容，补充新技术、新工艺、新设备、新材料等有关验收内容，满足高速铁路建设静态验收新需求	延续项目
20	2019JS003	高速铁路工程动态验收技术规范	修订	2019～2021	总结近年高速铁路动态验收经验，结合智能铁路验收新要求，优化动态验收检测内容，协调动、静态验收检验内容，补充新技术、新工艺、新设备、新材料等有关验收内容，满足高速铁路建设动态验收新需求	延续项目
21	2019JS004	铁路综合管线设计规范	制定	2019～2021	总结铁路路基、桥梁、隧道、站场、段所、站房等工点各类管线布设经验，统一铁路综合管线设计原则与标准，提高管线布置的整体协调性和空间利用率	延续项目
22	2019JS005	铁路工程不良地质勘察规程	修订	2019～2021	总结近年来复杂艰险山区铁路工程建设经验，补充完善岩溶、有害气体、高地温、岩爆和大变形等勘察内容，吸纳无人机勘察、反磁通等值瞬变电磁技术、微动探测技术等勘察新方法，提高不良地质勘察水平和质量	延续项目
23	2019JS006	铁路工程特殊岩土勘察规程	修订	2019～2021	总结近年来铁路工程建设特别是高铁建设的经验和科研成果，修订黄土、软土、多年冻土等特殊土的分类及勘察要求，补充膨胀岩土测试、季节性冻土冻胀性标准等内容，并与《铁路工程地质勘察规范》等标准相协调	延续项目
24	2019JS007	铁路工程土工试验规程	修订	2019～2021	总结近年来铁路工程土工试验研究技术成果，特别是高速铁路试验检测新技术、新方法，实验和验证相结合，修订渗透系数、地基系数等试验方法和有关参数，并与高速铁路有关设计标准和验收标准相协调	延续项目

续上表

序号	项目编号	项目名称	类型	起止年限	主要内容	备注
25	2019JS008	铁路工程岩石试验规程	修订	2019～2021	总结近年来铁路工程建设经验，特别是隧道TBM施工经验，吸纳岩石试验研究成果和检测新技术、新方法成果，补充岩石的耐磨硬度、热物理指标、石英含量等试验方法，为川藏铁路建设提供标准支撑	延续项目
26	2019JS009	铁路工程地基处理技术规程	修订	2019～2021	总结近年来标准实施过程中积累的经验和数据，吸纳有关科研成果，修订铁路刚性桩、柔性桩复合验算方法及工后沉降计算方法，提升标准的先进性和经济适用性	延续项目
27	2019JS010	铁路结合梁设计规范	修订	2019～2021	总结我国结合梁设计最新理论、施工方法以及铁路结合梁建设经验，借鉴吸纳国内外有关研究成果，统一钢—混凝土结合梁的设计技术标准、构造要求，完善铁路工程建设标准体系	延续项目
28	2019JS011	铁路隧道运营通风设计规范	修订	2019～2021	总结近年来铁路隧道建设经验及科研成果，修订运营期间隧道设置机械通风的标准、隧道内空气卫生及温湿度标准，适应分布区域更广、长度更长、所处环境更复杂的铁路隧道运营通风设计，提高铁路隧道运营通风系统设计水平，保障铁路系统正常、高效运输	延续项目
29	2019JS012	铁路通信承载网工程检测规程	制定	2019～2021	总结多年来铁路骨干网、高速铁路客运专线等检测经验，结合铁路通信承载网检测特殊性，统一包括传输、数据、接入系统在内的承载网检测检测项目和检测方法，为铁路工程建设项目检测验收提供技术支撑	延续项目
30	2019JS013	铁路自然灾害及异物侵限监测系统工程技术规范	制定	2019～2021	总结铁路自然灾害及异物侵限监测系统工程建设、运用管理经验，吸纳相关技术和科研成果，统一铁路风速风向监测、雨量监测、雪深监测、上跨铁路的道路桥梁等异物侵限监测系统和地震预警监测系统的工程设计标准、施工要求和施工质量验收标准，完善铁路工程建设标准体系	延续项目
31	2019JS014	铁路电力牵引供电电气设备交接试验规程	制定	2019～2021	结合相关标准与工程实践经验，统一铁路电力牵引供电、电力工程的系统检测内容和方法，明确交接试验、电力牵引供电动态检测、电力牵引供电系统短路试验等内容与标准，满足现场急需	延续项目

续上表

序号	项目编号	项目名称	类型	起止年限	主要内容	备注
32	2019JS015	邻近营业线施工监测技术规程	制定	2019～2021	在借鉴相关行业标准和研究成果基础上，结合铁路工程特点，研究临近营业线工程施工监测项目、监测频率及精度等内容，提出适用于邻近营业线施工工程的监测技术标准，保障铁路设施安全	延续项目
33	2019JS016	铁路装配式房屋建筑技术规程	制定	2019～2021	贯彻装配式建筑国家产业结构调整政策和绿色节能建筑理念，总结铁路装配式建筑工程实践经验及有关研究成果，统一铁路装配式房屋建筑设计要求，提升装配式建筑标准化水平	延续项目
34	2019JS017	铁路建设工程风险管理技术规范	制定	2019～2021	针对新建铁路建设工程全过程统一铁路工程风险管理的定义、分类和分级标准，明确铁路建设工程风险管理内容及流程，可行性研究阶段、初步设计阶段、施工图阶段、施工阶段风险管理要求，以及风险管理报告编制要求等	延续项目
35	2019JS019	防治危岩落石桥梁棚洞设计标准研究	基础	2019～2020	穿越大型沟谷、上坡陡峭、桥隧相连地段易产生危岩落石，影响铁路运输安全。提出危岩落石运动轨迹、冲击能量和范围、桥上棚洞防护标准和防护措施，从运用安全、经济性等方面提出不同结构的桥梁—棚洞结构设计、施工方案和养护维修指南，解决落石危害	延续项目
36	2019JS020	铁路无缝线路梁轨相互作用力深化研究	基础	2019～2020	无缝线路梁轨相互作用力相关参数取值直接影响桥梁和轨道结构设计的技术经济性。在总结铁路工程建设实践经验和联调联试试验数据基础上，构建无缝线路梁轨相互作用分析理论，研究无缝线路制动力、断轨力、伸缩力等合理参数取值，为编制《铁路无缝线路设计规范》等相关标准提供技术支撑	延续项目
37	2019JS021	铁路工程结构极限状态法设计关键抗力参数动态采集与分析	基础	2019～2020	我国铁路建设新材料、新工艺不断更新，已有统计数据不能准确反映不断进步的生产、制造和设计水平。通过抗力参数的采集、传输、存储和基础分析，全面掌握和系统分析铁路工程结构抗力参数的分布特征及演变规律，形成支撑极限状态法设计规范持续更新的抗力样本动态群体	延续项目

续上表

序号	项目编号	项目名称	类型	起止年限	主要内容	备注
38	2019JS022	铁路技术标准信息公开平台研发	基础	2019～2020	开展铁路技术标准信息公开平台建设与研究，建立有效保护标准知识产权，可进行标准体系查询、标准全文查看、标准条文检索，具有标准相关信息发布功能的安全可靠、使用方便的网络平台，实现铁路技术标准网络化、信息化，满足社会对铁路技术标准检索查询等需求	延续项目
39	2018JS001	铁路工程混凝土实体质量检测技术规程	制定	2018～2020	统一铁路混凝土结构实体质量（表面缺陷、保护层厚度、碳化深度等）的检测方法、仪器设备、精度要求、评判标准等，整合铁路混凝土结构强度检测相关标准	延续项目
40	2018JS002	铁路客车车辆设备设计规范	修订	2018～2020	为提高客车车辆维修质量，保证客车行车安全，结合客车段修的新技术、新工艺和新设备，纳入轮对动态检测、不落轮镟等内容，全面修订本规范，以满足生产需求，使铁路客车车辆设备设计做到技术先进、经济合理、安全实用	延续项目
41	2018JS003	铁路货车车辆设备设计规范	修订	2018～2020	总结归纳近年来新工艺、新装备、新技术对货车检修和运用的影响，提出合理、经济、符合现场需要以及未来发展的新规定，全面修订本规范，提高货车运用和检修质量和效率，保障运输安全	延续项目
42	2018JS004	铁路车辆运行安全监控系统设计规范	修订	2018～2020	铁路车辆运行安全监控系统是保证铁路车辆运行安全的重要支撑。结合近年来铁路行车安全设备的技术发展以及发布的相关标准规范，全面修订本规范，提高铁路车辆运行安全监控系统工程设计水平	延续项目
43	2018JS005	铁路工程地质勘察监理规程	修订	2018～2020	针对不同类型铁路工程，全面梳理工程地质勘察监理要求，提出监理工作合理的组织架构，制定科学的监理工作流程，保证铁路工程地质勘察质量，提高铁路工程地质勘察监理水平	延续项目

附录4

铁路工程建设标准局部修订条文

《国家铁路局关于发布铁道行业标准的公告(工程建设标准2020年第4批)》(国铁科法〔2020〕27号),公布对《铁路工程设计防火规范》《铁路照明设计规范》《铁路旅客车站设计规范》的局部修订条文,具体内容如下。

一、《铁路工程设计防火规范》TB 10063—2016

1. 第9.2.2条修改为"铁路建筑内的消防应急照明和疏散指示系统设计应符合《建筑设计防火规范》GB 50016、《消防应急照明和疏散指示系统技术标准》GB 51309。"

2. 新增第10.2.3条。

条文:隧道消防应急灯具宜采用标称电压为AC 220/380 V的电源供电。

条文说明:本条依据《住建部标准定额司关于〈消防应急照明和疏散指示系统技术标准〉GB 51309—2018相关事宜的函》(建司局函标〔2020〕27号)编制,进一步明确铁路隧道内消防应急灯具供电电压等级设计标准。

二、《铁路照明设计规范》TB 10089—2015

1. 第5.1.2条第3款修改为"集散厅、候车区、售票厅等大面积公共场所,应设置值班照明。"

2. 删除第7.2.2条。

三、《铁路旅客车站设计规范》TB 10100—2018

删除第10.2.4条。

中华人民共和国标准化法

（1988 年 12 月 29 日第七届全国人民代表大会常务委员会第五次会议通过 2017 年 11 月 4 日第十二届全国人民代表大会常务委员会第三十次会议修订）

目　录

第一章　总　　则

第一条　为了加强标准化工作，提升产品和服务质量，促进科学技术进步，保障人身健康和生命财产安全，维护国家安全、生态环境安全，提高经济社会发展水平，制定本法。

第二条　本法所称标准（含标准样品），是指农业、工业、服务业以及社会事业等领域需要统一的技术要求。

标准包括国家标准、行业标准、地方标准和团体标准、企业标准。国家标准分为强制性标准、推荐性标准，行业标准、地方标准是推荐性标准。

强制性标准必须执行。国家鼓励采用推荐性标准。

第三条　标准化工作的任务是制定标准、组织实施标准以及对标准的制定、实施进行监督。

县级以上人民政府应当将标准化工作纳入本级国民经济和社会发展规划，将标准化工作经费纳入本级预算。

第四条　制定标准应当在科学技术研究成果和社会实践经验的基础上，深入调查论证，广泛征求意见，保证标准的科学性、规范性、时效性，提高标准质量。

第五条　国务院标准化行政主管部门统一管理全国标准化工作。国务院有关行政主管部门分工管理本部门、本行业的标准化工作。

县级以上地方人民政府标准化行政主管部门统一管理本行政区域内的标准化工作。县级以上地方人民政府有关行政主管部门分工管理本行政区域内本部门、本行业的标准化工作。

第六条　国务院建立标准化协调机制，统筹推进标准化重大改革，研究标准化重大政策，对跨部门跨领域、存在重大争议标准的制定和实施进行协调。

设区的市级以上地方人民政府可以根据工作需要建立标准化协调机制，统筹协调本行政区域内标准化工作重大事项。

第七条　国家鼓励企业、社会团体和教育、科研机构等开展或者参与标准化工作。

第八条　国家积极推动参与国际标准化活动，开展标准化对外合作与交流，参与制定国际标准，结合国情采用国际标准，推进中国标准与国外标准之间的转化运用。

国家鼓励企业、社会团体和教育、科研机构等参与国际标准化活动。

第九条　对在标准化工作中做出显著成绩的单位和个人，按照国家有关规定给予表彰和奖励。

第二章　标准的制定

第十条　对保障人身健康和生命财产安全、国家安全、生态环境安全以及满足经济社会管理基本需要的技术要求，应当制定强制性国家标准。

国务院有关行政主管部门依据职责负责强制性国家标准的项目提出、组织起草、征求意见和技术审查。国务院标准化行政主管部门负责强制性国家标准的立项、编号和对外通报。国务院标准化行政主管部门应当对拟制定的强制性国家标准是否符合前款规定进行立项审查，对符合前款规定的予以立项。

省、自治区、直辖市人民政府标准化行政主管部门可以向国务院标准化行政主管部门提出强制性国家标准的立项建议，由国务院标准化行政主管部门会同国务院有关行政主管部门决定。社会团体、企业事业组织以及公民可以向国务院标准化行政主管部门提出强制性国家标准的立项建议，国务院标准化行政主管部门认为需要立项的，会同国务院有关行政主管部门决定。

强制性国家标准由国务院批准发布或者授权批准发布。

法律、行政法规和国务院决定对强制性标准的制定另有规定的，从其规定。

第十一条 对满足基础通用、与强制性国家标准配套、对各有关行业起引领作用等需要的技术要求，可以制定推荐性国家标准。

推荐性国家标准由国务院标准化行政主管部门制定。

第十二条 对没有推荐性国家标准、需要在全国某个行业范围内统一的技术要求，可以制定行业标准。

行业标准由国务院有关行政主管部门制定，报国务院标准化行政主管部门备案。

第十三条 为满足地方自然条件、风俗习惯等特殊技术要求，可以制定地方标准。

地方标准由省、自治区、直辖市人民政府标准化行政主管部门制定；设区的市级人民政府标准化行政主管部门根据本行政区域的特殊需要，经所在地省、自治区、直辖市人民政府标准化行政主管部门批准，可以制定本行政区域的地方标准。地方标准由省、自治区、直辖市人民政府标准化行政主管部门报国务院标准化行政主管部门备案，由国务院标准化行政主管部门通报国务院有关行政主管部门。

第十四条 对保障人身健康和生命财产安全、国家安全、生态环境安全以及经济社会发展所急需的标准项目，制定标准的行政主管部门应当优先立项并及时完成。

第十五条 制定强制性标准、推荐性标准，应当在立项时对有关行政主管部门、企业、社会团体、消费者和教育、科研机构等方面的实际需求进行调查，对制定标准的必要性、可行性进行论证评估；在制定过程中，应当按照便捷有效的原则采取多种方式征求意见，组织对标准相关事项进行调查分析、实验、论证，并做到有关标准之间的协调配套。

第十六条 制定推荐性标准，应当组织由相关方组成的标准化技术委员会，承担标准的起草、技术审查工作。制定强制性标准，可以委托相关标准化技术委员会承担标准的起草、技术审查工作。未组成标准化技术委员会的，应当成立专家组承担相关标准的起草、技术审查工作。标准化技术委员会和专家组的组成应当具有广泛代表性。

第十七条 强制性标准文本应当免费向社会公开。国家推动免费向社会公开推荐性标准文本。

第十八条 国家鼓励学会、协会、商会、联合会、产业技术联盟等社会团体协调相关市场主体共同制定满足市场和创新需要的团体标准，由本团体成员约定采用或者按照本团体的规定供社会自愿采用。

制定团体标准，应当遵循开放、透明、公平的原则，保证各参与主体获取相关信息，反映各参与主体的共同需求，并应当组织对标准相关事项进行调查分析、实验、论证。

国务院标准化行政主管部门会同国务院有关行政主管部门对团体标准的制定进行规范、引导和监督。

第十九条 企业可以根据需要自行制定企业标准，或者与其他企业联合制定企业标准。

第二十条 国家支持在重要行业、战略性新兴产业、关键共性技术等领域利用自主创新技术制定团体标准、企业标准。

第二十一条 推荐性国家标准、行业标准、地方标准、团体标准、企业标准的技术要求不得低于强制性国家标准的相关技术要求。

国家鼓励社会团体、企业制定高于推荐性标准相关技术要求的团体标准、企业标准。

第二十二条 制定标准应当有利于科学合理利用资源，推广科学技术成果，增强产品的安全性、通用性、可替换性，提高经济效益、社会效益、生态效益，做到技术上先进、经济上合理。

禁止利用标准实施妨碍商品、服务自由流通等排除、限制市场竞争的行为。

第二十三条 国家推进标准化军民融合和资源共享，提升军民标准通用化水平，积极推动在国防和军队建设中采用先进适用的民用标准，并将先进适用的军用标准转化为民用标准。

第二十四条 标准应当按照编号规则进行编号。标准的编号规则由国务院标准化行政主管部门制定并公布。

第三章 标准的实施

第二十五条 不符合强制性标准的产品、服务，不得生产、销售、进口或者提供。

第二十六条 出口产品、服务的技术要求，按照合同的约定执行。

第二十七条 国家实行团体标准、企业标准自我声明公开和监督制度。企业应当公开其执行的强制性标准、推荐性标准、团体标准或者企业标准的编号和名称；企业执行自行制定的企业标准的，还应当公开产品、服务的功能指标和产品的性能指标。国家鼓励团体标准、企业标准通过标准信息公共服务平台向社会公开。

企业应当按照标准组织生产经营活动，其生产的产品、提供的服务应当符合企业公开标准的技术要求。

第二十八条 企业研制新产品、改进产品，进行技术改造，应当符合本法规定的标准化要求。

第二十九条 国家建立强制性标准实施情况统计分析报告制度。

国务院标准化行政主管部门和国务院有关行政主管部门、设区的市级以上地方人民政府标准化行政主管部门应当建立标准实施信息反馈和评估机制，根据反馈和评估情况对其制定的标准进行复审。标准的复审周期一般不超过五年。经过复审，对不适应经济社会发展需要和技术进步的应当及时修订或者废止。

第三十条 国务院标准化行政主管部门根据标准实施信息反馈、评估、复审情况，对有关标准之间重复交叉或者不衔接配套的，应当会同国务院有关行政主管部门作出处理或者通过国务院标准化协调机制处理。

第三十一条 县级以上人民政府应当支持开展标准化试点示范和宣传工作，传播标准化理念，推广标准化经验，推动全社会运用标准化方式组织生产、经营、管理和服务，发挥标准对促进转型升级、引领创新驱动的支撑作用。

第四章 监督管理

第三十二条 县级以上人民政府标准化行政主管部门、有关行政主管部门依据法定职责，对标准的制定进行指导和监督，对标准的实施进行监督检查。

第三十三条 国务院有关行政主管部门在标准制定、实施过程中出现争议的，由国务院标准化行政主管部门组织协商；协商不成的，由国务院标准化协调机制解决。

第三十四条 国务院有关行政主管部门、设区的市级以上地方人民政府标准化行政主管部门未依照本法规定对标准进行编号、复审或者备案的，国务院标准化行政主管部门应当要求其说明情况，并限期改正。

第三十五条 任何单位或者个人有权向标准化行政主管部门、有关行政主管部门举报、投诉违反本法规定的行为。

标准化行政主管部门、有关行政主管部门应当向社会公开受理举报、投诉的电话、信箱或者电子邮件地址,并安排人员受理举报、投诉。对实名举报人或者投诉人,受理举报、投诉的行政主管部门应当告知处理结果,为举报人保密,并按照国家有关规定对举报人给予奖励。

第五章　法律责任

第三十六条　生产、销售、进口产品或者提供服务不符合强制性标准,或者企业生产的产品、提供的服务不符合其公开标准的技术要求的,依法承担民事责任。

第三十七条　生产、销售、进口产品或者提供服务不符合强制性标准的,依照《中华人民共和国产品质量法》《中华人民共和国进出口商品检验法》《中华人民共和国消费者权益保护法》等法律、行政法规的规定查处,记入信用记录,并依照有关法律、行政法规的规定予以公示;构成犯罪的,依法追究刑事责任。

第三十八条　企业未依照本法规定公开其执行的标准的,由标准化行政主管部门责令限期改正;逾期不改正的,在标准信息公共服务平台上公示。

第三十九条　国务院有关行政主管部门、设区的市级以上地方人民政府标准化行政主管部门制定的标准不符合本法第二十一条第一款、第二十二条第一款规定的,应当及时改正;拒不改正的,由国务院标准化行政主管部门公告废止相关标准;对负有责任的领导人员和直接责任人员依法给予处分。

社会团体、企业制定的标准不符合本法第二十一条第一款、第二十二条第一款规定的,由标准化行政主管部门责令限期改正;逾期不改正的,由省级以上人民政府标准化行政主管部门废止相关标准,并在标准信息公共服务平台上公示。

违反本法第二十二条第二款规定,利用标准实施排除、限制市场竞争行为的,依照《中华人民共和国反垄断法》等法律、行政法规的规定处理。

第四十条　国务院有关行政主管部门、设区的市级以上地方人民政府标准化行政主管部门未依照本法规定对标准进行编号或者备案,又未依照本法第三十四条的规定改正的,由国务院标准化行政主管部门撤销相关标准编号或者公告废止未备案标准;对负有责任的领导人员和直接责任人员依法给予处分。

国务院有关行政主管部门、设区的市级以上地方人民政府标准化行政主管部门未依照本法规定对其制定的标准进行复审,又未依照本法第三十四条的规定改正的,对负有责任的领导人员和直接责任人员依法给予处分。

第四十一条 国务院标准化行政主管部门未依照本法第十条第二款规定对制定强制性国家标准的项目予以立项，制定的标准不符合本法第二十一条第一款、第二十二条第一款规定，或者未依照本法规定对标准进行编号、复审或者予以备案的，应当及时改正；对负有责任的领导人员和直接责任人员可以依法给予处分。

第四十二条 社会团体、企业未依照本法规定对团体标准或者企业标准进行编号的，由标准化行政主管部门责令限期改正；逾期不改正的，由省级以上人民政府标准化行政主管部门撤销相关标准编号，并在标准信息公共服务平台上公示。

第四十三条 标准化工作的监督、管理人员滥用职权、玩忽职守、徇私舞弊的，依法给予处分；构成犯罪的，依法追究刑事责任。

第六章 附 则

第四十四条 军用标准的制定、实施和监督办法，由国务院、中央军事委员会另行制定。

第四十五条 本法自 2018 年 1 月 1 日起施行。

附录6

国务院关于印发深化标准化工作改革方案的通知

（2015 年 3 月 11 日　国发〔2015〕13 号）

各省、自治区、直辖市人民政府，国务院各部委、各直属机构：

现将《深化标准化工作改革方案》印发给你们，请认真贯彻执行。

深化标准化工作改革方案

为落实《中共中央关于全面深化改革若干重大问题的决定》《国务院机构改革和职能转变方案》和《国务院关于促进市场公平竞争维护市场正常秩序的若干意见》（国发〔2014〕20 号）关于深化标准化工作改革、加强技术标准体系建设的有关要求，制定本改革方案。

一、改革的必要性和紧迫性

党中央、国务院高度重视标准化工作，2001 年成立国家标准化管理委员会，强化标准化工作的统一管理。在各部门、各地方共同努力下，我国标准化事业得到快速发展。截至目前，国家标准、行业标准和地方标准总数达到 10 万项，覆盖一二三产业和社会事业各领域的标准体系基本形成。我国相继成为国际标准化组织（ISO）、国际电工委员会（IEC）常任理事国及国际电信联盟（ITU）理事国，我国专家担任 ISO 主席、IEC 副主席、ITU 秘书长等一系列重要职务，主导制定国际标准的数量逐年增加。标准化在保障产品质量安全、促进产业转型升级和经济提质增效、服务外交外贸等方面起着越来越重要的作用。但是，从我国经济社会发展日益增长的需求来看，现行标准体系和标准化管理体制已不能适应社会主义市场经济发展的需要，甚至在一定程度上影响了经济社会发展。

一是标准缺失老化滞后，难以满足经济提质增效升级的需求。现代农业和服务业标准仍然很少，社会管理和公共服务标准刚刚起步，即使在标准相对完备的工业领域，标准缺失现象也不同程度存在。特别是当前节能降耗、新型城镇化、信息化和工业化融合、电子商务、商贸物流等领域对标准的需求十分旺盛，但标准供给仍有较大缺口。我国国家标准制定周期平均为 3 年，远远落后于产业快速发展的需要。标准更新速度缓慢，“标龄”高出德、美、英、日等发达国家 1 倍以上。标准整体水平不高，难以支撑经济转型升级。我国主导制定的国际标准仅占国际标准总数的 0.5%，“中国标准”在国际上认可度不高。

二是标准交叉重复矛盾，不利于统一市场体系的建立。标准是生产经营活动的依据，是重要的市场规则，必须增强统一性和权威性。目前，现行国家标准、行业标准、地方标准中仅名称相同的就有近 2 000 项，有些标准技术指标不一致甚至冲突，既造成企业执行标准困难，也造成政府部门制定标准的资源浪费和执法尺度不一。特别是强制性标准涉及健康安全环保，但是制定主体多，28 个部门和 31 个省（区、市）制定发布强制性行业标准和地方标准；数量庞大，强制性国家、行业、地方三级标准万余项，缺乏强有力的组织协调，交叉重复矛盾难以避免。

三是标准体系不够合理，不适应社会主义市场经济发展的要求。国家标准、行业标准、地方标准均由政府主导制定，且 70% 为一般性产品和服务标准，这些标准中许多应由市场主体遵循市场规律制定。而国际上通行的团体标准在我国没有法律地位，市场自主制定、快速反映需求的标准不能有效供给。即使是企业自己制定、内部使用的企业标准，也要到政府部门履行备案甚至审查性备案，企业能动性受到抑制，缺乏创新和竞争力。

四是标准化协调推进机制不完善，制约了标准化管理效能提升。标准反映各方共同利益，各类标准之间需要衔接配套。很多标准技术面广、产业链长，特别是一些标准涉及部门多、相关方立场不一致，协调难度大，由于缺乏权威、高效的标准化协调推进机制，越重要的标准越“难产”。有的标准实施效果不明显，相关配套政策措施不到位，尚未形成多部门协同推动标准实施的工作格局。

造成这些问题的根本原因是现行标准体系和标准化管理体制是 20 世纪 80 年代确立的，政府与市场的角色错位，市场主体活力未能充分发挥，既阻碍了标准化工作的有效开展，又影响了标准化作用的发挥，必须切实转变政府标准化管理职能，深化标准化工作改革。

二、改革的总体要求

标准化工作改革，要紧紧围绕使市场在资源配置中起决定性作用和更好发挥政府作用,着力解决标准体系不完善、管理体制不顺畅、与社会主义市场经济发展不适应问题,改革标准体系和标准化管理体制,改进标准制定工作机制,强化标准的实施与监督,更好发挥标准化在推进国家治理体系和治理能力现代化中的基础性、战略性作用,促进经济持续健康发展和社会全面进步。

改革的基本原则:一是坚持简政放权、放管结合。把该放的放开放到位,培育发展团体标准,放开搞活企业标准,激发市场主体活力;把该管的管住管好,强化强制性标准管理,保证公益类推荐性标准的基本供给。二是坚持国际接轨、适合国情。借鉴发达国家标准化管理的先进经验和做法,结合我国发展实际,建立完善具有中国特色的标准体系和标准化管理体制。三是坚持统一管理、分工负责。既发挥好国务院标准化主管部门的综合协调职责,又充分发挥国务院各部门在相关领域内标准制定、实施及监督的作用。四是坚持依法行政、统筹推进。加快标准化法治建设,做好标准化重大改革与标准化法律法规修改完善的有机衔接;合理统筹改革优先领域、关键环节和实施步骤,通过市场自主制定标准的增量带动现行标准的存量改革。

改革的总体目标:建立政府主导制定的标准与市场自主制定的标准协同发展、协调配套的新型标准体系,健全统一协调、运行高效、政府与市场共治的标准化管理体制,形成政府引导、市场驱动、社会参与、协同推进的标准化工作格局,有效支撑统一市场体系建设,让标准成为对质量的“硬约束”,推动中国经济迈向中高端水平。

三、改革措施

通过改革,把政府单一供给的现行标准体系,转变为由政府主导制定的标准和市场自主制定的标准共同构成的新型标准体系。政府主导制定的标准由 6 类整合精简为 4 类,分别是强制性国家标准和推荐性国家标准、推荐性行业标准、推荐性地方标准;市场自主制定的标准分为团体标准和企业标准。政府主导制定的标准侧重于保基本,市场自主制定的标准侧重于提高竞争力。同时建立完善与新型标准体系配套的标准化管理体制。

(一)建立高效权威的标准化统筹协调机制。建立由国务院领导同志为召集人、各有关部门负责同志组成的国务院标准化协调推进机制,统筹标准化重大改革,研究标准化重大政策,对跨部门跨领域、存在重大争议标准的制定和实施进行协调。国务院标准化协调推进机制日常工作由国务院标准化主管部门承担。

(二)整合精简强制性标准。在标准体系上,逐步将现行强制性国家标准、行业标准和地方标准整合为强制性国家标准。在标准范围上,将强制性国家标准严格限定在保障人身健康和生命财产安全、国家安全、生态环境安全和满足社会经济管理基本要求的范围之内。在标准管理上，国务院各有关部门负责强制性国家标准项目提出、组织起草、征求意见、技术审查、组织实施和监督；国务院标准化主管部门负责强制性国家标准的统一立项和编号，并按照世界贸易组织规则开展对外通报；强制性国家标准由国务院批准发布或授权批准发布。强化依据强制性国家标准开展监督检查和行政执法。免费向社会公开强制性国家标准文本。建立强制性国家标准实施情况统计分析报告制度。

法律法规对标准制定另有规定的，按现行法律法规执行。环境保护、工程建设、医药卫生强制性国家标准、强制性行业标准和强制性地方标准，按现有模式管理。安全生产、公安、税务标准暂按现有模式管理。核、航天等涉及国家安全和秘密的军工领域行业标准，由国务院国防科技工业主管部门负责管理。

（三）优化完善推荐性标准。在标准体系上，进一步优化推荐性国家标准、行业标准、地方标准体系结构，推动向政府职责范围内的公益类标准过渡，逐步缩减现有推荐性标准的数量和规模。在标准范围上，合理界定各层级、各领域推荐性标准的制定范围，推荐性国家标准重点制定基础通用、与强制性国家标准配套的标准；推荐性行业标准重点制定本行业领域的重要产品、工程技术、服务和行业管理标准；推荐性地方标准可制定满足地方自然条件、民族风俗习惯的特殊技术要求。在标准管理上，国务院标准化主管部门、国务院各有关部门和地方政府标准化主管部门分别负责统筹管理推荐性国家标准、行业标准和地方标准制修订工作。充分运用信息化手段，建立制修订全过程信息公开和共享平台，强化制修订流程中的信息共享、社会监督和自查自纠，有效避免推荐性国家标准、行业标准、地方标准在立项、制定过程中的交叉重复矛盾。简化制修订程序，提高审批效率，缩短制修订周期。推动免费向社会公开公益类推荐性标准文本。建立标准实施信息反馈和评估机制，及时开展标准复审和维护更新，有效解决标准缺失滞后老化问题。加强标准化技术委员会管理，提高广泛性、代表性，保证标准制定的科学性、公正性。

（四）培育发展团体标准。在标准制定主体上，鼓励具备相应能力的学会、协会、商会、联合会等社会组织和产业技术联盟协调相关市场主体共同制定满足市场和创新需要的标准，供市场自愿选用，增加标准的有效供给。在标准管理上，对团体标准不设行政许可，由社会组织和产业技术联盟自主制定发布，通过市场竞争优胜劣汰。国务院标准化主管部门会同国务院有关部门制定团体标准发展指导意见和标准化良好行为规范，对团体标准进行必要的规范、引导和监督。在工作推进上，选择市场化程度高、技术创新活跃、产品类标准较多的领域,先行开展团体标准试点工作。支持专利融入团体标准,推动技术进步。

(五)放开搞活企业标准。企业根据需要自主制定、实施企业标准。鼓励企业制定高于国家标准、行业标准、地方标准,具有竞争力的企业标准。建立企业产品和服务标准自我声明公开和监督制度,逐步取消政府对企业产品标准的备案管理,落实企业标准化主体责任。鼓励标准化专业机构对企业公开的标准开展比对和评价,强化社会监督。

(六)提高标准国际化水平。鼓励社会组织和产业技术联盟、企业积极参与国际标准化活动,争取承担更多国际标准组织技术机构和领导职务,增强话语权。加大国际标准跟踪、评估和转化力度,加强中国标准外文版翻译出版工作,推动与主要贸易国之间的标准互认,推进优势、特色领域标准国际化,创建中国标准品牌。结合海外工程承包、重大装备设备出口和对外援建,推广中国标准,以中国标准"走出去"带动我国产品、技术、装备、服务"走出去"。进一步放宽外资企业参与中国标准的制定。

四、组织实施

坚持整体推进与分步实施相结合,按照逐步调整、不断完善的方法,协同有序推进各项改革任务。标准化工作改革分三个阶段实施。

(一)第一阶段(2015—2016年),积极推进改革试点工作。

——加快推进《中华人民共和国标准化法》修订工作,提出法律修正案,确保改革于法有据。修订完善相关规章制度。(2016年6月底前完成)

——国务院标准化主管部门会同国务院各有关部门及地方政府标准化主管部门,对现行国家标准、行业标准、地方标准进行全面清理,集中开展滞后老化标准的复审和修订,解决标准缺失、矛盾交叉等问题。(2016年12月底前完成)

——优化标准立项和审批程序,缩短标准制定周期。改进推荐性行业和地方标准备案制度,加强标准制定和实施后评估。(2016年12月底前完成)

——按照强制性标准制定原则和范围,对不再适用的强制性标准予以废止,对不宜强制的转化为推荐性标准。(2015年12月底前完成)

——开展标准实施效果评价,建立强制性标准实施情况统计分析报告制度。强化监督检查和行政执法,严肃查处违法违规行为。(2016年12月底前完成)

——选择具备标准化能力的社会组织和产业技术联盟,在市场化程度高、技术创新活跃、产品类标准较多的领域开展团体标准试点工作，制定团体标准发展指导意见和标准化良好行为规范。（2015 年 12 月底前完成）

——开展企业产品和服务标准自我声明公开和监督制度改革试点。企业自我声明公开标准的，视同完成备案。（2015 年 12 月底前完成）

——建立国务院标准化协调推进机制，制定相关制度文件。建立标准制修订全过程信息公开和共享平台。（2015 年 12 月底前完成）

——主导和参与制定国际标准数量达到年度国际标准制定总数的 50%。（2016 年完成）

（二）第二阶段（2017—2018 年），稳妥推进向新型标准体系过渡。

——确有必要强制的现行强制性行业标准、地方标准，逐步整合上升为强制性国家标准。（2017 年完成）

——进一步明晰推荐性标准制定范围，厘清各类标准间的关系，逐步向政府职责范围内的公益类标准过渡。（2018 年完成）

——培育若干具有一定知名度和影响力的团体标准制定机构，制定一批满足市场和创新需要的团体标准。建立团体标准的评价和监督机制。（2017 年完成）

——企业产品和服务标准自我声明公开和监督制度基本完善并全面实施。（2017 年完成）

——国际国内标准水平一致性程度显著提高，主要消费品领域与国际标准一致性程度达到 95% 以上。（2018 年完成）

（三）第三阶段（2019—2020 年），基本建成结构合理、衔接配套、覆盖全面、适应经济社会发展需求的新型标准体系。

——理顺并建立协同、权威的强制性国家标准管理体制。（2020 年完成）

——政府主导制定的推荐性标准限定在公益类范围，形成协调配套、简化高效的推荐性标准管理体制。（2020 年完成）

——市场自主制定的团体标准、企业标准发展较为成熟，更好满足市场竞争、创新发展的需求。（2020 年完成）

——参与国际标准化治理能力进一步增强，承担国际标准组织技术机构和领导职务数量显著增多，与主要贸易伙伴国家标准互认数量大幅增加，我国标准国际影响力不断提升，迈入世界标准强国行列。（2020 年完成）

国家铁路局有关负责同志就发布《市域(郊)铁路设计规范》答记者问

(2018 年 11 月 12 日)

2020 年 12 月 24 日,国家铁路局发布行业标准《市域(郊)铁路设计规范》(TB 10624—2020),自 2021 年 2 月 1 日正式实施。规范编制组由勘察设计、建设运营、装备制造、科研院所等相关单位组成,起草人员涵盖相关领域的技术专家、科研骨干。规范编制得到了国家发改委、自然资源部、生态环境部、住房和城乡建设部、交通运输部等部门,31 个省(自治区、直辖市),国铁集团和铁路、地铁相关企事业单位的大力支持。国家铁路局有关负责同志就相关问题回答了记者提问。

1. 为什么编制发布《市域(郊)铁路设计规范》?

答:市域(郊)铁路是连接都市圈中心城市城区和周边城镇组团,为通勤客流提供快速度、大运量、公交化运输服务的轨道交通系统。发展市域(郊)铁路,对优化城市功能布局、促进大中小城市和小城镇协调发展、扩大有效投资等具有一举多得之效,有利于发挥中心城市辐射带动作用,有利于扩大公共交通服务供给、有效缓解城市交通拥堵、推进新型城镇化发展。

党中央国务院高度重视市域(郊)铁路发展,2019 年 9 月 25 日,习近平总书记在参观北京城市轨道交通草桥站时作出重要指示,“城市轨道交通是现代大城市交通的发展方向。发展轨道交通是解决大城市病的有效途径,也是建设绿色城市、智能城市的有效途径”。李克强总理作出批示,“发展市郊铁路对于优化大城市功能布局、促进区域协调发展和扩大有效投资,一举多得”。近日,国务院办公厅转发国家发展改革委、交通运输部、国家铁路局、国铁集团等单位《关于推动都市圈市域(郊)铁路加快发展的意见》的通知,明确了市域(郊)铁路发展的指导思想、基本原则、功能定位以及加快推动市域(郊)铁路建设的具体措施等。

为贯彻落实党中央、国务院决策部署,顺应新型城镇化发展要求,国家铁路局在系统总结北京、上海、温州、成都、重庆、天津等城市市域(郊)铁路建设运营实践经验和科研成果的基础上，坚持问题导向，注重改善乘客体验，满足1小时通勤圈快速通达出行需求，组织制定了《市域（郊）铁路设计规范》强制性行业标准，规范和引导市域（郊）铁路健康有序发展。

2. 市域（郊）铁路与城际铁路、地铁的主要区别是什么？

答：市域（郊）铁路、城际铁路、地铁属于三种不同功能定位的轨道交通系统，解决的问题有所不同。

市域（郊）铁路主要服务于都市圈、城市市域范围，服务都市圈中心城市城区与周边城镇组团及组团内部的通勤客流为主，服务范围一般在50 km～100 km；城际铁路主要服务于城市群，侧重于服务城市群范围内城市与城市之间的长距离商务、探亲、旅游等客流，服务范围一般在100 km～300 km；地铁主要是服务于城市中心城区内部的短距离通勤出行问题，解决城市内部交通问题，服务范围在50 km以内，一般多为30 km左右。

相对于城际铁路、地铁，市域（郊）铁路具有以下特征：

与城际铁路相比，市域（郊）铁路客流具有潮汐现象，早晚高峰更加明显；采用公交化运输组织方式、行车密度更大、站间距较小（平均站间距在3 km左右），设计速度100 km/h～160 km/h之间。

与地铁相比，市域（郊）铁路站间距更大，设计速度及运营速度更高，运输组织模式更为灵活，舒适性、经济性更高，既可组织"站站停"，也可组织"快慢车"运行，满足乘客不同距离快速通勤需要。

3.《市域（郊）铁路设计规范》编制遵循了哪些原则？

答：近年来，我国市域（郊）铁路建设发展迅速，积累了大量的建设、运营实践经验。但在建设实践过程中，也出现了项目功能定位把握不准、建设标准不统一等问题。为适应我国市域（郊）铁路建设发展需要，国家铁路局进行了深入调研，开展了多项相关课题研究，确定了以下五个方面主要编制原则：

——坚持以人为本，满足都市圈通勤需要。提供快速度、大运量、公交化运输服务，改善乘客出行体验，促进都市圈经济社会发展。

——坚持需求导向，推动多种交通方式融合发展。标准既适用于市域（郊）铁路独立成网、与其他交通方式便捷换乘，又能兼顾与既有铁路、地铁共线运行的要求；考虑适应多种建设和运营模式，为灵活选择与城市形态、运营管理模式、技术制式对应的标准创造条件。

——坚持系统思维，体现技术标准协调配套。在安全可靠、先进成熟、方便快捷、经济适用、绿色环保的基础上，按技术制式、速度等级、运输组织模式、工程条件（新建或既有）等确定系统匹配、专业齐全的技术标准。

——坚持经济适用，提高投资效益。根据市域（郊）铁路技术特征，在保证安全、速度、效率前提下，进一步明确建筑限界、线路平纵断面、桥梁结构、隧道断面、列车控制、供电方式等主要技术标准，充分利用既有设施设备，节省工程投资。

——坚持简化统一，发挥标准规模效益。注重车型统一、规格品类简化、接口优化及互联互通等技术要求，提高产品可靠性、兼容性和互换性，形成全产业链、供应链规模效益。

4.《市域（郊）铁路设计规范》采取了哪些具体措施提升服务品质和乘客体验？

答：注重改善乘客体验，吸引乘客绿色出行，是本规范的一项重要编制原则，主要体现在以下六个方面：

一是互联互通方面，从“四网融合”的角度出发，提出市域（郊）铁路根据其功能定位，既可独立运行，也可以根据需求与干线铁路、城际铁路、城市轨道交通跨线运行，减少换乘。

二是便捷换乘方面，提出市域（郊）铁路与干线铁路、城际铁路、城市轨道交通、机场、枢纽、公路客站等多种交通的便捷换乘要求，并注重车站的一体化设计，为无缝衔接、高效换乘创造条件。规定车站配套建设步行、自行车和停车场等服务设施。

三是运输组织方面，为改善服务效果，方便乘客出行，规定新建线路初期高峰时段列车运行间隔不宜大于 10 min，平峰时段不宜大于 15 min；利用既有铁路开行市域（郊）列车，高峰时段列车运行间隔不宜大于 15 min，平峰时段不宜大于 30 min。市域（郊）铁路既可组织“站站停”，也可组织“快慢车”运行，满足多种乘客的出行需求。

四是乘客站立密度方面，考虑市域（郊）铁路客流出行特征，规定定员工况下，车辆车厢内有效空余地板面积站立人数不宜大于 4 人/㎡。相比地铁设计规范（5～6 人/㎡），改善了乘客出行体验。

五是线路基础条件方面，考虑到市域（郊）铁路的特征及客流出行的平均乘距，从乘客舒适度方面提出了市域（郊）铁路的超高时变率介于城际铁路和地铁之间，科学合理的同时，也保证了乘客舒适度。

六是客票服务方面，提出市域（郊）铁路乘车凭证可选用电子客票（如二维码、身份证）、生物特征票（如人脸识别、指纹识别）等，乘客出行更加智能便捷。

5.《市域（郊）铁路设计规范》在节约建设投资、提高投资效益方面有哪些措施？

答：规范提出市域（郊）铁路应科学论证线路的设计速度、敷设方式、车站分布及车辆类型等，合理确定桥梁刚度、隧道断面、路基工后沉降、轨道形式及车站建筑规模等，严格控制工程建设标准与投资。主要采取了以下措施：

一是区间正线最小线间距按A、B、C、D四种车型分别作出了规定，避免了单一线间距，正线间距更加经济合理，有利于节约建设用地。

二是相较于城际铁路乘车时间较短，优化了市域（郊）铁路舒适度标准，缩短了正线缓和曲线长度，可更好适应市区内工程环境，减少征拆工程。

三是根据我国不同地域气候特点，提出了寒冷及温暖地区道岔始端、终端至梁缝距离，减少了道岔连续梁长度、车站岔区长度及车站用地规模，降低工程造价。

四是桥梁设计采用的ZS荷载，相当于城际铁路设计荷载的67%，并依据桥址温差规定了桥梁墩顶水平线刚度限值，当温差≤65 ℃时，常用简支梁刚度限值相当于城际铁路的72%，显著降低了桥梁建设成本，优化桥梁景观效果。

五是相对于城际铁路，无砟轨道正线基床底层高由1.5 m调整至1.4 m，优化了无砟轨道工程沉降控制标准，节约工程投资。

六是根据市域铁路运行速度较地铁高的技术特点，将救援速度适当提高，从而将全线设置停车线的间距扩大至“不宜小于20 km”，体现了技术合理性和工程经济性。

6.《市域（郊）铁路设计规范》适用范围及主要内容是什么？

答：本规范适用于新建设计速度100 km/h～160 km/h的标准轨距、交/直流电力牵引的市域（郊）铁路适用于新建交流、直流和双流供电制式的市域（郊）铁路设计，同时也适用于利用既有铁路开行市域（郊）列车的项目。

规范规定了本标准的适用范围、功能定位、设计年度、设计荷载等基本要求，规定了市域（郊）铁路的主要技术标准、综合选线、系统设计、综合开发、安全设计以及利用既有铁路开行市域（郊）列车等方面的基本原则等。规范由27章组成，主要内容包括：总则，术语和符号，总体设计，客流预测，行车组织与运营管理，车辆，限界，线路与站场，轨道，路基，桥涵，隧道，牵引供电，电力，通信，信号，信息，安全防护与监控，车站，通风空调与供暖，给水排水，防灾，车站机械设备，运营控制中心，车辆基地与综合维修，综合接地及环境保护。